卓越法治人才教育培养计划教辅用书
中国法学会法治研究基地浙江大学公法研究中心研究成果

极限正义

刑案之道

高艳东 著

北京大学出版社
PEKING UNIVERSITY PRESS

自序
刑事法应追求极限正义

刑事诉讼的精髓在于对正义的无限追求。刑法更是正义之王，在所有法律中，刑法追求的正义标准最高。很多法律活动实现的是一种"差不多的正义"，民事诉讼中的"两造"相争，经常被敲边鼓："让他三尺又何妨？"行政诉讼中的大量案件也常以和解的方式结案。民事、行政诉讼更看重社会效果，只要解决了社会冲突，化解了主要矛盾，法条运用可以"睁一只眼闭一只眼"。但是，刑事法的正义差一点也不行，它是个"完美主义者"，永远追求百分之百的正义。即便现代刑事诉讼认可认罪认罚从宽、刑事和解等制度，也要严格控制其程序和标准。因此，不为正义疯狂的人，不配举起刑法典。

1. 什么是极限正义：法律逻辑+价值考量

极限正义要求司法者遵守法律逻辑，考察所有细节，实现法律价值的最大化。法官要挖掘法意，穷尽情理，综合考虑法条、文化、人性等各种因素，让判决经得起历史考验。

极限正义不是极端正义。传统刑法追求的是极端正义，是康德式的绝对主义观念。例如，在康德看来，"杀人偿命"就是绝对命令，如果一个死刑犯同意参与一项危险的实验，即使实验的成功能换来一种对人类有益的药方，也不能免除该罪犯死刑，否则正义就是被标价出卖了，正义就不再是正义了。这是一种孩童式的非黑即白的直觉正义,"宁可同归于尽,也不共创未来"的理论具有道德高度,但缺乏竞争优势。如果一个国家长期奉行康德式正义观,就会在长期竞争中落后于务实的国家,在危急时刻更有灭族的危险。经历过黑死病、埃博拉疫情的人,估计都不会选康德做法官。如果一个死刑犯主动要求接受新型冠状病毒疫苗的试验,并因此挽救了人类,就应该将此行为解释为"对国家和社会有其他重大贡献"的立功行为,从而免除其死刑,即便这一做法并不完全符合我国减刑制度的字面含义。

极端正义贻害无穷,即便假以正义之名。正义的价值不在于"痛快",而在于实用。刑法学者应当"一眼万年",不仅要读懂文字中的历史,更要眺望文明的未来。刑法的正义高度,不取决于对罪犯复仇的烈度,而取决于对文明提升的高度。正义的核心不是道德正确,而是解决问题。伟大的价值观应当具有历史穿透力,而不是满足于当下的情感宣泄。

极限正义也不是机械正义。传统刑法信奉机械正义,试图用简单的"三段论"提供普遍适用的标准化定罪公式,强调同案同判。但是,世上没有两片完全相同的树叶;同样,世界上也没有两个完全相同的案件。极限正义追求细节化司法,强调千案千面、一案一议,允许法官结合历史文化、现实需要和未来发展,对法条作出与时俱进的解释,同样的术语可以因为场景不同而被赋予不同的含义。法条可以在案例中舞动,例如,利用 ATM 机的错误恶意取款,认定为盗窃、侵占和不当得利都不违背法条含义。对法官的选择起决定性作用的不是文字的逻辑,而是对人性的理解和对风险的分配。法条不是字典,社会场景赋予了法条含义。例如,对疫情期间的"危险方法"就可以作出不同于平时的扩张解释:在平时,"朝人吐痰"不是刑法中的"暴力袭击",但在新冠病毒肆虐期间,就可以解释为"暴力袭击";同样,扯他人口罩的行为,在正常状态下不属于危害行为,但在新型冠状病毒肺炎暴发期间的医院，就属于"不法侵害"。极限正义要求法官用尽力气考虑每一个细节，而不是简单地套用四要件（三阶层）的机械公式去定罪。

2. 为何追求极限正义：个人生死+人类未来

刑法追求的是没有终点的正义。对个人而言，刑法可以剥夺其最基本的权利，杀头不像割韭菜，错判一个案件，重者人头落地，轻者身陷囹圄，有人说"你办的其实不是案子，而是别人的人生"，意即在此。对制度而言，刑事判决是国家基本价值的风向标，可以形成连锁的传递效应，更可扭转时局。中华人民共和国成立初期，刘青山、张子善被判处死刑，在很多人看来，这两个人头的落地至少换来了中国官场二十年的清廉。同样，在新型冠状病毒肺炎疫情期间，"妨害传染病防治罪"等罪名的适用，起到了明显的应急作用，对控制病毒传播起到了重大作用。对人类而言，刑法调整着进化的方向。例如，强奸罪、重婚罪的设立，改变了人类的性竞争方式，把雄性原本用于性竞争的大量精力转化为了生产力，进而把人类推向了更高的文明阶段。但同时，因刑法禁止了暴力性竞争，攻击、强制让位于温和、体贴，暴力基因无法延续，而有"责任心与爱心"的暖男和奶爸成为竞争优胜者，进而使男人不断中性化。所以，刑法是一把双刃剑，用之得当可能是维护社会和平秩序的天使，用之过度则可能是灭绝人类自然能力的杀手。

刑法不仅能解决今天的冲突，还可以给未来画出蓝图。刑法的每个文字，都是文明的标准；刑法的每个条文，都是文化的产物；刑法的每个案例，都是对人性的考量。甚至，刑法的标点符号，都影响着人类未来。正因如此，刑法中的每一个字都重如千斤，例如，我国《刑法》第286条之一的"拒不履行信息网络安全管理义务罪"规定，"网络服务提供者不履行法律、行政法规规定的信息网络安全管理义务，经监管部门责令采取改正措施而拒不改正"的，应当承担刑事责任。该罪关系到数据产业的未来，其他国家很少规定类似罪名，因为在数字经济发展早期更需要促进政策，如果把该罪理解为单纯不作为犯，很多互联网企业都可能面临灭顶之灾。幸运的是，立法者使用了"拒不改正"这一用语，这样的规定和"不改正"有本质区别。如果条文规定的是"不改正"，意味着只要网络服务提供者接到监管部门命令而未改正，就可能构成犯罪，即单纯不作为可构成犯罪；但是，"拒不改正"则需要网络服务提供者有"拒"的积极行为，如对抗监管、将服务器架设到国外以逃避监管等。换言之，多了一个"拒"字，让该罪从单纯不作为犯罪，变成了作为犯罪，这就大大缩小了该罪的处罚范围。

3. 如何实现极限正义：上帝思维+工匠精神

处理刑法案例，要像上帝一样思考，像工匠一样雕琢。不想当上帝的法官就不是好法官。像上帝一样思考，意味着法官的眼里不能只有法条，更要看尽人间冷暖。罪刑法定只是刑法的基础，法条之外的广阔天地仍大有可为。法官切不可成为条文主义的门徒，含义明确的法条很可能维护着过时的制度。例如，20世纪80年代"温州八大王"的倒买倒卖行为，完全符合1979年《刑法》中投机倒把罪的犯罪构成；同样，21世纪初期互联网企业没有金融牌照从事金融业务，也符合非法经营罪的犯罪构成。在刑法的围墙中，人性、伦理、文化都散发着无与伦比的光芒。任何社会都有不完美的一面，但上帝要在阴影之处洒下阳光，法官也要以毕生所学，在法条允许的范围内，用判决纠正社会的不公。例如，张扣扣为母报仇杀三人，当然罪大恶极，但是，在目睹母亲死亡后的漫长时间里，没有机构对其采取心理干预等恢复性司法措施，最后其被直接判处死刑，是否会让上帝流下一滴眼泪？

用上帝的眼光审视案件，是未来法官最重要的优势。在信息时代，如果法官只是机械地适用法条，那么人工智能经过深度学习之后，对法条、司法解释和判例的理解，都会逐渐超越法官。但是，人工智能永远不会有上帝的思维，它不会在人类的历史、社会的进步中思考判决的社会价值。例如，在处理吴英案时，人工智能很难考虑到金融垄断导致的融资困境、商人投机行为对经济的促进作用等深层社会问题。空读法条，终将一事无成。在司法考试之后，我已经无法完整背出一个刑法条文了，博士毕业后，刑法专著也越读越少，也就理解了爱因斯坦说过的"只记书本上没有的东西"。此外，人类学、社会学、心理学的著作大大加深了我对刑法的认识。在不同学科知识的交相辉映下，刑法成为述说人性的知识谱，而不是解读文字的注释学。

学者要像工匠一样雕琢法条，法条是被解释者抛光的。法条是昨天的，生活是当下的，两者之间总有鸿沟，这就需要学者逢山开路、遇水搭桥。例如，立法者设立了破坏计算机信息系统罪，但智能手机替代了计算机后，如何把手机解释为"计算机"，就需要根据功能论字斟句酌。同样，特斯拉生产了电动车，这要重新解释破坏交通工具罪中的"汽车"。需要注意，汽车和电动车有本质区别，根据《现代汉语词典》（第7版），汽车是"用内燃机做发动机"的交通工具。我国司法人员不假思索地把电动车归为汽车，是一种粗糙正义的体现。

4. 如何追求极限正义：把案例当成艺术品

案例是检验正义的唯一标准。再精美的教义学，如果没有在案例中绽放，都只是镜花水月。再卑微的看客，只要推动了案例的正义，都是人间天使。正是本着追求极限正义的学术本能，我长期跟踪研究了很多热点案例，并得出了与通说或判决不同的结论，主要是为了提醒法官，任何案例都应当在穷尽所有可能之后才能下判。刑案并非只有"认定事实清楚，适用法律正确"这一种正义的颜色，一个伟大的判决不能只考虑一种正义观。

很多文字中流淌着我的泪水。法律的深处是情理，一个对案件不动情的人，就没有机会去追寻一种超越时空的正义。我习惯在深夜写作，夜深人静的时候没有世俗喧嚣和人间烟火，只有良知在黑夜中闪闪发光。分析这些案例时，我常常在不同角色间穿越。有时我会化身被告人，跪求法官的悲悯；有时我会成为被害人，诉说自己的悲凉；有时我会扮演法官，寻找正义的光芒。当然，更多的时候，我还是愿意做一个法律江湖的侠客，白衣如雪，仗剑天涯，手中无法典，心中有正义，虽千万人吾往矣，对法条寸土必争、一字不让，为正义殚精竭虑、死而后已。

每一个案例都是昨天的故事，但是，每一个判决都是明天的路标。你在读这些文字的时候，会感受到一个极限正义教徒的执着。法之大者，非黑非白，无善无恶。我相信你看到的不是辨析正邪的学说，而是仰望上帝的目光和兼济苍生的刀笔。

目 录

第一章　邱兴华案：精神病人的刑事责任 …………………… 001

　一、迷惑与被迷惑：精神病鉴定背后的法治
　　　诉求与学者寄托 ………………………………………… 003

　二、喧宾夺主：刑事责任能力中的精神病态
　　　无须求助于医生 ………………………………………… 008

　三、混淆前提：幻觉和妄想不能否定非决定
　　　行为的责任能力 ………………………………………… 014

　四、行为过程是判断刑事责任能力最可靠的根据 ……… 017

　五、超常规的行为方式折射出更强的控制能力，
　　　而非精神病态的证明 …………………………………… 023

　六、拒绝鉴定申请是副作用最小的合法选择 …………… 026

　七、结语：立法者的法治，司法者的个案 ……………… 030

第二章　快播案：不作为犯的刑事责任 …………………… 031

　一、引言：不纯正不作为犯有无边界？ ………………… 033

　二、在行为可罚性上，不作为 ≠ 作为 …………………… 034

　三、集体主义 vs 个人主义：不纯正不作为犯的法理 …… 039

四、法益保护 vs 行为危险：中国重罪的蓝本是作为 …… 044
五、我国刑法应严控不纯正不作为犯的范围 …… 053
六、传播淫秽物品牟利罪应排除不作为 …… 057
七、不纯正不作为犯的出路 …… 064
八、结论：不要让德日教义学迷住正义的双眼 …… 067

第三章 肖志军案：薄情者的刑事责任 …… 068

一、对肖志军定罪的客观要件：不作为与因果
关系之考察 …… 070
二、从抽象危险性到具体危险性：肖志军拒签
前后对危险性认识程度的飞跃 …… 077
三、肖志军的罪过内容分析：间接故意而非有认识过失 …… 080
四、罪名选择：肖志军属于故意杀人罪而非遗弃罪 …… 087
五、破解对肖志军的宽恕因素：期待可能性与
刑法价值导向 …… 088
六、结语：爱她，就请保护她 …… 091

第四章 小偷猛踩刹车案：慌张者的刑事责任 …… 092

一、问题根源：以危险方法危害公共安全罪立法时
对罪刑法定原则遵守的先天不足 …… 094
二、从"性质"上限定危险相当性：具有致人重伤、
死亡的性质才是以危险方法危害公共安全罪中
危险性的实质 …… 096
三、从"程度"上限定危险相当性：具体危险犯
的认定标准更严格 …… 103

  四、对"危险方法"的定罪出路 …………………… 114
  五、结语:"危险方法"不能包治百病 ……………… 116

第五章 三鹿奶粉案：造假者的刑事责任 …………… 117

  一、判解省审：被民愤掩盖的治罪谬误 …………… 119
  二、抽象考察：刑事责任的合理档次 ……………… 122
  三、规范论证：涉案罪名的准确判定 ……………… 137
  四、刑法应然：价值立场的正确回归 ……………… 164
  五、结语：身份、责任与可罚性的对应关系 ……… 166

第六章 组织刷单案：刷单炒信者的刑事责任 ……… 167

  一、组织刷单的定性争议 …………………………… 169
  二、社会危害性判断：互联网公害、行政法失灵 …… 170
  三、组织刷单违反"国家规定" …………………… 175
  四、组织刷单可以适用《网络诽谤解释》………… 179
  五、死与生：工业与信息时代非法经营罪的不同命运 …… 181
  六、结语：互联网是中国刑法学换道超车的机会 …… 183

第七章 许霆案：占便宜者的刑事责任 ……………… 185

  一、引言：许霆案中的法治信息与专业要求 ……… 187
  二、许霆案偏差的根源：形式犯罪论固有的罪名
    优于刑事责任的思维 …………………………… 188
  三、价值判断中谁主沉浮：回归法的正当性来审视
    官民分歧 ………………………………………… 193

四、从危害性看是轻罪重罚：寻找决定财产罪法
定刑的根据 …………………………………………… 198

五、罪刑法定与犯罪类型说：许霆的行为方式
不属于"盗窃类型" …………………………………… 202

六、实行行为辨析："插真卡输密码"无评价意义 ……… 206

七、实行行为的基准："从出款口拿钱"
只能评价为侵占行为 ………………………………… 213

八、取款机出错的性质分析：智能型机器
出错与人出错无异 …………………………………… 218

九、结语：聪明的法官不嘲笑民意 ……………………… 224

第八章　吴英案：投机商人的刑事责任 …………………… 225

一、引言：一个女孩如何触痛了大众的神经 …………… 227

二、从口袋罪状到后盾罪名：诈骗罪的教义
扩张与法理限缩 ……………………………………… 228

三、诈骗的层级化标准：生活、市场、投资
与投机领域各行其是 ………………………………… 239

四、吴英案中出资行为的归类：少数为投资、
多数系投机 …………………………………………… 250

五、集资诈骗罪的应然解释：二次限缩与规范判断 …… 257

六、诈骗何以致死：危害评价与政策选择 ……………… 264

七、结语：惜香怜玉、精细司法 ………………………… 274

第九章　恶意注册账号案：黑产者的刑事责任 …………… 276

一、入罪必要性：打击恶意注册＝控制网络犯罪 ……… 279

二、恶意注册的法律定性：从共犯到独立定罪 …………… 281
三、破坏生产经营罪中的"其他方法"包括欺骗手段 …… 287
四、破坏生产经营罪中的"破坏"等于"妨害" ……… 293
五、破坏生产经营罪中的"生产经营"可以包容"业务" … 297
六、结语：法律可以穿越时代 ………………………… 300

后记　仰望法门 ……………………………………… 301

第一章
邱兴华案：精神病人的刑事责任

案情：善良限制了我的想象力

邱兴华系陕西省石泉县农民，曾三次因盗窃被拘留。2006年六七月期间，邱兴华与其妻何冉凤到陕西省汉阴县铁瓦殿道观抽签还愿，与道观管理人员发生矛盾，争执中邱兴华认为道观住持熊万成有调戏他妻子的行为，因此产生杀人灭殿的恶念。2006年7月14日晚，邱兴华趁管理人员和香客熟睡之机，持斧头、弯刀，将道观内的管理人员和香客等10人杀死，最小的被害人仅12岁。邱兴华杀人后，将道观住持熊万成的心剖出，切成丝，下锅炒熟放在一个盘子里，里面还有他的一颗眼珠。作案后邱兴华烧殿潜逃，在潜逃中，以做生意为名骗取湖北省随州市曾都区万福店农场魏岗村民魏义凯的信任，2006年7月31日吃完晚饭后趁其家人休息之机，用斧头砍杀魏义凯及其妻女共三人（一死两重伤），抢得人民币1 302元。2006年10月19日，陕西省安康市中级人民法院一审以故意杀人罪和抢劫罪数罪并罚，判处邱兴华死刑，剥夺政治权利终身。邱兴华以有精神病史为由上诉，2006年12月28日，陕西省高级人民法院驳回上诉，维持一审死刑判决。

争点：天生犯罪人 or 精神病人

在邱兴华案（以下简称"邱案"）中，精神病专家在媒体上频频预测邱兴华可能是精神病人。曾担任广西壮族自治区司法精神病鉴定组组长的刘锡伟教授认为:"仅就我能掌握的资料,这些情况已经非常明显。我相信很多专业人员都看得出来,但他们不说。我咨询过北京一位权威的精神病学专家,他完全同意我的看法。"① 刘锡伟教授还专门与北京大学心理学教授王效道在北大就邱兴华是否有精神病问题开了一个研讨会。法律人则紧随其后把该案升级,以隐含诸多法治期待的声音呼吁对邱兴华进行精神病鉴定。《南方周末》等报刊以《试看邱兴华案的天下之"大韪"》《我不是为邱兴华一人奔走》《邱兴华案对中国司法改革的影响》等组文的形式,把邱案从具体的精神病问题提升到法治标本的高度。邱兴华是变态的杀人犯,还是可怜的精神病人,是该案的争议焦点。

提要:法官是法律世界的国王,但医生不是

在邱兴华案中,由精神病专家所引发的学者诉求迷人而宏大。不过,即便学者们表达的法治理想是正确的,却在实质上与邱案无关。刑法的知识体系将证明这些诉求在方向上是错误的,因为,在刑法上邱兴华可以被法官不经鉴定直接认定为完全刑事责任能力者。所以精神病鉴定的宽严与法治进步并没有关系,学者们不能还没有仔细研读法条就作出感性判断。法治理想不能凌驾于作为法治基础的知识体系之上。刑法中的精神病态本质上是一个法律概念,是法官的领地,是否需要参考医生意见,取决于法官的专业水准和知识信心。精神病专家仅是法官并非必须使用的"助手",过度放大精神病鉴定的刑法意义是反客为主。专家的确有技术优势,但在精神病态的判断上,精神病专家应当受到严格限制。

---

① 柴会群:《我不是为邱兴华一人奔走》,载《南方周末》2006年11月30日,第A3版。

邱兴华案尘埃落定，陕西省高级人民法院拒绝对其进行精神病鉴定的申请，维持对邱兴华的死刑判决，以一种公众预期的方式为该案画上了句号。在这个日新月异的年代，邱案很快就成为过眼烟云。不过，案件的终结恰是反思与总结的开始，因邱兴华案写下一点文字，也算用学术的方式记录中国法治进程中的点滴故事。

一、迷惑与被迷惑：精神病鉴定背后的法治诉求与学者寄托

（一）始于专家迷惑：从专业争议到法治诉求

在任何一个国度，连环杀人或杀害多人的命案，都会引起社会恐慌和法律秩序的颤动，我国亦然。发生在社会转型时期的多起恶性杀人案件，如马加爵案、王斌余案、邱兴华案、贵州某县长被灭门案等，都给扼腕叹息的公众留下了挥之不去的血色记忆。每个案件都可进行多种解读，法律人关注的是，在类似案件中，精神病态问题如何从微弱的提醒逐渐成为焦点争议。

在马加爵案中，"马加爵是否存在精神疾病成为辩论的焦点"[①]。在邱兴华案中，很多精神病专家都认为邱兴华属于精神病人，如中国司法精神病鉴定领域泰斗、中华医学院医疗事故鉴定专家杨德森教授指出："我一生鉴定过很多人，都没有见过这种。普通的杀人案必定有杀人动机，邱兴华杀了道长还可以解释为怀疑其与妻子有染，但他把和自己完全没有关系的香客杀死，没有任何的犯罪动机，根本没法解释。美国出现过许多杀人狂，但他们杀人都有一定动机，而且邱兴华杀人后把人的心切成丝炒熟了吃，手段残忍到这种程度，完全超出了正常人的行为范畴，已经不能用变态人

---

① 田雨、刘娟：《为了生命的尊严——马加爵故意杀人案审判纪实》，载《法制日报》2004年4月26日，第6版。

格来解释了。"① 很多法律人也认为邱兴华属于精神病人，其行为不构成犯罪，并呼吁法院作出改变历史的判决："考察人类司法史，越是重大、复杂、敏感的案件，越能产生伟大的判决。可以说，邱兴华也给了陕西高院一个机遇，我们寄望一个伟大的判决从陕西高院诞生。那样，邱兴华案就不仅是本年度最受关注的案件，也必将彪炳中国司法史！"②

（二）公众被迷惑：刑事案件无法承受的法治寄托

仅仅有精神病专家关注还只能是一个学术问题，但这种专业争论很快就被浸染、蔓延成重大的社会话题。公共知识分子极为敏感地从中解读出人权保障和制度改革等一系列方向性信息。例如，有媒体评论员认为："假如精神病司法鉴定确认邱有精神病或精神异常，司法判决邱不受刑事处罚或减轻刑事处罚，那么中国司法将留下一个具有划时代进步价值的判例，对中国未来的司法改革将产生重大的正面影响。"③ 贺卫方、何兵、龙卫球等五位法学专家也奋力疾呼："我们在此呼吁：一、从提高司法权威，保障基本人权以及被告人的辩护权角度出发，立即对邱兴华进行司法精神病鉴定。二、法学理论界和实务界通过本案，深刻反思现行的司法鉴定制度，通过制度改造，将宪法所确立的保护基本人权的原则落实到具体的法律制度上。"④ 法治的宽容性为人们开辟了多视角评价严重罪行的空间，取代了先前被认为唯一正确的杀人偿命式的复仇呼声。这也曾经令人难忘地出现在王斌余案中，不过那只是网民同情

---

① 曹晶晶、华璐：《专家称邱兴华案法院不做精神鉴定公众无法信服》，载《新快报》2006年12月10日，第3版。
② 郭光东：《吁请最高法院高度关注邱兴华鉴定问题》，载《南方周末》2006年12月14日，第10版。
③ 鲁宁：《邱兴华案对中国司法改革的影响》，载《广州日报》2006年12月11日，第1版。
④ 谭人玮：《法学家呼吁对邱兴华进行精神病鉴定》，载《南方都市报》2006年12月12日，第6版。

农民工犯罪的世俗性思考,与邱案中的专家声音和职业参与不可同日而语。

不过,就思考问题的专业性和规范性而言,在邱案中表达出的浪漫理想只能被注解为法治的幼稚。把宏观制度的设计和安排凌驾于需要规范判断的个案正义之上,偏离了法治的本来样态。抽象而言,在刑事判决中寄托"划时代的意义",是民众与被告人无法承受之重。刑法奉行罪刑法定原则,它要求法官对于那些喧嚣而宏大的口号,只能投以冷冷的一瞥;它要求法官聚焦于犯罪行为和刑法理论之中,其他即便贴上了"未来法治"企求的标签,都与案件本身无关,都是审判过程"不应欲"的后果。具体而言,在邱兴华案中,把法治的进步诉诸对邱兴华精神病鉴定的成功,是知识体系与学者诉求的错位,这既是对刑法基本理论的误解,更是曲解了精神病辩护制度背后的法治脉络。本文可以论证,即便按照最接近常识的刑法理论,邱兴华也不可能是在精神病态下作的案,且这一判断无须依赖精神病专家。若邱兴华被肯定为精神病态作案,不仅不是法治的进步,反而是若干年后刑法理论需要反思的尴尬败笔。换言之,即便众多宏大的法治诉求正确地为时下所需,它们也不可能在邱案中遂其所愿,更不应该借邱案表达,这是一场闹剧般的拉郎配。

(三) 走出迷惑:抛弃反法治式思考,回到规范判断

1. 严控精神病鉴定、弱化精神病专家的地位才是法治发展的趋势

关注邱案的学者都会下意识地联想到刺杀肯尼迪案、辛克利刺杀里根案(简称"辛克利案")、麦纳顿案:"邱兴华案终将变为一种社会机遇。类似的机遇是国人记忆犹新的辛克利刺里根总统案,辛克利因被鉴定为精神病而免责,从某种程度上讲,邱兴华也

许就是'中国的辛克利'。"① 在国外这些重量级案件中,被告人都因精神病获得了开脱。刺杀总统竟然也可无罪,这怎能不传达出法治进步的信息?但是,辛克利案等案件不仅不是"法治进步"的契机,反而是试图通过精神病获得开释的被告人、企图在刑事诉讼中扩张知识权力的精神病专家之灾难的开始,有学者完全曲解了辛克利案等案件所传达出的法治讯号。

首先,被有意回避的方向性信息是,发生上述案件的英美国家并没有因此走上精神病鉴定制度宽松化的"文明"之路,却以这些案件为契机反思先前精神病鉴定制度在社会秩序和一般预防上的懈怠,进而开始严格控制精神病鉴定、"限制"被告人权利。在美国,自从行刺里根总统的辛克利因精神病被宣告无罪以来,至1985年秋,美国约有半数州修改了法律,总的倾向是限制滥用精神病辩护。从严限制精神病辩护,这是当前美国刑事司法制度发展的一个趋势。② 在英国,"从近年的情况看,其(精神病)作为辩护理由被援用每年只有一两次。被告人不愿提出这一辩护,他们宁愿冒被定罪和判刑的危险,也不愿招致确定为精神病错乱的污名及随之而来的无限期监禁治疗"③。

其次,辛克利案的处理结果并非增加了精神病专家参与诉讼的频度,反而成为禁止精神病专家证言干扰刑事诉讼的转折点,并进一步肯定法官在精神病问题上的独断性。在辛克利案后,《美国联邦证据法》第704条对专家证言的效力施加了限制,该条第(b)项规定:"就刑事案件被告人之心神状态或情况作证之专家,不得就被告人是否具有构成被起诉之罪或其抗辩之要件的心神状态或情况,发表意见或推论。此类最终争点之决定,仅得由事实

---

① 郭光东:《吁请最高法院高度关注邱兴华鉴定问题》,载《南方周末》2006年12月14日,第1版。
② 参见储槐植:《美国刑法》(第三版),北京大学出版社2005年版,第79—80页。
③ 〔英〕J. C. 史密斯、B. 霍根:《英国刑法》,李贵方等译,法律出版社2000年版,第225页。

审理者自行为之。"而之所以规定这项限制,"第 704 条所规定的刑事案件例外,是在 1982 年约翰·辛克利……无罪获释后增加的。此举很显然意在降低精神病学的证词在刑事诉讼中的影响力。精神健康专家可为精神状态、症状及诊断的方法作证,也可以描述'事实'。但在刑事案件中,如果证词跨越暧昧的分界线,对刑事审判中的争点、被告人关键性的心理状态提出明确的陈述,该证词就不恰当"①。

因罪犯获得开释而欢呼的前法治场景,已经渐渐远离了我们的视线,在恐怖主义盛行、犯罪的破坏力愈加严重的当代,人们更需要从有效预防犯罪的角度检讨法律在控制犯罪上的不足。西方法治进程中走过的那些泥泞弯路,应是正在进行法治建设的我国要避开的沼泽。

2. 回归真正的法律式思考:立足事实看待法律争议

用专业眼光进行规范判断,才是真正的法律式思考。动辄以宏大主旨提升案件的座标性意义和里程碑价值,将使法官无所适从,这与人类历史上动辄以响亮口号烘托政治正确的干扰真相式思路,没有本质区别。不用法条和法理分析法律问题,是打着法治的旗号去慢性瓦解法治。

邱兴华案涉及四个刑法问题:一是刑事审判中的精神病态是一个刑法学判断,而不是一个医学认定;二是犯罪起因上存在幻觉和妄想不能否定与幻觉无关的行为中的责任能力;三是判断行为时刑事责任能力的最准确根据是行为过程;四是超常规的杀人反映了辨认能力和控制能力更强,可谴责性更强。

邱兴华案还有两个附带的法律问题:一是对有些精神病专家过度干扰刑法问题须提高警惕——鉴定意见仅是判断刑事责任能力时非决定性的参考意见之一,刑事审判不能被医学专家左右;二是对

---

① 〔美〕亚瑟·贝斯特:《证据法入门——美国证据法评释及实例解说》,蔡秋明、蔡兆诚、郭乃嘉译,元照出版公司 2002 年版,第 242 页。

有些学者的奋力疾呼须拨乱反正——以精神病免责不仅与法治进步毫无关系，相反，严格限制精神病辩护、对免予处罚的侵害性精神病人采用有效控制和强制医疗，才是符合法治发展潮流，也是符合现代社会利益的明智之举。

二、喧宾夺主：刑事责任能力中的精神病态无须求助于医生

在精神病专家预断所引发的迷惑中，笔者要常识性地提醒：专家的确有技术优势，但在精神病态的判断上，精神病专家应当受到严格限制，美国在辛克利案后甚至禁止专家进行精神病态的鉴定："专家证人可以其选择的任何方式陈述他们的意见及结论，唯一的限制是在刑事诉讼中禁止明确说明被告人是否具备犯罪构成要素之一的特定精神状态。"①

（一）刑法中的精神病态不同于医学中的精神病

1. 刑法中的精神病态与医学中的精神病的评价内容不同

在医学中，精神病是一种客观存在的病症。刑法中注重的是精神病态，它并不是一个具有客观标准的概念，不能完全对应于医学中的精神病。医学中的精神病是生物或者鉴定型结论，可以从正面标准肯定，其结论重在评价人；而刑法中的精神病态是一种评价型结论，只能从反面回答（无辨认能力和控制能力），而不可能从正面予以界定②，重在评价行为。作为消解刑事责任能力的工具，刑法中的精神病态是我们对某种无法解释和评价的行为过程的一种笼统称谓，是一个无奈的、回避问题的口袋式概念，"世上本无真正

---

① 〔美〕亚瑟·贝斯特：《证据法入门——美国证据法评释及实例解说》，蔡秋明、蔡兆诚、郭乃嘉译，元照出版公司2002年版，第241页。

② 严格来讲，精神病人并非无辨认能力和控制能力，没有控制能力却能够杀人，这在逻辑上无法成立。精神病人只是没有正常人的辨控能力，对精神病态的认识只能相对于正常精神状态而谈及。

的'精神病',所谓'精神病'实际上是对主体已表现出的某些行为受阻扰的症状进行归纳的结果,这种结论往往因医生能力的差异而具有很大的不确定性和可改变性"①。在刑法中,总得给那些不需要追究其刑事责任的人找一个称谓,这就是"精神病态"。

2. 在宏观范围上,刑法中的精神病态包容性更强

刑法中的精神病态是一个更广泛的概念,除医学中的精神缺陷外,西方刑法理论中把没有精神问题但非正常地丧失辨认和控制能力的情况也归属于精神病态。如英国刑法理论认为:"所有身体本身方面的疾病如动脉硬化症、脑瘤、癫痫、糖尿病等,只要其导致了精神障碍出现,在法律上都可能认为是精神疾病。"②《德国刑法典》第20条、《意大利刑法典》第88、95条都把非"精神"问题的深度意识错乱、智力低下、心智丧失、慢性酒精或麻醉品中毒等情况,也当作无责任能力的精神病态。我国《刑法》在刑事责任能力方面仅规定了精神病、醉酒、聋哑等几种情况,但在实践中,影响刑事责任能力的情况远非这些,在某些药物中毒反应、因内分泌和循环系统的严重缺陷导致刑事责任能力的丧失、高度情绪动作等情况中,行为人并无精神病,但由于不可归咎于行为人的原因而丧失了辨认能力和控制能力,在我国刑法中也应评价为精神病态。

3. 在具体认定时,刑法中的精神病态的认定标准很严格,结论很狭窄

医学中的精神病对刑事责任能力的认定没有决定性作用,根据我国《刑法》第18条的规定就不难理解这点,该条规定:"精神病人在不能辨认或者不能控制自己行为的时候造成危害结果,经法定程序鉴定确认的,不负刑事责任"。即排除刑事责任能力不仅要求

---

① 〔意〕杜里奥·帕多瓦尼:《意大利刑法学原理》,陈忠林译,法律出版社1998年版,第196页。
② 〔英〕J. C. 史密斯、B. 霍根:《英国刑法》,李贵方等译,法律出版社2000年版,第226页。

行为人是生物学上的精神病,还必须在心理上缺乏认识能力和控制能力,且起决定作用的是后者。行为人是医学上的精神病人但有辨认能力和控制能力,就是完全刑事责任能力者。例如,花痴型精神病人对性侵犯行为没有控制能力,但对杀人、盗窃行为却具备完全刑事责任能力。即便邱兴华被鉴定出患有精神病,还须考察其精神病与具体杀人行为间的关系,也即存在肯定其对特定杀人行为具有完全刑事责任能力的余地。

总之,刑法中的精神病与医学中的精神病有着不同的评价机制和评价对象:在医学上不是精神病人,在刑法中可能按照无刑事责任能力的精神病态者处理;在医学上是精神病人,在刑法中可能按照完全刑事责任能力者对待。这种医学和法学概念的差异决定了法官在判断精神病态上的主导性。

(二) 刑事责任能力仰赖法官的刑法判断

1. 纠正误解:对精神病态判断起决定作用的是法官的法律知识

有学者没有注意到刑法中的精神病态和医学中的精神病之间的差异性,认为精神病是一个纯医学鉴定问题:"作为法律人,我们与检察官、法官一样,只具有法律专业知识,而无精神病方面的专业知识。对于邱兴华是否有精神病,我们无法判断。我们同时认为,对于这一问题,检察官、法官也无判断能力,必须交由精神病专家来判断。我们认为,将是否进行鉴定的决定权绝对地赋予检察官、法官,是一种极其危险的机制,因为他们与我们一样,都是精神病学方面的外行。"[①]

认为刑法中的精神病是一个医学问题的观念显系对刑法的误解。在历史上,刑事审判的确曾经依赖过精神病专家的鉴定,1954年美国华盛顿地区联邦上诉法院审理德赫姆(Durham)案时认为:

---

① 谭人玮:《法学家呼吁对邱兴华进行精神病鉴定》,载《南方都市报》2006年12月12日,第6版。

"如果被告人的非法行为是精神疾病或者精神缺陷的产物,被告人不负刑事责任。"该观点确立了德赫姆规则,扩大了医学专家在鉴别精神病问题上的作用,试图增加"判断上的科学性"。但是,由于陪审团无法根据这个规则掌握鉴别标准,因而只得依靠精神病专家的鉴定,造成"精神病专家统治审判"的背离司法原则的现象,给实践中逃避刑事责任的装疯被告人开了绿灯,以致实行这一规则后,医院病房很快充满了"生病的和装病的被告人"。因此,1972年该联邦上诉法院自己放弃了这一规则,转而接受"模范刑法典规则"。① 而美国《模范刑法典》第4.01条强调:"精神疾病或者精神缺陷,不包括仅由反复实施犯罪行为或者其他反社会行为所表明的变态人格。"这显示出美国严格限制精神病辩护的价值取向。

在今天,发达国家的刑法学界已无人主张刑事责任能力的判断必须依赖精神病专家的鉴定。在英国,"当被告人提出其精神状态有问题时,他是否提出了精神错乱的辩护是一个由法官确定的法律问题。被告人或者医学方面的证人是否提出'精神错乱'存在的情况是不重要的。专家证人可以就这些情况的事实性质进行证明,但是由法官评断其是否属于'精神疾病导致的理智缺陷',因为,正如其表明的,这些是法律概念而非医学概念"②。笔者认为,绝大多数刑事案件中的法官只须认真考察行为过程,不需要精神病专家的鉴定意见。换言之,如果法官根据刑法理论和行为过程完全可以肯定邱兴华的刑事责任能力,就可以驳回精神病鉴定的请求,或者对之提供的鉴定证据不予采纳。只有在行为过程没有查清楚、犯罪原因不明时,才需要参考精神病专家的意见。

2. 有些精神病态只有法官才有能力鉴别,专家的作用日益无足

---

① 参见储槐植:《美国刑法》(第三版),北京大学出版社2005年版,第77页。
② 〔英〕J. C. 史密斯、B. 霍根:《英国刑法》,李贵方等译,法律出版社2000年版,第226页。

轻重。

首先，有些刑法中的精神病态是无法鉴定的，自然无法依赖专家意见。对于有生理基础的精神病，专家的判断相对可信；但超过了医学范围的精神病态，专家的判断能力就无优势。假设在某种特殊情况下，一位母亲因非生理原因导致了幻觉，把婴儿当成狐狸精扔到了窗外，这种稍纵即逝的幻觉的生理依据很难找到；即便有生理缺陷，也很难肯定此生理缺陷就一定是产生幻觉的决定性因素（否则为什么母亲不陷入持续的幻觉中呢）。对此类情况，鉴定过程不能再现幻觉，只能根据行为过程、事情起因推断这位母亲的精神状态，在此，法官的推断能力更胜一筹。因此，法官根据证据和行为过程可以肯定精神病结论时，也不必被精神病专家认为行为人无精神病的意见所左右。

其次，现代刑法引入的规范责任论改变了刑事责任能力的内涵。一是某些生理特征具有了不同以往的意义。如日本旧刑法规定："喑者的行为，不罚或者减轻其刑。"[①] 但现行刑法并无该规定，"这一规定考虑到喑哑者以前多是精神的发育受到阻碍，按照其具体的精神障碍程度，把其规定为责任无能力者或者限定责任能力者。但是，在聋哑教育进步的今日，即使是喑哑者，一般也很难认为就有精神障碍"[②]。二是规范责任论要考虑对造成精神病状态本身是否可以归责、是否可以期待行为人克服生理缺陷产生辨认能力和控制能力。如行为人因醉酒和吸食毒品导致的精神病状态、被害人轻微过错就能引发的行为人的癫狂行为，均认为行为人的责任能力是可以期待的。三是早期的刑事责任能力建立在心理责任论的基础上，与之伴随的刑法很少处罚过失犯，否认责任能力就是否定可罚性；而引入规范责任论后，所伴随的刑法大量设立过失犯，有时即便否认

---

① 〔日〕大塚仁：《刑法概说（总论）》（第三版），冯军译，中国人民大学出版社2003年版，第444页。
② 同上。

行为人故意行为的责任能力,也要考虑其过失行为的责任能力。随着刑事责任能力内涵的复杂化,精神病专家的作用越来越小。

3. 鉴定还是推断:精神病专家的鉴定必须由法官指导

首先,精神病鉴定不是诊断,而是一种事后推断,因为犯罪时行为人的精神状态与事后鉴定时的精神状态是两个不同对象。精神病专家面对的是审判时行为人的状况,而刑法需要的是行为时行为人的状况,易言之,精神病鉴定从一开始就失去了真实的鉴定对象,实际上的鉴定也只能是一种反向推断。由于精神病专家面对的是鉴定时的行为人,所以,犯罪时精神正常、鉴定时精神失常的情形必然会影响其判断,精神病专家很难把一个犯罪后才精神失常的行为人鉴定为犯罪时的精神正常者。我们应当区分事后鉴定客观危害与事后推断刑事责任能力的本质差异:前者有科学依据,多数客观危害不会随着时间改变而变化;相反,人的精神状况会随着时间流逝而改变。鉴定主体要素,只能反向推断行为人行为时是否有责任能力,而不是鉴定其行为后是否有责任能力。鉴定的本质是一种反向推断,这就需要更为了解案情的法官对鉴定加以指导。

其次,精神病态的判断本身就有规范评价的性质,即使要作鉴定,也并非由精神病专家独立完成,必须由法官对其中的规范评价作出解释,进行引导。"人们习惯于谈论一种生物学的和精神病学的确定无罪责能力的方法。这种方法的思想基础是,人们必须首先确定特定的器官性('生物学性的')检验结果,然后才审查这种结果是否应当排除'精神病学的'理解能力和控制能力。然而,这个方法并不能正确地说明事实情况。"[①] 理想状态是由法官主导,对行为过程难以解释之处寻求精神病学和心理学专家的帮助,但专家仅提供方法论而不下具体结论。"在确定他们的能力时,并不能唯一地依靠精神病学的事实情况,而是还主要地依靠

---

① 〔德〕克劳斯·罗克辛:《德国刑法学 总论(第1卷):犯罪原理的基础构造》,王世洲译,法律出版社2005年版,第581页。

一种规范性的规定。这些心理学的缺陷状态，在完全没有评价性（规范性）作用参与的情况下是不能被确定的。"① 换言之，不领悟刑法理论、不理解案件过程的专家作出的鉴定意见多数没有独立的刑法意义。

4. 以邱兴华案为契机，逐步取消精神病专家意见的刑法效力

法官在判断刑事责任能力中唯我独尊的地位在邱兴华案中受到了冲击，其中表现出的精神病专家以专业知识的名义向法律领域扩张的倾向，发人深省。从应然意义上，笔者认为，以该案为转折点，日后禁止精神病专家提供具体结论才是需从邱兴华案中读到的法治启示。在目前，至少应该摆脱对精神病专家的依赖，重新审视精神病专家意见的刑法效力。笔者想提醒法官：在恶性杀人案件中，精神病肯定不会像想象中的那样多。一个事出有因、杀人对象特定、目标明确、杀人后放火焚烧现场、事后逃跑的人可能没有辨认能力和控制能力吗？

三、混淆前提：幻觉和妄想不能否定非决定行为的责任能力

（一）邱兴华的"幻觉"不影响杀人行为中的刑事责任能力

有专家认为，邱兴华一直认为妻子和住持有"不正当关系"，他把何冉凤与熊万成之间的最寻常不过的互相看一眼，称为"眉来眼去"，这就是精神症状妄想知觉。②

首先，邱兴华的过度妄想不是精神病意义上的幻觉。精神病性幻觉是无中生有、无事实基础，例如，母亲甲把儿媳视为魔鬼的化身，与人无仇的乙在看电影时认为有人要杀死他，这些均是幻

---

① 〔德〕克劳斯·罗克辛：《德国刑法学 总论（第1卷）：犯罪原理的基础构造》，王世洲译，法律出版社2005年版，第581页。

② 参见刘锡伟：《判断邱兴华有精神病的十点理由和依据》，载家园天下网（http://www.dglgx.xihai.com/bin/dglgx_ npwl-message-4477.html），访问日期：2006年09月26日。

觉，因为儿媳是魔鬼、乙会被害都是没有任何事实支撑的幻想。相反，邱兴华的怀疑建立在一定的事实基础上，熊万成是真实存在的，与其妻子见过面，其妻子也曾经留宿道观。这与精神病毫无根据的幻觉有本质区别，邱兴华属于"风声鹤唳，草木皆兵"式过度敏感的妄想。

其次，即便退一步，肯定邱兴华的妄想属于精神病性幻觉，刑法还须进一步考察邱兴华的幻觉对杀人行为是否有决定性影响。精神病本身不是无罪的根据，精神病决定了行为不可归责于行为人才是无罪的原因，即精神病态与危害行为之间须有紧密的因果联系。我们须追问：如果幻觉真的存在，危害行为是否可罚？例如，如果甲的儿媳真的是魔鬼，被乙杀死的人真的要杀乙，甲就是在杀魔鬼，乙杀死他人就是在保护自己，则甲乙的行为就无可罚性。相反，如果甲认为儿媳是魔鬼而扔炸弹连带炸死了熟睡中的儿子，乙有被害幻觉但却对他人实施了抢劫，则爆炸和抢劫行为并非由幻觉决定，具有可罚性。因为，即便认为儿媳是魔鬼，母亲也不应该炸死儿子；即便认为有人要杀自己，乙实施抢劫也于事无补。显然，邱兴华的"幻觉"与杀人行为间没有决定性关系，即便邱兴华的怀疑被证实，也不能因为妻子出轨而杀死情敌，邱兴华的幻觉达不到决定杀人行为的程度。相反，如果邱兴华产生熊万成为霸占其妻子而欲杀害自己的幻觉，该幻觉内容就决定了杀人行为的不可归咎性（但可评价为过失犯）。

（二）不足为鉴：国外精神病案例中的幻觉决定了杀人行为

1843年英国的麦纳顿案和美国刺杀肯尼迪案、辛克利案的结论使当下的学者联想起"法治进步标志"。但是，我们没有注意到事实和细节。在麦纳顿案中，被告人内心被这样的想法所缠绕：他认为当时的首相比尔爵士正酝酿一项杀害他的阴谋（其实根本没有这件事），所以他要在这个"阴谋"实现以前先发制人把首相杀死。

有一天,他对着被误认为是首相的首相秘书开枪,杀死了首相秘书。此案中的法官们被问及:"如果一个人在精神妄想状态下认为侵害事实存在并因而实施了一定的行为,那么他应否因此被免除责任?"法官回答:"对这一问题的回答必须依据妄想的性质;但需像我们以前做的那样作出同样的假设,即他只是在这种不现实的妄想状态下动作,在其他方面并无精神错乱。我们认为他必须被置于妄想事实是实际存在的环境下去考虑其责任问题。例如,如果在妄想的影响下,他认为另一个人正在实施试图剥夺其生命的行为,并且在其自认为是自卫的情况下杀死该人,他应该被免除处罚。如果他的妄想是死者使之在人格和财产上造成严重的损害,因而杀死他以复仇,那么他应该受到惩罚。"① 在刺杀肯尼迪案中,凶手瑟罕对发生的一切毫不知情。他称自己只记得"被一个想喝咖啡的女孩引进一个黑暗的地方,然后就被一群愤怒的人包围"。美国国防部一些催眠专家和精神病学家相信瑟罕是一名"遭受了催眠的刺客"。② 在上述案例中,幻觉对危害行为有决定性作用。

麦纳顿案等"令人神往"的案件,与邱兴华案有本质差别。麦纳顿等人产生了完全脱离事实的幻觉,且这种幻觉决定了其后的杀人行为,"假设幻觉成立,则杀人无罪"的推论可以成立。但是,邱兴华案中的幻觉却无此性质,按照《麦纳顿条例》,"我们认为他必须被置于妄想事实是实际存在的环境下去考虑其责任问题","因妻子与人通奸,杀害他人"也是犯罪,邱兴华要负刑事责任。

---

① 〔英〕J. C. 史密斯、B. 霍根:《英国刑法》,李贵方等译,法律出版社 2000 年版,第 233 页。
② 参见《杀手事先被催眠 中情局被曝是刺杀肯尼迪幕后主谋》,载中国日报网(http://www.chinadaily.com.cn/hqbl/2006-11/22/content_739756.htm),访问日期:2006 年 12 月 30 日。

四、行为过程是判断刑事责任能力最可靠的根据

（一）行为过程是推论精神病态的工具

在认定了邱兴华的"幻觉"不能否认其杀人行为的可罚性之后，我们还需追问邱兴华杀人行为本身是否是精神病态的体现，这就需要考察行为过程中的辨认能力和控制能力，而考察这两者只能依赖行为。

刑法中的精神病态只能附随于行为并依据行为而判断，是否有精神病态是就特定危害行为而言的。刑法中的精神病态评价的是对具体行为的辨认能力和控制能力，脱离具体行为抽象地谈论精神病并无刑法意义。罗克辛教授就此指出："无罪责能力通常都不能抽象地根据一种特定的诊断结果来确定，而只能考虑具体的构成行为加以确定。甚至病理性的精神错乱也不是必须为了各种举止行为而排除罪责能力的：'同一个人能够在确定的时间内对确定的构成行为不具有罪责能力，但是，在另一个时间内对另一个构成行为又具有这种能力。'"[1] 精神病人并非对任何行为都不负责任，只有被精神病决定的行为才无可罚性，所以，只能围绕具体行为谈论精神病问题。同时，人的辨认能力和控制能力随时都在变化，审判中不可能让时间倒流去直接考察行为人当时的责任能力，不过，行为时责任能力留下了最主要的线索——行为，只能用行为去推论有无责任能力。

（二）根据行为可判断邱兴华有完全的辨认能力

邱兴华的杀人行为不是被作为犯罪起因的幻觉决定，但是否是

---

[1] 〔德〕克劳斯·罗克辛：《德国刑法学　总论（第1卷）：犯罪原理的基础构造》，王世洲译，法律出版社2005年版，第583页。

被生理性精神缺陷决定的呢？当然不是。根据刑法理论，能够排除主体刑事责任能力的疾病，必须达到排除行为人的辨认能力或者控制能力的程度。这一点，当然也是精神病专家的鉴定意见被刑法认可的前提。对辨认能力的判断只能是具体的、结合认识对象和认识过程的判断。早期的《麦纳顿条例》就辨认能力指出："如果被告人以精神错乱为理由进行辩护时，那么必须能清楚地证明他在进行危害行为的当时，由于精神疾病而处于精神错乱状态，例如他不了解自己行为的性质，或者他虽然了解但不知道自己的作为是错误的或违法的。"[①] 邱兴华对行为性质是否无法辨认呢？

首先，在行为时邱兴华对犯罪对象有明确认识，反映出其有完全辨认能力。故意杀人罪是自然犯罪，其犯罪构成中的"人"是描述性要素，只要行为人能够认识到其自然性质，就足以肯定其认识的程度。邱兴华显然认识到了其行为的目标是"人"，邱兴华要杀的是那个和他妻子有"不正当关系"的"人"，杀其他人时也都知道对象是"人"。反之，如果邱兴华无法认识到熊万成是"人"，如认为其是"魔鬼"或"泥偶"，则对故意杀人罪构成要素中的"人"就缺乏完整认识，应否定其故意犯罪的辨认能力。可作比较的案例是，偏远农村迷信的母亲听信巫师的话，认为实际上得了肝腹水的女儿是黄鼠狼附体，为清除"黄鼠狼"而刺其腹部肿胀得像内藏动物而凸起的部位，此时，母亲认识中的对象是"黄鼠狼"而不是"人"，母亲就缺乏对故意杀人罪中"人"的明确认识，应认为母亲属于精神病状态下的无认识能力。[②]

其次，邱兴华也明确认识到了危害结果和危害行为的社会意义，没有任何可以阻却故意的认识错误。在刑法上，即便明确认识

---

① 《从麦克纳顿条例开始》，载新浪网杂志频道（http：//magazine.sina.com/lifeweek/395/2006-08-22/004117198.shtml），访问日期：2006年12月30日。

② 如果以母亲的文化水平可以期待母亲在巫师的胡言乱语前作出正确判断，则成立过失致人死亡罪。

到了行为对象,但若对危害结果即危害行为的社会意义有认识障碍,也应考虑刑事责任能力的减轻或排除。例如,父亲听信巫师的话火烧儿子感染的腿部,迷信地认为火炼能够医治疾病。虽然对行为对象是自然意义上"人的肢体"没有认识障碍,但对危害行为的社会意义即危害后果有认识障碍,把本是危害性质的行为理解为医疗性质,父亲对危害行为社会意义的认识属于精神病态下的认识能力障碍,阻却其伤害故意。在邱兴华案中,如果邱兴华认为熊万成要加害于他,或者杀害熊万成是在驱赶他身上的妖魔,则邱兴华对危害行为的社会意义就有认识错误,应当排除杀人故意。但事实上,邱兴华对危害后果和危害行为的社会意义无认识障碍,他杀熊万成的目的就是情杀、报复性杀人,对导致他人死亡的危害后果也没有认识障碍。

最后,邱兴华对评价行为意义的背景,即社会价值观念和基本道德观,也没有认识障碍,与常人无异。甚至可以说,邱兴华杀人是过度捍卫心中的道德准绳。邱兴华杀人后用鸡血在一硬纸板上写下"古仙地不淫乱违者杀……公元06",放在正殿门口[①];对淫乱行为违背道德、为人不齿,邱兴华的认识极为明确;认为死亡属于对"色"住持的惩罚;于夜间秘密杀人,杀人后知道逃避。这些都反映出邱兴华对死亡是被害人承受的痛苦后果、杀人是一种社会禁止行为有清晰判断。显然,邱兴华没有精神病态地认为"通奸"事不关己、给予熊万成钱财才是对之的惩罚,也没有精神病态地白天杀人且事后认为自己是个英雄人物。

总之,邱兴华行为时认识过程清楚、明确,对"杀人"的事实和性质没有任何不同于常人的认识错误。

[①] 参见陈春平:《公诉书披露邱兴华作案细节 庭审将电视直播》,载《华商报》2006年10月14日,第7版。

（三）根据行为过程可判断邱兴华有完全的控制能力

判断控制能力的关键是看行为是否是在行为人意志支配下完成的，这点在邱兴华案中毋庸置疑。邱兴华再次回到道观，先藏刀在身边，于半夜潜入宿舍杀人；杀人后放火燃烧作案工具，后逃离现场；在逃跑过程中因没有钱财而杀人劫财。这些行为都反映了邱兴华对行为过程的完全意志控制性。在肯定邱兴华有控制能力的同时，我们还要解决两个易混淆的问题：邱兴华到底丧失了什么能力？邱兴华案中是否存在可以减免责任的激情状态？

1. 刑法中的控制能力不是道德自制力

首先，控制能力是对危害行为的控制能力，不同于心理学上的道德自制力。邱兴华丧失了道德自制力，但这不影响其对危害行为的控制能力，对认定刑事责任能力无影响。"控制能力与心理学上所讲的作为意志品质的自制力不是等同概念。自制力是控制自己的情感、爱好和冲动的能力，但有控制能力的人不一定有自制力。许多人是在有控制能力的情况下因缺乏自制力而实施了犯罪行为。故不可将控制能力与自制能力相混淆。"[①]

不过，学者经常把无道德自制力的情况当成没有控制能力的情形。例如，有学者举例，某大学的一名女生在大学期间盗窃了一箱钢笔。因为见到他人的钢笔她便没有控制能力，非窃不可。[②] 这种情况属于对行为无控制能力，还是因完全丧失道德自制力后形成习惯性作案癖，尚需推敲。对此，可以看一下修正后的《麦纳顿条例》。1922年，英格兰的法学家重新审核了《麦纳顿条例》，并建议用不可抗拒的冲动这一观点来补充刑事案件中的精神错乱概念。他们主张，如果被告人是在冲动的情况下实施犯罪行为的，而被告人因患精神疾病不能抗拒这一冲动，并在该冲动的支配下产生犯罪

---

① 张明楷：《刑法学》（第二版），法律出版社2003年版，第192页。
② 参见张明楷：《刑法格言的展开》，法律出版社2003年版，第176页。

行为，那么，被告人对他的犯罪行为不负刑事责任。法庭将这一条例解释为警察就在眼前规则：即使警察当时就在身边，被告人仍会实施其犯罪行为，只有在这种情况下，冲动才是不可抗拒的。[①]

"警察在场，仍然会实施犯罪"虽然对某些激情犯罪未必适用，但对于检验是否是精神病却有重要意义，这至少会排除一些虚假的"不可控制"的情况。上述盗窃钢笔案件，就只是多次盗窃后不计后果地形成了习惯心理，与占有欲极强的贪官习惯性贪污没有本质区别。显然，她不会当面拿他人的钢笔，更遑论警察在场。即便类似的变态心理决定了罪行，从规范评价的角度看，行为人在可以被期待不形成变态心理的条件下自愿形成了这样的心理，本身就是可罚的。在邱兴华案中，邱兴华选择了深夜杀人，逃跑过程中是先在被害人家中吃饭，事后再返回杀人劫财，这些特征都使"警察在场，邱兴华会杀人吗"的追问可笑地成为庸人自扰。

2. 邱兴华不存在影响控制能力的激情状态

在刑法学上，激情状态也会影响行为的可罚性，如根据《德国刑法典》第20条的规定，行为人由于"深度的意识错乱"不能认识其行为的违法性，或依其认识而行为的，不负责任。在理论上，这被称为"高度的情绪动作"。有些国家肯定了应对某些激情状态下的情绪动作减免处罚。我国刑法没有规定激情状态，也就不存在考虑行为人的激情状态并减免责任的问题。但在理论上，如何认识激情状态？邱兴华案中是否存在影响其控制能力的激情状态呢？

首先，各国立法上虽肯定了激情状态，但限制极为严格。各国对激情状态的规定可以归纳为两种情况：一是原则肯定激情和冲动状态中的完全刑事责任能力。如根据《意大利刑法典》第90条的规定，激情和冲动状态既不排除也不降低可归罪性。该条规定增加

[①] 参见于靖涛、田祖恩：《英美法系对精神病患者刑事责任能力的评定标准》，载《中华精神科杂志》2000年第4期。

于1930年，主要针对当时实践中存在一些非常过分的做法。在该条规定增加以前，重罪法庭的陪审官们常常以"为激情所控制"为由，开释那些犯下重大血案的人。今天的《意大利刑法典》第90条，则表明了立法者要求人们必须尽最大努力来控制自己情感世界的坚决态度。① 二是在特殊情况下，如果激情状态的引起不能归咎于行为人，则对其减轻或者免除处罚。如《意大利刑法典》第62条规定了"在他人的不当行为所造成的激怒状态中实施犯罪"属于普通的减轻情节，这主要是被害人有重大过错且无法期待行为人控制自己的情绪。该种情况最主要运用在防卫过当中，如《德国刑法典》第33条规定："防卫人由于惊慌、恐惧、惊吓而防卫过当的，不负刑事责任。"

其次，对激情状态的免责性运用，理论上极为谨慎。在规定了情绪动作的德国，学者也认为："情绪激动的构成行为，并不是像晴天霹雳一样出现的，而是一种长期持续冲突的结果，并且大多数经过出现、加剧、爆发这三个阶段。在出现阶段中，应当进行处理的委屈和拒绝并没有导致心理上的紧张，在第二阶段中，这种紧张才能'加载'并且在破坏性的想象中得到转化，从而在第三阶段中，经常只要有一种外在的轻微诱因，就足以使它产生一种操纵能力的完全丧失和情绪激动的爆发。在第二阶段中，行为人利用还存在的操纵能力，在大多数情况下，在与自己的攻击性倾向进行的辩论中，还能够做出决定。当他在这个阶段中，没有采取任何预防措施去防止一种可能的和后来不能加以控制的情绪爆发，例如没有离开潜在被害人的影响范围，或者甚至还买了一件武器，在这里就已经存在着一种后来结果的产生，这种结果的产生能够成为一种刑法

---

① 参见〔意〕杜里奥·帕多瓦尼：《意大利刑法学原理》，陈忠林译，法律出版社1998年版，第195页。

性责任的基础。"① 可见，激情状态并非惯常性的免责条款，相反，竭力限制其运用范围以实现一般预防和法规范的稳定性，才是理论通识。

最后，在笔者看来，在作为犯中，激情状态下的行为人同样有控制能力，且控制能力可能超过常态水平，即刑事责任能力更强。高度情绪动作只是完全丧失了道德自制力，所有的思维都集中在犯罪对象这一点上，全然不顾社会约束；如果真的丧失了对行为的控制能力，犯罪就无法完成。只是，对于防卫过当等被害人有重大过错的激情状态，在规范责任论上，不能也不必期待行为人严格控制行为的危害性，故对不可归咎于行为人的激情状态作宽恕处理。

但是，在邱兴华案中，不存在讨论激情状态的可能性。激情状态原则上只能出现于突发故意中，行为人在产生犯意的一瞬间怒发冲冠、丧失理智。在预谋故意中，由于刺激行为的起因与犯罪行为之间存在较长时间间隔，不存在肯定激情状态的时空条件。如果邱兴华是在看到妻子出轨的当场杀人，还有可能考虑激情状态②，但邱兴华杀人都非突发故意，杀人行为都是经过时空间隔后的选择。

五、超常规的行为方式折射出更强的控制能力，而非精神病态的证明

（一）被残忍迷惑：犯罪本质上就是反常行为

对邱兴华是精神病人的预断有些是出于公众震惊后的反问，邱兴华极度冷漠地杀害与之无怨的香客，冲撞了我们正常人的情感底线。"当邱兴华杀10个人后，邱没有离开现场，听到有人发出'哼

---

① 〔德〕克劳斯·罗克辛：《德国刑法学 总论（第1卷）：犯罪原理的基础构造》，王世洲译，法律出版社2005年版，第587页。
② 但即便捉奸在床，在现代社会中，也不能认为此激情状态使之丧失了控制能力而不成立杀人罪。法律必须期待并要求行为人在这种程度的过错前抑制行为的伤害性。

哼'声就再补上几刀,这绝不是一个正常人所能做到的,即便是训练有素的职业杀手也很难做到。"① 就此预测邱兴华有精神病,恐怕是对罪犯人性和犯罪现象的无知。

首先,人有两个层面:生物人与社会人。作为生物人,人就是一种动物,有我行我素的欲望,所谓兽性其实就是人作为生物人的一面。在生物人层面上,邱兴华是正常人,生理构造与常人应当无异。社会人则是生物人受到社会约束和调整后,经过漫长的社会化教育乃至残酷的惩罚,人类兽性得以抑制后的产物,社会人按照社会规范生活,懂得与其他人共同协调生活。大多数人是受到严格规训的社会人,也就是"正常人"。在社会人层面上,可以说,任何罪犯都不是正常人,邱兴华的行为只是更严重地脱离了社会人的标准,体现出了未经约束的生物人的兽性。

其次,人一旦展现出生物人的一面,丧失了作为社会人应有的社会约束和道德感,罪行就会匪夷所思。如日本军人残忍地屠杀触目惊心,可能战后战犯本人也感到不可思议。其实,人一旦摆脱了社会的约束,就是一个我行我素的动物;在自然界中,个体的我行我素必然受到其他同样我行我素的同类的制约,在肢体力量势均力敌的状态下,同类种族中不会出现过于失衡的屠戮。但人类不同,一旦某个(些)人摆脱了社会的羁绊,返回到生物人的状态,他面对的是受到社会规则拘束的同类(社会人),在国家公权力未及之前,其破坏力犹如饥饿的老虎遇到群羊。借助杀伤性武器,罪犯有能力实施最残忍的行为。

总之,不能用正常社会人的思维看待犯罪。那些基于信仰而杀人的宗教徒,视死如归,甚至视死亡为更高境界;当代恐怖主义犯罪的残忍性、冷静性更超出想象的极限。手段超常规的战争犯、信仰犯,不会引起有无刑事责任能力的争议。那些摆脱了社会规则抑

---

① 王辉、常宇江:《邱兴华妻子提交邱兴华家族精神病史证明》,载腾讯网新闻频道(http://news.qq.com/a/20061208/000935.htm),访问日期:2006年12月8日。

制和道德自制力的嗜血行为，仍然处在人类特有的意志控制之下。

（二）超常规的杀人反映出刑事责任能力更强，更应从重处罚

有精神病学专家认为，邱兴华杀死熊万成后掏出心肝，切成片丝，炒熟装盘，又挖出眼球，把胸脯肉和两块脚筋分别另置，这些"残酷杀人"、"剩余杀人"和"滥杀无辜"构成了"返祖兽性化症状群"。① 笔者认为，刑法的结论恰恰相反，行为越残忍、越复杂，越说明行为人对行为的控制力极强，否则，超常规的杀人行为就无法完成。在主体的可归责性上，现代刑法有心理责任论和规范责任论两种学说，无论从哪种学说入手，只能得出应从重处罚的结论。

首先，心理责任论评价的是危害结果与行为人之间的心理联系。在行为时，行为人与危害结果之间有紧密而强烈的心理联系，反映出行为人的主观恶性更重。例如，直接故意乃追求和希望危害结果，行为人与危害结果间的心理联系就比间接故意中的放任强，原则上可罚性更重。与普通罪犯行为时忐忑不安、战战兢兢相比，邱兴华排除了道德自制力的干扰，更能不计后果地放手实施犯罪，其辨认能力和控制能力更加集中于犯罪。由于排除了主观上瞻前顾后的干扰，邱兴华对行为进程的控制力度更加强大、打击目标更加准确，因之行为的危险性和主观恶性都更重，原则上应从重处罚。

其次，规范责任论评价的是行为人意志与刑法禁令和命令间的对立程度。曾有理论认为，故意的强度取决于主体的情感态度；行

---

① 参见刘锡伟：《判断邱兴华有精神病的十点理由和依据》，载家园天下网（http://www.dglgx.xihai.com/bin/dglgx_npwl-message-4477.html），访问日期：2006年09月26日。

为人实施犯罪时越冷静，越没有情感，故意的强度就越高。[1] 邱兴华冷漠杀人只是因为杀人太多后，道德防线、情感抑制力已经丧失，这是惯犯、职业犯的共同特征，即对犯罪行为已经没有耻辱感和恐惧感。这种冷漠的犯罪随处可见，如很多贪官所贪钱财已足够一生所用，但仍然暴敛钱财。在早期贪污行为中，行为人必然诚惶诚恐，违法性意识也很强；但随着贪污次数和数额的增加，恐惧感业已消失，违法性意识也极大淡化或丧失，取代的是习惯性收取钱财后的满足感。没有缘由的杀人、冷漠的犯罪，反映出行为人偏离法秩序更远的人格态度、最基本道德感的丧失、对刑法禁令最大程度的敌视、规范的可呼吁性大大弱化，因之可罚性更重。

六、拒绝鉴定申请是副作用最小的合法选择

只要准确查清了案件事实和行为过程，并领悟了刑法理论，在刑法上邱兴华具备完全刑事责任能力应是无争议的论断，其行为的反常性只意味着更重的可谴责性。本文是给法官拒绝鉴定、认定邱兴华具有完全刑事责任能力提供实体刑法上的信心，这种实体法的视角与要求鉴定以唤醒程序正义的呼吁似乎不在同一个对话层面，但目的都一样：为了更准确处理此案。

（一）回归法条：不作鉴定符合刑法的立场

1. 从法条演变看刑法的价值取向

是否进行精神病鉴定要看我国现行法律的规定，尤其要注意1997年《刑法》对1979年《刑法》进行修改之处。

1979年《刑法》第15条规定："精神病人在不能辨认或者不能控制自己行为的时候造成危害结果的，不负刑事责任；但是应当

---

[1] 参见〔意〕杜里奥·帕多瓦尼：《意大利刑法学原理》，陈忠林译，法律出版社1998年版，第213—214页。

责令他的家属或者监护人严加看管和医疗。间歇性的精神病人在精神正常的时候犯罪,应当负刑事责任。"

1997年《刑法》第18条规定:"精神病人在不能辨认或者不能控制自己行为的时候造成危害结果,经法定程序鉴定确认的,不负刑事责任,但是应当责令他的家属或者监护人严加看管和医疗;在必要的时候,由政府强制医疗。间歇性的精神病人在精神正常的时候犯罪,应当负刑事责任。尚未完全丧失辨认或者控制自己行为能力的精神病人犯罪,应当负刑事责任,但是可以从轻或者减轻处罚。"

首先,1997年《刑法》第18条第1款增加了"经法定程序鉴定确认",目的是防止滥用精神病辩护,尤其是防止司法机关以"精神病"为借口放纵罪犯。刑法是裁判规范,该款的要求是:当法官以精神病为由对犯罪嫌疑人免责,即将出现"不负刑事责任的精神病人"时,鉴定才是必须的,以此限制法官以精神病为理由行使出罪裁量权。其逻辑结论是,对需要负刑事责任的精神病人或非精神病人,刑法不要求经过鉴定程序。1997年《刑法》第18条第2、3款也强化了这一点,这两款都无鉴定要求,即虽然是精神病人,但只要被认定应负刑事责任,都不必经过鉴定程序。换言之,在邱兴华案中,只有法官认为邱兴华不需要负刑事责任,鉴定才是必须的;如果法官认为邱兴华需要负刑事责任,无论其是否是精神病人,都不需要"经法定程序鉴定确认"。

其次,1997年《刑法》第18条第1款增加了"在必要的时候,由政府强制医疗"的规定,且该条增加了第3款——部分责任能力的精神病人应当负刑事责任。这两点都反映出减少精神病人对社会的危害性、防止精神病人不当地逃脱责任的立法目标,亦在提醒法官,保护社会是同样重要的刑法命题。

总之,从主观解释立场看,1997年《刑法》确立了严格限制精神病免责的基本立场。从客观解释角度看,也应当认为1997年

《刑法》第 18 条严格控制精神病的出罪功能。因为，在当下犯罪形势严峻的中国，过于张扬精神病的出罪意义，是一种单向度的狭隘思考，其视野中缺乏了公众利益和一般预防这两个法治社会的基本需求。这样的解释结论无疑符合限制精神病免责辩护、压缩专家鉴定的效力空间等世界性趋势。

2. 成文法国家不能通过判例修改法律

中国并非判例法国家，直接用具体被告人去实现或预演制度的变迁，是成文法国家的闹剧。在没有修改相关法律前，未必正确的"法治理想"不能"溯及既往"地提前在个案中实现。改革诉求过度仰赖判例的想法，是一种几十年甚至几百年前的英美式思维，在今天的英美诸国，刑事判例的创设性价值也已是日薄西山。需要指出的是，在邱兴华案终审后，是否修改法律、完善精神病鉴定制度，是和"依法处理本案"不同的问题，笔者不反对在该案终审后认真讨论现有鉴定制度的合理性。

（二）效果估量：未尝不可选择中的选择

考虑到邱兴华刑事责任的严重性，对邱兴华进行精神病鉴定未尝不可；但为避免当下的刑事案件被过于纠缠在无谓的争议中，法官拒绝鉴定申请也未尝不可。相对合理的选择依赖现实背景，在精神病专家的判断值得怀疑的情况下，与其等待被告人被鉴定出患者精神病的意见而法官不予采纳，倒不如拒绝当事人的鉴定申请，这样做所引起的"不可控"的副作用更少。

我们可以通过设想结局选择做法：

一是法官同意鉴定且被告人未被鉴定出患有精神病，那么就意味着很多精神病专家的判断错了。这除让我们更加怀疑精神病鉴定的客观性之外，还让学者和媒体间接参与了审判，变相肯定了"医学专家垄断某些法律问题"这样对法治危险的信号，似乎法官无法判断像精神病等"专业"问题。结果是，在一个需要提升司法权威的时代却在观念上消解了司法权力，认可了法律外因素左右审判的正当性。

二是法官同意鉴定且被告人被鉴定出患有精神病，鉴定意见被法官采纳。这则是对公共利益的重大伤害，也是对刑法理论的违反，更是一种导向性错误，我们势必又走上了辛克利案中认定精神病但其后又不断反思的历史性弯路，短暂的欢呼后必然伴随长久的痛楚。而且，同意鉴定使人解读出背离法治的信息：无论法官对刑法理论和法条的把握是否准确，都必须顾及舆论的力量。这无疑是怂恿媒体、专家审前干预司法。这使审判丧失了确保法官独立判断的基本司法特征。

三是法官同意鉴定且被告人被鉴定为精神病人，然而法官依据刑法理论否认鉴定意见。在当下中国，这会给未来精神病鉴定证据的可采性带来极大损害；"精神病杀人也要负刑事责任"这样虽然正确但极易被误解的刑法信息不应该通过这样的案例传达出来；让精神病专家和法官意见在万众瞩目的案件中遭遇直接冲突，虽然无可非议，但其中传达出的讯号可能是对法官与精神病专家的双重伤害。在目前司法体制下，这会使法官面对太多不明法理的质疑，只能促使法官依附更高的权力以寻求安全感，逃避独立判断。对精神病专家而言，一旦法官不信任精神病专家的印象得以强化，其结果要么是精神病专家在多数"不那么重要"的案件中从严鉴定、暗合法律专家的意见以求获得法庭信赖，那些真正的精神病人因此被作为完全责任能力者的概率大大增加；要么实质性地导向某些国家实行的"非官方"精神病鉴定制度，一个被告人可以有数个不同的鉴定意见，鉴定就不再是依赖技术的判断而是依赖立场的判断；要么像美国那样禁止专家给出具体意见。这最终都会导致鉴定制度名存实亡，造成法官完全独断精神病的问题。这对当下的司法现状而言是个糟糕的局面，毕竟现实中很多法官的知识水准决定了"帮手"的必要性，多数精神病鉴定意见以其科学性为法官提供可靠的参考，对实现案件公正作出了或正在作出重大贡献。

七、结语：立法者的法治，司法者的个案

　　笔者相信医生，但不相信精神病专家。笔者也认为世界上有很多精神病人，但我怀疑精神病专家鉴定的科学性。精神病专家理解不了的就是精神病态，杀人狂魔希特勒、东条英机是不是精神病人？他们和邱兴华有何区别？对精神病专家的话，法官应该三分相信，七分怀疑。立法者的眼中只有法治，而没有个案；司法者的眼中只有个案，而没有法治。成熟的法治不是华丽的政治，不应该绕过个案公正去追求伟大的判决，对刑案赋予法外的政治寄托令人感到恐慌。笔者认为，在重重压力和干扰之下，法官敢于按照现有法律审判刑事案件，不去追求案件外的宏大目标，这种法治意义绝非那些在喧闹中左顾右盼的揣摩性判决所能比拟。不依赖其他专家解决法律问题，敢于在重量级抗议中坚持自己的法律判断，置学者压力和媒体呼声于不顾作出判决①，本身就是伟大的司法过程，更是当下中国需要的法治样态。拒绝鉴定、肯定邱兴华为完全责任能力者，同样有伟大的价值，这体现在维护司法尊严、拒绝实体要件的认定被专家干扰、顾及公共利益上的积极努力，在政策学上，这也维护着善良国民的法律情感和规范意识。在邱兴华案中，我们究竟是在讨论邱兴华是否是精神病人，还是在争议法律规定的不足，抑或借此发泄我们对某些制度的不满情绪？邱兴华是悲哀的，至少，在属于他的案件里，他本人和他的危害行为都没有成为中心和焦点，邱兴华只是一个未必正确的法治理想寄托工具，愿本文能够为校正对刑事案件不应有的扭曲发挥一点作用。

---

　　① 一个连媒体呼声都无法抗拒的司法体制，又能够冲破多少其他非法律的阻力呢？

第二章
快播案：不作为犯的刑事责任

案情：宅男的福利，技术的悲哀

快播公司自 2007 年 12 月成立以来，基于流媒体播放技术，通过向国际互联网发布免费的 QVOD 媒体服务器安装程序和快播播放器软件的方式，为网络用户提供网络视频服务。其间，快播公司及其直接负责的主管人员王欣、吴铭、张克东、牛文举以牟利为目的，在明知上述 QVOD 媒体服务器安装程序及快播播放器被网络用户用于发布、搜索、下载、播放淫秽视频的情况下，仍予以放任，导致大量淫秽视频在国际互联网上传播。2013 年 11 月 18 日，北京市海淀区文化委员会查获快播公司托管的服务器 4 台。后北京市公安局从其中 3 台服务器里提取了 29 841 个视频文件进行鉴定，认定其中 21 251 个文件属于淫秽视频。2015 年 2 月 6 日，北京市海淀区人民检察院对王欣、吴铭、张克东、牛文举因涉嫌传播淫秽物品牟利罪提起公诉。2016 年 9 月 13 日，北京市海淀区人民法院作出判决，认定快播公司及被告人王欣、吴铭、张克东、牛文举的行为均已构成传播淫秽物品牟利罪，对王欣判处 3 年 6 个月有期徒刑，对该公司处人民币 1 000 万元罚金。① 王欣上诉后，北京市第一中级人民法院二审裁定驳回上诉，维持原判。

---

① 参见北京市海淀区人民法院（2015）海刑初字第 512 号刑事判决书。

争点：不删除=传播？

法官认定王欣等构成传播淫秽物品牟利罪的主要理由包括：一是快播公司负有网络视频信息服务提供者应当承担的网络安全管理义务；二是快播公司具备承担网络安全管理义务的现实可能，但拒不履行网络安全管理义务。判决书论证了王欣没有充分履行网络安全管理义务，如果据此认定其构成不作为犯罪——拒不履行信息网络安全管理义务罪（最高3年有期徒刑），理由充足；不过，该罪是2015年才确立的罪名，根据法不溯及既往的原则，不能适用于快播案。但是，判决书把拒不履行网络安全管理义务的行为认定为传播淫秽物品牟利罪（最高无期徒刑），把传播淫秽物品牟利罪理解为不纯正不作为犯，将王欣拒不履行网络安全管理义务的不作为，评价为传统的作为犯。这一论证思路，存在法理障碍。判决书的立场，也反映了目前刑法学界对不纯正不作为犯的共同态度：只要可以由作为构成的犯罪，原则上就可以由不作为构成。

提要：躺着中枪的判决逻辑

判决书的逻辑很危险。"不履行网络安全管理义务=传播"的判决逻辑可以惩治王欣，但同样会把不履行其他管理义务的官员，按照作为型实行犯重处。简单地讲，会把（消极怠工的）警察等同于（积极制毒的）毒贩。快播案的背后，是学理上不限制不纯正不作为犯的边界，导致司法实践中滥用不纯正不作为犯、脱离实行行为而只根据法益保护需要定罪。中国的立法模式不同于德日，刑法总则没有设立原则处罚不作为的拟制规定、重罪法条以行为危险为核心。因而，以法益保护为由在中国处罚不纯正不作为犯，违反罪刑法定原则。考虑到中国文化给定了一些重罪的作为形象，立法者也预设了重罪的作为性质，应当否认重罪存在不纯正不作为犯，以及把一些需要处罚的不纯正不作为犯解释为作为犯和过失犯。

快播案是个万花筒,淫者见淫,道者见道。快播案的判决,左右逢源,平衡各方,这是政治家的立场。法官若采取骑墙姿态,等于放弃了法治的底线。法官的胸中只有正义,没有妥协。法官想要投机,正义不想妥协。快播案有罪还是无罪,事关未来:不是"小片"还能不能看,而是啥事没做也会被判成重罪。

一、引言:不纯正不作为犯有无边界?

(一)危险逻辑:不履行管理义务=积极传播

判决书的论述逻辑,会引发系列困境:上至领导干部,中至企业经理,下至平民百姓,只要被认为违反了某种管理义务,司法机关就可以绕开玩忽职守罪、拒不履行信息网络安全管理义务罪、拒绝提供恐怖主义犯罪证据罪等法定义务犯、不作为犯(轻罪),而直接适用故意杀人罪、传播淫秽物品牟利罪、参加恐怖组织罪等重罪。简单地说,在存在管理义务的前提下,不杀人的也可能被定为故意杀人罪,不制毒的也可能被定为制造毒品罪。以法益保护为由,绕开实行行为的钳制,突破"义务犯需法律明文规定"的底线,任由不纯正不作为犯野蛮生长,将出现刑罚权滥用、罪刑法定原则瓦解等危险。

(二)通说立场:不纯正不作为犯的范围无边界

陈兴良教授认为:"不作为的传播淫秽物品牟利罪的行为特点是网络信息提供者明知存在他人上传的淫秽信息,应当履行安全管理义务并且能够履行而拒不履行，因而构成传播淫秽物品牟利罪。"① 张明楷教授也认为："一审判决还从快播公司负有网络视频信息服务提供者应当承担的网络安全管理义务，并且具备管理的可能性但没有履行网络安全管理义务的角度，论证了快播公司构成传播淫秽物品牟利罪。据此，快播公司同时存在作为与不作为。"② 陈、张两位教授均认可两点：一是传播淫秽物品牟利罪属于不纯正不作为犯，可以由不作为构成；二是拒不履行网络安全管理义务，等于传播淫秽物品。

快播案是司法实践中不纯正不作为犯泛滥的一个缩影。虽然目前学界也在争论"丈夫见妻子自杀不救"是构成遗弃罪还是不作为故意杀人罪，但是，对不作为可以构成故意杀人罪、强奸罪等，并无争议；推演下去，小偷被追跳河失主不救、肇事者将流血者扔在急救大厅后逃跑而医生不救，失主、医生都有构成不作为故意杀人罪的可能性。把一些轻罪理解为不纯正不作为犯，问题尚不严重，但认为不作为可以构成故意杀人罪、传播淫秽物品牟利罪等重罪，会出现重罪适用范围过宽、违反中国立法模式、重回以社会危害性定罪等问题。

二、在行为可罚性上，不作为≠作为

（一）在可罚性上，进攻和不防守有本质区别

作为相当于进攻，不作为相当于不防守。进攻有天然的恶害性，而不防守的道德恶性小得多；作为是一种罪恶，不作为只是

---

① 陈兴良：《在技术与法律之间——评快播案一审判决》，载《人民法院报》2016年9月14日，第3版。

② 张明楷：《快播案定罪量刑的简要分析》，载《人民法院报》2016年9月14日，第3版。

一种过错。虽然在道德上,"恶人得胜的唯一条件就是好人袖手旁观"①,在场的不作为也要承担道德责任。但是,"恶人"的作为与"好人"的不作为,有本质区别,"人们通常认为,不作为的谴责性比作为更低,对于杀手(killer)和不救助者(non-saver),人们会有不同反应"②。在重罪中,把不作为等于作为,就是把不防守等于了进攻,是把软弱的保护者,等同于凶恶的侵略者,在逻辑上是混淆是非。在"九一八"事变中,蒋介石的不抵抗和日本人的侵略,是本质不同的概念。

德日刑法用等值性来弥补作为与不作为之间的鸿沟。据此,在深圳联防队员强奸妻子而丈夫不报警一案中,强奸犯的暴力和丈夫的软弱,都将等值为强奸行为;但是,把"不负责的男人"等于"变态的男人",违背常理。如果认为不作为与作为具有等值性,那么,东京审判上,日本军事将领和国民党将领,都应该站在审判席上。显然,南京大屠杀中的残酷结果,在法律上,只能归罪于日本人的进攻,而不能归罪于国民党的不防御。

(二)重刑条款应当只用于打击暴力

把作为和不作为等值,是因为两者对法益都有损害。然而,站在人类学的角度,作为与不作为的社会意义完全不同。攻击性的作为,足以让社会毁灭;不作为,只是让社会少了温情。

首先,刑法的核心是控制暴力,尤其是重刑条款应当只用于消除暴力。刑法打击作为,是消除人类的暴力倾向——对社会存在最致命的危险。人类的基因中存在暴力、攻击的本能,珍妮·古道尔(Jane Goodall)曾经观察自由生活的黑猩猩,发现"他们彼此挑唆,情绪激昂,遂形成集体侵犯性,进而一致攻击一个相邻黑猩猩

---

① 〔美〕斯坦利·米尔格拉姆:《对权威的服从:一次逼近人性真相的心理学实验》,赵萍萍、王利群译,新华出版社2013年版,第139页。
② Andrew Ashworth, *Positive Obligations in Criminal Law*, Hart Publishing, 2015, p. 31.

部落,很快就杀死了所有敌方部族成员"①。这种场景在人类社会频频发生,让社会毁灭的,是人类原始暴力基因的爆发。用刑法控制攻击、暴力,是人类组合成社会的首要条件,"控制攻击行为是试图生活在6/10平方英里土地上的任何250人的群体所面对的中心问题"②。社会存在的基本前提是禁绝砍、杀、盗行为,在禁止类似进攻性行为之后,社会才能进一步要求友爱、帮助的义务。

其次,作为义务只是社会分工精细化后的阶段性要求。"在一个部落中,如果有人担任武士,有人照顾孩子,有人捕猎,它就会比缺乏劳动分工的部落占据更大的优势。环顾人类构建的文明,我们就会意识到,只有进行方向明确的协调行动,才会建成金字塔,形成古希腊社会,推动人类为生存进行抗争,从一个渺小的生物体进化成这个星球的技术主宰。"③ 但是,这种社会分工的要求,在不同阶段、不同群体,分工内容完全不同。这导致作为义务不是内容固定、标准延续的行为禁忌。从长远看,在人类已经主宰自然后,一个强调互相帮助、团结友爱、依赖他人的社会,未必是一个高效率的社会。至少,强调个人主义、风险自负的社会,很可能会加速个人发展、推动技术进步、促进制度完善。

最后,作为与不作为的刑法地位是不同的。打击作为,是生存必需;制裁不作为,是发展需要。"在刑法领域,曾长期视不作为为'怪物'。从根本上来说,以自由为中心的近代刑法制度都是为了防止人们实施某种行为而建立起来的,传统刑法以维护现有法律制度为主要目的,而只有积极的作为才可能侵犯他人合法利益。以团结互助为基本原则的现代社会法制国家,要求社会成员间相互协作以实现法律的目的,于是刑法中有关行为人作为义务的规定开始

---

① 〔奥〕康拉德·洛伦茨:《人性的退化》,寇瑛译,中信出版社2013年版,第141页。
② 〔美〕M. E. 斯皮罗:《文化与人性》,徐俊等译,社会科学文献出版社1999年版,第11页。
③ 〔美〕斯坦利·米尔格拉姆:《对权威的服从:一次逼近人性真相的心理学实验》,赵萍萍、王利群译,新华出版社2013年版,第139页。

增加，如今已成为整个刑法制度（尤其是特别刑法）中不容忽视的组成部分。"① 简单讲，刑法可以增设义务犯，但不能提高到与作为犯同等的程度，即不能对不作为犯设置重刑。

（三）不纯正不作为犯的作为义务是抽象观念，不是行为规范

从保护法益的角度，学者把作为犯的构成视为禁止规范，把不作为犯的构成视为命令规范，而不纯正不作为犯的构成是两者的结合，属于行为规范。如日本学者认为："（日本刑法）第199条的'杀人者'这一构成要件的根本在于，必须尊重他人的生命这一行为规范，该规范不仅包括不得杀人这一禁止规范，还可以包括必须救助他人的生命这一命令规范。"② 这是通过把不作为犯的构成解释为命令规范，再上升到行为规范，从而使不作为犯具有可罚性。但是，不纯正不作为犯中的作为义务内容，既不是命令规范，也不是行为规范，只是裁判规范。

首先，不纯正不作为犯中的义务内容只是一种抽象观念。纯正不作为犯（如拒绝提供间谍犯罪证据罪）中的义务，有法律规定，标准明确、内容具体，要求国民遵守，属于命令规范、行为规范。但是，多数不纯正不作为犯中的义务，范围模糊、标准随意，国民无所适从，无法成为命令规范、行为规范。对于作为犯，公民可以控制行为，守法自律；嫌疑人可以证明缺席现场，自证清白。然而，对于不纯正不作为犯，被告人要赢得诉讼，必须变成哲学家，熟谙自然正义、社会公德，要和法学家辩论。对于不作为杀人、强奸，何种情况、何种主体具有何种义务，法律没有规

---

① 〔意〕杜里奥·帕多瓦尼：《意大利刑法学原理》，陈忠林译，法律出版社1998年版，第113—114页。
② 〔日〕西田典之：《日本刑法总论》，刘明祥、王昭武译，中国人民大学出版社2007年版，第87页。

定,都是事后判断,连法学家都众说纷纭,何况普通公众?

就杀人罪抽象出来的规范而言,"不得无故杀人"是有具体内容、标准明确的行为规范;而"救助他人的生命"只是一种柔性要求,缺乏行为规范所要求的具体内容,显然我们不需要见人就救,这只是一种抽象观念。

其次,不作为犯中的义务内容具有强烈的可变性,并非所有社会的行为规范。在现代资源充足的社会,救助婴儿被视为行为规范;然而,在资源贫乏的远古年代,抛弃婴儿也是社会要求。据人类学家考察,"大多数原始民族允许将婴儿杀掉。为了限制人口,似乎每个理由作为有效的生存方式都是合理的。……杀婴在游牧部落最为流行,因为养育孩子是长途跋涉中的一个大问题"①。在这样的生存条件下,"杀婴不被当作是残忍和自责的行为"②。同样,抚养老人是现代社会的义务要求,而在其他社会,遗弃老人才是义务要求,"爱斯基摩人的儿子在他们的父母亲老迈到毫无用处和帮助价值时,必须将他们杀掉;否则将被认为是没有孝心"③。简单讲,处罚作为犯罪,是人与动物的区别;处罚不作为犯罪,是人类走向更高文明的要求。

最后,不纯正不作为犯的作为义务,缺乏人人遵守的行为规范色彩。刑法中的行为规范,带有行为禁忌的色彩,是刚性要求,任何人均需要遵守,无须考虑主体因素,这也是构成要件符合性、违法性、有责性三阶层确立顺序的基础。只要有杀人事实,就具备构成要件符合性;而成立不作为犯必须先考虑主体因素(义务),单纯不救助,得不出任何刑法结论。"不得无故杀人"是人类生活形

---

① 〔美〕维尔·杜伦:《东方的文明》(上册),李一平等译,周宁审校,青海人民出版社1998年版,第59页。
② 〔美〕维尔·杜伦:《东方的文明》(上册),李一平等译,周宁审校,青海人民出版社1998年版,第60页。
③ 〔美〕维尔·杜伦:《东方的文明》(上册),李一平等译,周宁审校,青海人民出版社1998年版,第63页。

成的行为禁忌,也是人人要遵守的行为规范,对所有人都适用,即便是儿童、精神病人,也要遵守这一行为规范(不理解也要服从)。当然,儿童、精神病人违反"不得无故杀人"的行为规范后,无须承担刑事责任。

而"救助他人的生命"就缺乏人人遵守的行为规范色彩:一是只有特定主体才负有救助义务;二是儿童、精神病人无须遵守这一命令规范;三是义务人也可以主动不遵守,如通过辞职、回避、委托等方式,避免自己的救助义务。正是因为两者的本质差别,拉德布鲁赫很早就指出,实施和不作为完全"不想位于一个共同的上位概念之下",而是相互处在一种"肯定和否定,甲与非甲"的状态中。[1]

总之,由于缺乏行为规范的性质,不纯正不作为犯是自由世界的幽灵,可以轻易跳出刑罚权的樊篱,以莫须有的义务,侵入其他罪名无力到达的角落。在刑法"肥大"的现代社会,把不作为等同于作为,会进一步冲淡刑法的禁忌效果,出现人人有罪、民不畏罪的逻辑,最终形成罪犯无畏、犯罪无谓的困局。因而,笔者坚决抵制立法上增设纯正不作为犯、司法中滥用不纯正不作为犯,如果无法避免不作为犯的处罚需要,应当推动将不作为犯单独立法——"义务违反制裁法"。

三、集体主义 vs 个人主义:不纯正不作为犯的法理

(一)处罚不纯正不作为犯是集体主义法律观

1. 不纯正不作为犯背后的社会需要、集体意识

成立不纯正不作为犯的核心是义务,无论是紧密共同体、支配

---

[1] 参见〔德〕克劳斯·罗克辛:《德国刑法学 总论(第1卷):犯罪原理的基础构造》,王世洲译,法律出版社2005年版,第150页。

行为还是保证人地位等根据,都缺乏客观标准,实质是脱离刑法寻找处罚根据。它们背后的动因,就是"社会需要、集体意识",这种需罚性的动力有二:

一是根据国民情感、社会需要处罚。如德国学者认为:"从刑法的保护任务中推导避免结果发生的法义务。所以,根据不作为行为人的社会义务范围、根据健康的公民的感觉、社会共同体内在秩序的需要来决定之。"① "公民的感觉"等这些模糊、抽象的处罚动因,源于强调统一意识、加强社会团结、要求个人服从社会需要的集体主义。这种根据集体意识处罚个人的做法,在集体主义盛行的时候曾经推翻了罪刑法定原则,如德国于 1935 年 6 月 28 日在其刑法中规定:"任何人,如其行为依法律应处罚者,或依刑事法律的**基本原则和国民的健全的国民情感**具可罚性者,应判处刑罚。"根据集体意识处罚的结果,就是不需要罪刑法定原则。

二是根据法律精神、正义要求处罚。如日本大审院在判例中指出:物体的占有者或者所有者由于应该归于自己的故意行为的原因致其物件起火,在因此而有对公共发生危险之虞时,尽管能够防止,却故意放任不管,实际上是无视公共秩序,明显地抵触了以维持秩序为任务的**法律精神**,在这种场合,灭火以防止发生公共危险,属于这些人法律上的义务。② 同样,根据法律精神处罚不纯正不作为犯,也是把社会需要置于罪刑法定原则之上。

把国民情感、法律精神作为处罚动因,和社会危害性理论一样,都是用社会需要、集体意识抹杀罪刑法定原则,容易走向法官擅断。在作为犯领域,我国刑法的任务是防火防盗;在不作为犯领域,我国刑法的任务是防德日,防止实质义务论背后认为社会高于

---

① 〔德〕汉斯·海因里希·耶赛克、托马斯·魏根特:《德国刑法教科书》,徐久生译,中国法制出版社 2001 年版,第 722 页。
② 参见〔日〕大塚仁:《刑法概说(总论)》(第三版),冯军译,中国人民大学出版社 2003 年版,第 139 页。

个人的集体主义刑法观。防火防盗防德日,任重而道远。

2. 集体主义强调不纯正不作为犯的可罚性

首先,作为义务,是强化个人服从社会和集体的最好途径。宗教社会为了强化教徒的团结一致,强调个人对神的义务,例如,在中世纪的教会法时代,托马斯·阿奎那就认为不作为犯可罚性的原因在于不作为存在精神上的反抗这一意志要素。① 而在集体主义刑法观里,这种宗教义务以各种名义转化为刑法中的不纯正不作为犯,"在德国法西斯时代,认为违法性是指违反社会伦理规范,或者违反国家社会伦理义务的观点具有很大影响,为此,'紧密的社会共同体'这一概念成为作为义务的理论基础"②。集体主义刑法观,是不纯正不作为犯的"春药"。

其次,集体主义刑法观普遍强调不作为犯的可罚性。不作为犯的核心是遵守义务,这正是集体主义的基础,"只要感知到命令来自合法权威,很多人就会'遵命而为',无论命令内容如何,也不受道德的约束"③。不难发现,不纯正不作为犯的很多理论都来源于德国、意大利、日本。这三个国家的刑法典都在总则中原则性地肯定不作为的可罚性。同样,1922 年《苏俄刑法典》第 6 条规定:"威胁苏维埃制度的基础及工农政权向共产主义制度过渡时期所建立的法律秩序的一切危害社会的作为或**不作为**,都认为是犯罪。"此外,《新加坡刑法典》第 225C 条规定:"任何人实施新加坡生效法律规定禁止实施的行为,或对新加坡生效法律规定实施的行为**不作为**,若法律对此种作为或不作为未规定特定处罚的,则应判处 200 新元以下的罚金。"总体而言,在强调公共利益和集体主义的

---

① 参见〔日〕日高义博:《不作为犯的理论》,王树平译,中国人民公安大学出版社 1992 年版,第 11 页。

② 〔日〕西田典之:《日本刑法总论》,刘明祥、王昭武译,中国人民大学出版社 2007 年版,第 90 页。

③ 〔美〕斯坦利·米尔格拉姆:《对权威的服从:一次逼近人性真相的心理学实验》,赵萍萍、王利群译,新华出版社 2013 年版,第 213 页。

国家,刑法均强调不作为的可罚性。

(二) 英国、美国等国家限制不纯正不作为犯

英美国家处罚不作为犯只是例外,"英美国家没有不真正不作为犯这一概念,认为不作为犯与作为犯是一样的,只是以法的作为义务来限制不作为犯的成立"①。英美国家历来限制国家权力侵犯个人自由,防止以无限义务控制个人,因而,强调社会需要团结互助的不纯正不作为犯在英美刑法中没有生长空间。

首先,美国刑法历来对积极暴力行为严刑峻法,对不作为则网开一面。美国刑法不像德日刑法那样原则性地肯定不作为犯的可罚性,相反,是限制不作为犯的处罚。美国《模范刑法典》第2.01条(3)规定:"除存在下列情形外,不作为不构成犯罪的责任根据:(a) 规定该罪的法律特别规定不作为足以构成犯罪;或者(b) 法律对于该未被履行的行为施加了作为义务。"处罚不作为只是例外且有更多限制。即使处罚,也很轻微,例如,在 Territory v. Manton 一案中,丈夫在冬天的夜晚将醉酒的妻子留在雪地里而造成妻子死亡,丈夫只构成最高刑期5年的过失杀人罪(manslaughter)。② 类似案件,在大陆法系则属于不作为故意杀人罪。

此外,对"见危不救"等纯粹不作为犯,美国多数州持消极态度。"无视邻居,虽然在道德上似乎应受谴责,但这是每一个美国人的权利。在美国,长期形成的先例将美国人从帮助他人的义务中解脱出来。"③ 救助是美好道德,但如果以犯罪化强制人们履行义务,本身就是对个人的犯罪;如果可以通过刑法让人做好事,以后

---

① 〔日〕日高义博:《不作为犯的理论》,王树平译,中国人民公安大学出版社1992年版,第8页。
② See Cynthia Lee and Angela P. Harris, *Criminal Law: Cases and Materials* (3rd. ed.), West Academic Publishing, 2014, p. 169.
③ Cynthia Lee and Angela P. Harris, *Criminal Law: Cases and Materials* (3rd. ed.), West Academic Publishing, 2014, p. 177.

也可以通过刑法令人做坏事。一个强化义务规范的刑法，可以通向伊甸园，也可以通向刑法帝国主义。

比较一下美德两国对在场不作为帮助犯的区别，明显可以看出两国刑罚触角的长度不同。在德国，犯罪时在场可能构成不作为的心理帮助犯，"在其伙伴实施恐吓未遂时，如果其律师只是默不作声地呆在其伙伴的旁边，可构成积极的作为或者不作为的心理帮助"①。而在美国，单纯在场不构成帮助犯，"长久以来，在犯罪进行时，单纯的在场不构成犯罪，我们法律的基础是'不得做某事'，我们很少要求他人积极做某事。"② 在内华达州的一个案件中，A 和 B 在赌场里和一个小女孩玩捉迷藏，当小女孩跑进女厕所时，A 先进去了，B 也随后进去了；B 进去后看到 A 在性侵小女孩，B 离开后没有告诉任何人，但 B 不构成任何犯罪。③

其次，英国对于不作为犯的处罚程度也低于德日。在英国，"大部分以不作为方式实施的杀人案件，都定了过失杀人罪"④。比较一下德英两国对警察见危不救的定性，可以看出两国在不纯正不作为犯上的巨大差异。英国刑法理论认为，"警察没有正当理由或可宽恕时，不履行其责任，致使一个公民被踢死，没有维护好社会秩序，被认为构成普通法上的轻罪"⑤。在英国，此处情况处罚很轻。相反，德国刑法理论认为，"得到即将发生重大犯罪信息的主管警官，在紧急情况下即使付出生命也必须阻止犯罪行为；否

---

① 〔德〕汉斯·海因里希·耶赛克、托马斯·魏根特：《德国刑法教科书》，徐久生译，中国法制出版社 2001 年版，第 723 页。

② See Cynthia Lee and Angela P. Harris, *Criminal Law: Cases and Materials* (3rd. ed.), West Academic Publishing, 2014, p. 177.

③ 参见上注。

④ 〔英〕J. C. 史密斯、B. 霍根：《英国刑法》，李贵方等译，法律出版社 2000 年版，第 56 页。

⑤ 同上注，第 54 页。

则，他将被作为该犯罪行为的帮助犯受到处罚"①。这样，在德国，警察见危不救就构成故意杀人罪等重罪。要警察冒生命危险履职，与日本天皇要求神风特攻队进行自杀性攻击一样，背后都是集体高于一切的观念。

最后，法国刑法历来对不作为犯持警惕态度。法国学者认为："'能而不予阻止者，有罪'这是法国法学家罗瓦塞尔的一句名言，但这句名言远未普遍得到遵守。由于在旧《刑法典》中没有规定，所以法院判例拒绝将'放弃不为'视为'作为'，并且拒绝承认单纯的不作为可以构成'实行的犯罪行为'。"② 直到今天，法国刑法仍然否认不纯正不作为犯的可罚性，即使处罚，也只按照过失犯处罚。

四、法益保护 vs 行为危险：中国重罪的蓝本是作为

（一）不纯正不作为犯的法益保护是社会危害性的翻版

刑法的本质，是法益保护，还是行为禁止？站在不同立场，不纯正不作为犯的可罚性不同。如果认为刑法的本质是法益保护，那么不作为与作为造成的法益损害完全相同，两者等值，不纯正不作为犯有可罚性。如果认为刑法的核心是行为危险性，那么不作为缺乏暴力性、攻击性，无法与作为等值，不纯正不作为犯没有存在的余地。

1. 法益侵害性等值＝社会危害性相当

主张处罚不纯正不作为犯的学者，是在偷换概念，把行为危险性偷换为法益侵害性。

---

① 〔德〕汉斯·海因里希·耶赛克、托马斯·魏根特：《德国刑法教科书》，徐久生译，中国法制出版社 2001 年版，第 728 页。
② 〔法〕卡斯东·斯特法尼等：《法国刑法总论精义》，罗结珍译，中国政法大学出版社 1998 年版，第 217 页。

首先，在方法上，大陆法系学者想从行为危险性相当的角度，论证不纯正不作为犯的可罚性（当然无法成功）。如大塚仁教授指出："应当相对于杀人行为的不作为，必须具有与**绞杀**、**刺杀**被害人同样的犯罪性。即，与作为一样，不作为也需要包含着能够实现犯罪的现实危险性。"① 大谷实教授也认为："只有和作为犯的**实行行为**能够同等看待程度的侵害法益的不行为，才能视为实行行为。"② 从实行行为的危险性角度来考察不作为的可罚性，完全正确。如果比较"见妻落水不救"与"绞杀、刺杀"的行为危险性，只能认为两者无法等值，"见妻落水不救"不是不作为杀人罪。

其次，在其他犯罪中，学者们普遍注意到了应以行为危险性而不是法益侵害性来判断犯罪。如在讨论以危险方法危害公共安全罪时，学者们非常注意某些行为的危险性是否与爆炸、放火相当，"对那些与放火、爆炸等危险方法不相当的行为，即使危害公共安全，也不宜认定为本罪"③。在司法实践中，如盗窃窨井盖、将高楼走廊的落地玻璃偷走致使孩子摔死等，在法益损害上与放火、投毒没有区别，但行为危险性太小，因而学者均否认成立以危险方法危害公共安全罪。换言之，某些作为的危险性都难以成立犯罪，何况不作为？如果没有直接危险的不作为可以构成放火罪，那么，任何作为都可以构成以危险方法危害公共安全罪。

最后，在不作为犯的评价结论上，大陆法系学者都背离了自己的立场（因为从行为危险性无法论证等值性），以法益侵害的相同性来论证不作为的可罚性。如西田典之教授认为："刑法出于何种

---

① 〔日〕大塚仁：《刑法概说（总论）》（第三版），冯军译，中国人民大学出版社 2003 年版，第 141 页。

② 〔日〕大谷实：《刑法讲义总论》（新版第二版），黎宏译，中国人民大学出版社 2008 年版，第 131 页。

③ 张明楷：《刑法学》（第四版），法律出版社 2011 年版，第 610 页。

观点引入了这种不作为犯理论呢？这无疑是出于保护法益的要求。"① 这种法益保护思想，就是社会危害性理论的翻版。我国通说认为："实践中往往有人认为，凡不作为犯罪都比作为犯罪危害性小。这种看法不够妥当。例如，在颠覆列车案件中，采用不扳道岔的不作为方式与采用破坏铁轨、路基的作为方法相比，二者的危害程度就没有什么差别。"② 无论法益侵害性，还是社会危害性，都是从危害后果等值的角度论证不作为的可罚性，而忽视了刑法的核心是行为危险性。

2. 危险的不纯正不作为犯：无行为亦可罚

对法官而言，判断行为性质困难，寻找义务根据容易。对公民而言，我可以控制我的行为，但我无法控制我的义务。一旦定罪以法益侵害性、社会危害性为标准，就脱离了实行行为的限制，即便在因果关系上设定其他限制条件，刑罚大棒也会变得无拘无束，基本可以做到"指哪打哪"。

如通说认为：庭院内闯入危重病人，房东有救助义务；乘客被同乘强奸，出租车司机有救助义务；嫖娼者在卖淫女床上发生心肌梗死，卖淫女有救助义务；妻子自杀时，丈夫有救助义务；登山者对同伴的危险有救助义务；演出场所管理者对他人的淫秽表演有制止义务；合同无效，但保姆不喂养放在自家的婴儿，成立不作为的杀人罪。③

中国学者往往按照德日理论来判断作为义务，这会出现严重问题。因为德国有见危不救罪，且刑罚很低，只"处1年以下自由刑或罚金"。换言之，像冷漠出租车司机见到强奸不救、房东不救擅入庭院者等案件，在德国即便肯定了救助义务，也可能根据具体情

---

① 〔日〕西田典之：《日本刑法总论》，刘明祥、王昭武译，中国人民大学出版社2007年版，第87页。
② 高铭暄、马克昌主编：《刑法学》，北京大学出版社、高等教育出版社2000年版，第75页。
③ 参见张明楷：《刑法学》（第四版），法律出版社2011年版，第610页。

况认定为"见危不救罪"等微罪。而中国没有见危不救罪,一旦肯定不纯正不作为犯,在危险紧迫且义务人有间接故意时,上述案件的义务人都将被认定为故意杀人罪、强奸罪或组织淫秽表演罪等;一旦认定冷漠出租车司机有救助义务,就要成立强奸罪,这明显和司机的行为危险性、人身危险性不符合。

笔者只能感叹:刑法真坏,做人真累。

如果上述逻辑成立的话,以下结论同样成立:小偷入屋准备盗窃但摔伤,屋主任其流血而死,成立不作为故意杀人罪;一对大学生情侣酒后要求搭乘老师的汽车回宿舍,路上男生强奸了女生,老师也构成强奸罪;如家酒店知道天天有人发小卡片卖淫,睁一只眼闭一只眼,店主也成立组织卖淫罪;两男相约到卖淫女家嫖娼,因为谁先的问题发生打斗,均倒地流血不止,卖淫女逃走,两男死亡,卖淫女也成立故意杀人罪。

不纯正不作为犯的最大危险,是扯着法益保护的大旗绕开实行行为,以社会危害性定罪,跟着感觉走,脚步越来越大越来越随意,完全脱离了"无行为无责任"的刑法公理。

3. 刑法本质是禁止危险的行为,而不是法益保护

刑法的本质特征不是保护法益,而是惩罚、禁止以某些特定方式侵害法益的行为。"刑法规范的制裁对象,并不是所有侵害刑法保护法益的行为,而只是以某些推定方式侵犯该法益的行为。"[①] 广州许霆等案件争议巨大,不是法益损害的争论,而是"恶意取款是否是盗窃行为"的行为判断困惑。

在不作为犯问题上,学者都忘记了刑法的补充性、不完整性、片段性,"刑法并非是将所有侵害重要法益的行为都作为刑罚处罚

[①] 〔意〕杜里奥·帕多瓦尼:《意大利刑法学原理》,陈忠林译,法律出版社1998年版,第4页。

的对象"①。任何法律都保护法益,在保护法益的数量和效果上,侵权法、行政法发挥着更大作用。从法益侵害性的角度看,侵权中的损害财物 10 万元人民币,比盗窃 1 000 元人民币,对法益的侵害更严重。同样,过失犯可能比故意犯对法益的侵害更严重,"一个根本不遵守基本交通规则的司机可以说是一枚'浮动的水雷'"②,过失犯可能会比故意犯得到更为否定的评价但我们不可能把过失犯等值于故意犯。如果仅考虑法益侵害性,造成 300 多人死亡的克拉玛依大火事件(玩忽职守罪),比故意杀人罪对生命权的破坏更严重。显然,不能认为不作为的玩忽职守罪造成的法益损害更重,就等价地评价为作为的放火罪。

刑法的主要目标,是禁止暴力以及可能引发暴力的行为。因而,对于杀人、抢劫等自然犯罪,判断行为性质,即行为是否有杀人性质(而不是"行为是否致人死亡"),才是首要因素。当然,随着社会发展,刑法增设了很多行政犯、过失犯等轻罪,对于这些轻罪,刑法主要考虑的是法益保护,相对弱化了对行为性质的判断。简言之,传统重罪,是以行为危险性为蓝本存在的,是行为主义刑法;而现代轻罪,是以法益保护为出发点设立的,是结果导向的刑法。

(二) 我国的重罪立法模式是禁止行为危险

纵观世界各国,法条的表述方式有两种:法益保护型和行为禁止型。

1. 法益保护型立法模式

西方一些国家对某些重罪采取了法益保护的立法模式,法条强调法益损害性,弱化了行为危险性。据此,只要侵犯了法益,可以

---

① 〔日〕西田典之:《日本刑法总论》,刘明祥、王昭武译,中国人民大学出版社 2007 年版,第 23 页。
② 参见〔意〕杜里奥·帕多瓦尼:《意大利刑法学原理》,陈忠林译,法律出版社 1998 年版,第 203 页。

宽泛解释实行行为，包容不作为的余地更大。

以杀人罪为例，《意大利刑法典》对杀人罪的规定是"任何人**引起**一个人死亡，处……"而不是"杀人的，处……"，这样的规定，是说明犯罪是一种事实（如杀人罪就是"任何人引起一个人死亡"的事实），而不仅仅是一种行为。这种法条表述，体现出《意大利刑法典》的处罚对象是行为人而不是行为。①

美国《模范刑法典》也把杀人罪描述成事实，美国《模范刑法典》第210.1条对杀人罪的定义是"任何人蓄意地、明知地、轻率地、疏忽地致使他人死亡，即为杀人罪。（A person is guilty of criminal homicide if he purposely, knowingly, recklessly or negligently causes the death of another human being.）"

类似表述的还有，《加拿大刑法典》第222条规定："（1）以任何方式直接或间接**使人死亡**，为杀人罪。"《俄罗斯刑法典》第105条规定："杀人，即故意**造成**他人死亡的。"

总体看来，这些国家对杀人罪的规定，使用了"引起""造成""致使"等术语，与我国《刑法》中"过失致人死亡的"的过失犯规定一样，强调的是法益侵害性——"致人死亡"，而不是行为危险性——故意杀人。把杀人罪描述成"致使他人死亡"，解释空间巨大，就有了容纳不作为的余地。

2. 中国立法模式：法益保护+行为禁止

首先，我国刑法立法模式对多数故意犯，是以实行行为为中心，强调行为的危险而不是法益损害后果；相反，对某些行政犯、多数过失犯，则采取了法益保护主义立场，立法不规定实行行为，而只规定损害后果。例如，我国《刑法》对杀人罪的表述是"故意杀人的，处……"，是把实行行为（作为）描述成法条的核心。故意伤害罪的基本犯也以实行行为为中心——"故意伤害他人

---

① 参见〔意〕杜里奥·帕多瓦尼：《意大利刑法学原理》，陈忠林译，法律出版社1998年版，译者序第26页。

身体的,处……"。

此外,我国刑法对故意犯的规定,是只把积极作为规定为实行行为。而很多西方国家则把作为与不作为并列规定为实行行为,如日本刑法把"经要求退出但仍不从这些场所退出"与"侵入"并列规定为实行行为。

其次,在我国立法模式下,重罪需要行为定型,轻罪需要法益定型。对杀人罪、强奸罪,法官要考虑的是法条规定了什么行为,罪犯实行了什么行为;对聚众扰乱社会秩序罪,法官要考虑的是法条保护什么法益,罪犯侵害了什么法益。故意杀人罪、强奸罪、抢劫罪等重罪,是以具体行为形象进入公众脑中和立法者心中的。提到杀人,我们脑海中总有刀砍、枪击这样血腥的行为画面;也会想到"不得加害他人、残害生命"这样具体的行为禁忌;这些禁忌规则是绝对命令,其范围明确、规则刚性,具有严格的"构成要件定型行为"。

相反,过失致人死亡罪、聚众扰乱社会秩序罪等轻罪,属于"法益保护需要",其行为形象相对模糊,构成要件的行为定型相对宽松,更多是考虑保护社会的需要。提到过失致人死亡罪,我们会短暂迷茫,很难想到具体行为画面,只会想到"尊重生命、小心行事"这样的抽象观念。

总之,我国刑法中的重罪,属于典型的"只记叙有积极作为所引起的结果的情形,对可期待的因不作为而不加以阻止结果的发生,则不予记述"① 的立法模式。把"作为"当蓝本的重罪条文,解释空间很小,没有不纯正不作为犯的容身之地。

3. 行为禁止型立法模式否认不纯正不作为犯

首先,法益保护型和行为禁止型两种立法模式,对不纯正不作为犯会采取不同态度。以杀人罪为例,按照法益保护型立法,把儿

---

① 〔德〕汉斯·海因里希·耶赛克、托马斯·魏根特:《德国刑法教科书》,徐久生译,中国法制出版社 2001 年版,第 731 页。

子落水父亲不救解释为"故意**致使**他人死亡",不违反术语的最大射程;但按照行为禁止型立法,把儿子落水父亲不救解释为"故意杀人",则超过术语的最大射程。同样,在法益保护型立法模式下,把受嘱托杀人、安乐死解释为"故意**致使**他人死亡",不违反罪刑法定;而在行为禁止立法模式下将其解释为"故意杀人"就存在困难,如果可以这样解释,那么受嘱托杀人、安乐死就属于严重暴力犯罪,可以被无限防卫,明显不妥。

其次,法益保护型和行为禁止型两种模式的立法,对不作为的处理结论不同。例如,精神病劫匪当着丈夫的面劫持妻子,把刀架在妻子脖子上,要求丈夫交出手表(或者当面喝尿),否则杀妻,丈夫想借机杀妻娶"小三",故意不交出手表(或不喝尿),致使妻子被杀。或者劫匪要求丈夫扔掉手机、不能报警,否则杀妻,丈夫想借机杀妻娶"小三",故意当面报警,致使妻子被杀。站在法益保护立场,丈夫的行为直接导致了妻子死亡,行为方式和危险性并不重要,都成立故意杀人罪。如果认为丈夫不喝尿,是不作为故意杀人罪,那么,他人就可以正当防卫,强迫丈夫喝尿。站在行为禁止的角度,丈夫不给手表(不作为)、当面报警(作为),没有攻击、加害他人生命的性质,不是故意杀人罪,只能进行规范评价,成立过失致人死亡罪。

(三) 中外差别:不纯正不作为犯的拟制规定

1. 有拟制规定,德日处罚不纯正不作为犯不违反罪刑法定

德国、意大利、日本的刑法总则中设立了把不作为按照作为处罚的拟制规定。《德国刑法典》第13条规定:"不防止属于刑法构成要件的结果发生的人,只有当其有依法必须保证该结果不发生的义务,且当其不作为与因作为而使法定构成要件的实现相当时,才依法受处罚。"《日本刑法典》第12条规定:"负有义务防止犯罪事实发生的人,虽然能够防止其发生但特意不防止该事实发生

的,与因作为而导致的犯罪事实相同。"《意大利刑法典》第40条规定:"有法律义务阻止某结果而不阻止,等于引起该结果。"

在分则中,德日刑法也经常采用拟制规定,把不作为与作为并列规定为实行行为。例如,《德国刑法典》第123条"非法侵入他人住宅"中"非法侵入他人住宅、经营场所或土地,或用于公共事务或交通的封闭的场所,或未经允许在该处停留,经主人要求仍不离去的"规定,把"不离去"这种不作为拟制为"侵入"。

同样,《德国刑法典》中的"虐待被保护人罪"也把"恶意疏忽照料"这种在中国属于遗弃的不作为,通过拟制规定,定性为虐待(作为)。

相反,我国《刑法》中的"非法侵入住宅罪"没有把"经要求仍不离去"拟制规定为"侵入",就不能直接认为不作为可以直接构成非法侵入住宅罪,否则就违反罪刑法定(后文有不同解释)。

总之,德国、意大利、日本刑法中有了上述拟制规定,不纯正不作为犯与罪刑法定的矛盾就消解了,"对法律没有规定的不纯正不作为犯和罪刑法定原则之间的一致性的双重疑问,在1975年的(德国)刑法改革时,通过新的第13条的规定被消除"①。有了拟制规定,刑法再授权法官进行等值性判断,只是对构成要件中空白罪状的一种"补充"性解释,"以积极的作为为前提条件的结果犯,对没有避免构成要件该当结果发生的特殊性的必要的适应,被法官的构成要件予以补充"②。换言之,德日处罚不作为、进行等值性判断,均有法律依据。而在我国,法官把不作为解释为作为,属于"创设"构成要件。

2. 没有拟制规定,我国处罚不纯正不作为违反罪刑法定

我国刑法采用的是法国、比利时的立法模式,总则不设拟制性

---

① 〔德〕汉斯·海因里希·耶赛克、托马斯·魏根特:《德国刑法教科书》,徐久生译,中国法制出版社2001年版,第732页。
② 〔德〕汉斯·海因里希·耶赛克、托马斯·魏根特:《德国刑法教科书》,徐久生译,中国法制出版社2001年版,第731页。

规定；处罚不作为，只能以分则特别规定为限。

法国刑法总则中没有规定不作为的可罚性，因而，对不作为的处罚只以分则明文规定为限，"只有在法律明文规定的情形下，'不作为'才具有'实行'的价值，从而使当事人受到对'实行的犯罪行为'所规定的刑罚"[①]。而且，法国刑法分则对不作为的可罚性也特别描述了罪状，如伤害罪明确规定了予以处罚的不作为行为方式，"如果存在以不是规定在这一条中的其他不保护形态而造成伤害结果的情形时，无论是什么样的不作为都不能依本条处罚，即，伤害罪的不真正不作为犯不予处罚"[②]。

有无拟制规定，决定了中国、德国、日本等国处罚不纯正不作为犯的正当性不同：德日法官把不作为解释为作为，是扩张解释；我国法官把不作为解释为作为，是类推解释。

概言之，不能简单地把德日不纯正不作为犯理论照搬到我国，必须注意我国重罪以行为危险性为核心、刑法总则无处罚不作为的拟制规定等立法背景。在我国，不纯正不作为犯不能像德日那样通过等值性判断具备可罚性，而必须转变思路，将多数不纯正不作为犯解释为作为犯，以符合罪刑法定的要求；对于无法解释成作为犯的，只能按照过失犯或纯正不作为犯处罚。

五、我国刑法应严控不纯正不作为犯的范围

（一）历史上的一些罪名只能是作为

刑法的发展历史，都是以作为犯罪为典型，以不作为犯罪为例外。虽然不作为的范围在不断扩张，但是，有些犯罪天然只能由作

---

① 〔法〕卡斯东·斯特法尼等：《法国刑法总论精义》，罗结珍译，中国政法大学出版社1998年版，第217页。
② 〔日〕日高义博：《不作为犯的理论》，王树平译，中国人民公安大学出版社1992年版，第7页。

为构成。在英国,"伤害"也很难以不作为的方式构成①,威廉姆斯教授指出:"不能说因为没有阻止他人受伤害,就认为'伤害'了他,因为没有扑火,就认为'损害'了建筑物。"② 英国法典起草小组也认为不作为不构成放火罪,D受雇晚上看守工厂,看见着了小火,他知道可以轻易灭火,因为抱怨雇主,D离开了,结果大火烧毁了工厂,D不构成放火罪。③ 日本有学者也认为:"放火罪基本上是攻击犯的一种。"④ 在法国,杀人等行为也被认为是作为犯,"犯罪的事实要件是由'积极行为'所构成。所谓'积极行为'是指,实行了受法律禁止的行为,例如,杀人、伤人、盗窃"。⑤

在观念上,自然犯的原型是作为,法官应当维持罪名形象的稳定性。罪名含义稳定,是刑法明确性、可预测性的基本前提,也是法律文化的一部分,在考夫曼看来,"社会共同生活的规则,并不是透过法律来告诉国家的人民。人民学会这些规则,是在日常生活的沟通里,并且在相互间操作。市民对于合法与不法的想象并不是在法律语言的范畴内进行,他是透过日常语言而被给定的"⑥。要改变罪名含义,只能像德日刑法那样由立法特别规定。

(二)我国文化传统给定了一些重罪的作为本质

在我国传统文化中,杀人、伤害、盗窃、抢劫、强奸等传统自

---

① 参见〔英〕J. C. 史密斯、B. 霍根:《英国刑法》,李贵方等译,法律出版社2000年版,第57页。
② 〔英〕J. C. 史密斯、B. 霍根:《英国刑法》,李贵方等译,法律出版社2000年版,第56页。
③ 参见〔英〕J. C. 史密斯、B. 霍根:《英国刑法》,李贵方等译,法律出版社2000年版,第57页。
④ 〔日〕大塚仁:《刑法概说(各论)》(第三版),冯军译,中国人民大学出版社2003年版,第355页。
⑤ 〔法〕卡斯东·斯特法尼等:《法国刑法总论精义》,罗结珍译,中国政法大学出版社1998年版,第215页。
⑥ 〔德〕考夫曼:《法律哲学》,刘幸义等译,法律出版社2004年版,第178页。

然暴力犯罪，很难以不作为方式实施。在我国文化中，故意杀人罪只能由作为构成。战国时期的《法经》规定"杀人者诛"，刘邦入关时约法三章"杀人者死"。从法定刑推测，这些法谚中的"杀人"，都是暴力杀人。很难想象，丈夫对妻儿见死不救，属于要处死刑的"杀人"。

同样，故意伤害罪，在汉语中，也只能是积极的作为。《唐律》在《斗讼》中规定了伤害罪，如"斗殴手足他物伤""斗殴折齿毁耳鼻""兵刃砍杀人""殴人折跌支体瞎目"等。从这些具体描述中可以看出，伤害罪是一种积极的暴力行为。需要注意的是，《唐律》已经规定了不作为，但没有把伤害罪等描述为包括不作为。

对杀人、伤害等这些最基本的刑法术语，作出符合历史、文化的解释，是主权在民、文化传承的基本要求，"法律规范如同其他社会规范一样，是选择的产物。它同样要承受建立在各自社会公规的指导原则对其连续性的考验"①。脱离国民观念解释法律术语，会形成"刑不可知，则威不可测"的司法专断。

(三) 立法者预设了一些重罪的作为形象

从我国现行《刑法》的不同条文中可以推导出：杀人、伤害、抢劫、强奸等犯罪，都是暴力的积极作为，不能由不作为构成。

首先，从绑架罪的规定中，可以推出杀人、伤害，只能由作为构成。《刑法》第 239 条的"绑架罪"规定："犯前款罪，杀害被绑架人的，或者故意伤害被绑架人，致人重伤、死亡的，处无期徒刑或者死刑，并处没收财产……"这里的"杀害""伤害"只能是积极暴力行为，而不能是消极的不作为。例如，人质被绑后受惊吓，引发了心脏病，虽然医院就在附近，但行为人不送医、不拨打 120 急救电话，导致被害人死亡。按照通说，这种行为也是不作为

---

① 〔美〕霍贝尔：《原始人的法：法律的动态比较研究》（修订译本），严存生等译，法律出版社 2006 年版，第 15—16 页。

的故意杀人罪，要适用《刑法》第239条第2款的规定，最低判处无期徒刑，这明显违反罪刑相适应原则。

绑架罪的立法史进一步证明，杀人、伤害只能是暴力作为。在《刑法修正案（九）》生效之前，我国绑架罪的规定是"**杀害被绑架人的，处死刑**"，显然，绑架罪中的"杀害"只能是暴力的积极作为。如果认为"杀害"包括不作为，那么，人质受惊发病而绑匪不救助的不作为，也要判处死刑，这过于严苛。

其次，从假释规定可以看出，杀人、强奸等自然犯只能由积极作为构成。《刑法》第81条第2款规定："对累犯以及因故意杀人、强奸、抢劫、绑架、放火、爆炸、投放危险物质或者有组织的暴力性犯罪被判处十年以上有期徒刑、无期徒刑的犯罪分子，不得假释。"该条也确认了故意杀人、强奸、抢劫等是积极作为的暴力犯罪。

有学者可能反驳：杀人包括暴力性杀人和非暴力性杀人，不得假释只针对暴力性杀人；而不作为杀人，属于非暴力性杀人，不是该条的适用范围。如果这样理解，《刑法》第81条及其他条文就应当在杀人、强奸等前面加上"暴力性"的定语，即"对累犯以及因**暴力性**故意杀人……，不得假释"。显然，把杀人理解为包括暴力性杀人与非暴力性杀人，既不符合立法者原意，也不符合词语的日常含义。

再次，从特殊防卫制度可以推出，杀人、抢劫、强奸、绑架等，只能以作为的方式构成。《刑法》第20条第3款规定："对正在进行行凶、杀人、抢劫、强奸、绑架以及其他严重危及人身安全的暴力犯罪，采取防卫行为，造成不法侵害人伤亡的，不属于防卫过当，不负刑事责任。"根据立法原意，杀人、抢劫、强奸、绑架，属于严重的暴力犯罪，只能以积极暴力方式实施，而不能以不作为的方式实施，没有成立不纯正不作为犯的余地。

最后，从刑事责任年龄可以推出，贩卖毒品、放火、爆炸、投毒罪等犯罪只能由积极的暴力构成。《刑法》第 17 条第 2 款规定："已满十四周岁不满十六周岁的人，犯故意杀人、故意伤害致人重伤或者死亡、强奸、抢劫、贩卖毒品、放火、爆炸、投毒罪的，应当负刑事责任。"刑法把这八种行为单列，就是因为其暴力犯罪性；要求未成年人不实施暴力行为，是社会的合理期待。

相反，不作为是一种命令规范，要求未成年人遵守命令规范、履行保护社会的责任，是不可期待的道德要求。例如，14 岁的女生，意外生子，在被告知儿子掉到水里而不救助；魔术团里的 15 岁学徒，在值班时发现电线自燃，因为对老板克扣工资不满，于是逃跑，引发大火。如果认为这是不作为的杀人罪、放火罪，这些未成年人就要承担刑事责任。但是，对 14 岁女生的遭遇应当同情而不是定罪；苛求 15 岁学徒承担管理义务，更不现实。

总之，立法者不断强调，杀人、强奸、抢劫等是暴力犯罪；在刑事政策中，中央机关在"严打"等行动中要求严惩"故意伤害""拐卖妇女""两抢一盗"等。显然，在立法者、中央机关脑海中，杀人、强奸、盗窃等自然犯罪，都是积极的暴力犯罪。而丈夫对妻子落水不救、见火情不救，不是暴力犯罪，不是立法者设想中的故意杀人罪、放火罪。

当然，需要指出的是，刑法中的暴力不一定是物理暴力，而是一种评价上的、规范上的暴力。例如，盗窃、贩卖毒品也是一种暴力犯罪，但不是生活意义上的打斗暴力。

六、传播淫秽物品牟利罪应排除不作为

（一）以刑制罪，确立"重罪只能作为"规则

从历史、语义、法条中，我们推导出一些自然犯罪只能由作为构成。此外，还有哪些犯罪只能由作为构成？

1. 确立"重罪只能作为"规则，防止滥用不纯正不作为犯

笔者认为，法益保护要求扩张不纯正不作为犯，人权保障则要求否定不纯正不作为犯，当下解决之道只能是折中路线。美国在刑法设定作为义务时，也走了一条折中之路，"（关于作为义务）的设想必须平衡国家和公民之间的关系，这一重大命题必须考虑两个因素：一是国家有义务规定保护安全、防止损害、预防和调查犯罪的条款，这要求设立义务以提供警察和紧急服务，保护孩子、帮助家庭等。二是国家也有遵守正义、尊重公民权利的义务，刑事实体法和程序法应当共同尊重无罪推定、不得自证有罪等公民权利"①。在我国，应当通过"以刑制罪"的思路来限定犯罪的行为方式，对设有无期徒刑、死刑的重罪②排除不作为，有条件地允许轻罪成立不纯正不作为犯。理由如下：

一是我国立法只是对重罪采取了以行为危险性为核心的立法模式，对于过失犯、行政犯等轻罪，多采取了法益保护的立法模式。法益保护立法模式可以包容不纯正不作为犯；而行为禁止立法模式不能包容不纯正不作为犯。

二是重罪应当遵循严格的罪刑法定，轻罪可以宽松化。罪刑法定的核心是保障人权，而重罪伴随重刑，对国民自由影响最大。对于故意杀人罪，在解释上当然要慎之又慎，否则会出现灾难性后果；单纯杀人犯、强奸犯的称谓，足以剥夺一个公民的社会空间。而对过失致人死亡罪等轻罪，即便出现解释上的宽松，其危害后果也相对轻缓。

2. "重罪只能作为"不能有例外，但可以有差别

首先，有些重罪条文貌似包含不作为的方式，如诈骗罪的语义

---

① Andrew Ashworth, *Positive Obligations in Criminal Law*, Hart Publishing, 2015, p. 79.
② 在西方，最低刑为1年以上有期徒刑的都可以称为重罪，但这不符合我国公众的观念。中国人更习惯于以最高刑来判断重罪与轻罪，本文所言的重罪，限于最高法定刑为无期徒刑及以上的罪名。

中包含了"隐瞒真相"的不作为,中外学者都认为诈骗罪可以由不作为构成。笔者认为,我国诈骗罪的最高法定刑(无期徒刑)比国外高很多,如日本诈骗罪的最高法定刑只有 10 年惩役。在这一背景下,必须严格解释我国诈骗罪的行为方式。单纯隐瞒真相,如商人把甲错认为马云,主动将货款放在甲的车内,甲始终一言不发,甲没有任何行为,不成立诈骗罪,只是民事不当得利。事实上,学者认为的不作为诈骗,多数因为有积极接受钱财的行为,完全可以按照作为犯评价。

其次,同样的行为,如果被分别规定为重罪和轻罪,那么,对于轻罪,可以成立不纯正不作为犯。刑法独立性原则允许同一术语在不同法条中有不同含义。例如,抢劫罪中的"暴力"和暴力干涉婚姻自由罪中的"暴力",含义不同。具体到不纯正不作为犯,日本刑法将杀人罪规定为不同罪名,其中"参与自杀和同意杀人罪"的最高法定刑只有 7 年。如果我国未来采取这种立法模式,那么对于重罪杀人的行为方式,需要严格限制,排除不作为的适用;对于轻罪,就可以成立不作为。

具体到传播行为,传播淫秽物品牟利罪是重罪,排除不作为;而传播淫秽物品罪是轻罪(最高 2 年有期徒刑),在解释上可以宽松化,可以考虑成立不纯正不作为犯。但是,快播公司能否成立传播淫秽物品罪,涉及另一个规则:不作为排除作为的适用。即如果某种情形已经被立法特别规定为不作为犯,就不应再考虑不纯正不作为犯。例如,警察见危不救致人重伤,已经被刑法评价为玩忽职守罪,就不能成立不作为的故意伤害罪。对此,另文讨论。

3. 司法解释对"传播"的立场也是"重罪只能作为"

2003 年《最高人民法院、最高人民检察院关于办理妨害预防、控制突发传染病疫情等灾害的刑事案件具体应用法律若干问题的解释》第 1 条第 2 款规定:"患有突发传染病或者疑似突发传染病而拒绝接受检疫、强制隔离或者治疗,**过失**造成传染病传播,情节严重,危害公共安全的,依照刑法第一百一十五条第二款的规定,按照过失以危险方法危害公共安全罪定罪处罚。"在行为方式上,"拒绝接受检疫、强制隔离或者治疗"属于不作为,造成后果时,如果患者对结果持间接故意,应该构成(故意)以危险方法危害公共安全罪。但司法解释明确将这种不作为传播方式,降格处理为轻罪——过失以危险方法危害公共安全罪。这实际就是一种"以刑制罪"的思路,把重罪严格限定为作为,禁止不纯正不作为犯的滥用;而对轻罪,则肯定了不纯正不作为犯。

(二) 以限缩解释克服传播淫秽物品牟利罪的立法缺陷

传播淫秽物品牟利罪是可判无期徒刑的重罪,这一立法与时代相悖,必须严格限制其行为方式,否定不纯正不作为犯。

1. 对淫秽物品严刑峻法不合时宜

传播淫秽物品牟利罪设立于"文革"结束后,立法者对所有淫秽物品持绝对禁止态度,而不区别传播的对象(成人还是少年)、传播的方式(秘密还是公开),有强烈的道德禁欲主义倾向,与现代刑法"无危害无责任"的犯罪化原理冲突明显。范伯格教授在研究美国对淫秽物品的禁止过程后认为,对淫秽物品的道德主义立法早已破产,"将道德主义原则和家长主义原则变成宪法原则——已经使最高法院在淫秽法律问题上陷入绝境"①。很多国家虽然在立法上禁止淫秽物品,但是在实践中经常网开一面,例如,在美国,除非有强大的社会压力,否则警察对有关色情的执法仍相当宽松。② 在全球范围内,淫秽物品的立法逐渐从重罪转为轻罪,从轻罪转为象征性立法。

---

① 〔美〕乔尔·范伯格:《刑法的道德界限(第二卷):对他人的冒犯》,方泉译,商务印书馆 2014 年版,第 183 页。
② 参见肖怡:《无被害人犯罪的刑事政策与刑事立法研究》,中国方正出版社 2008 年版,第 48 页。

随着开放程度加深、网络普及度提高，淫秽物品不再是洪水猛兽。在绝大多数国家，淫秽物品的主要危害是未成年人观看或公开展示，"只要冒犯程度并不严重，或者可以合理避开，或者风险为自愿者承担，则即使那就是明白无误的'淫秽（激起性欲）'也不应被禁止。只有在公开场合对不情愿的观者或儿童进行的冒犯性展示才是可以被禁止的"①。在对淫秽物品容忍度逐渐升高的全球背景之下，我国对传播淫秽物品牟利罪设置了远高于故意伤害罪（致人重伤）的无期徒刑，明显过重。在立法修改前，必须限制传播淫秽物品牟利罪的行为方式，缩小其适用范围。

2. 以点击量确定传播者的量刑有结果责任之嫌

首先，互联网犯罪是非接触性犯罪，这会降低行为人的违法意识。"如果一个人看不到我们的行为，比他能够看到我们的行为，我们更容易对他加以伤害；他能看到我们对他施加伤害行为可能会让我们产生羞愧或罪恶感，从而停止正在做出的伤害行为。"② 相对于线下传播，网上传播由于受到的目光压力较少，反映出行为人的反规范意识也较弱，可谴责性较弱。

其次，点击量会超出行为人的控制，据此定罪可能造成客观归罪。根据2004年《最高人民法院、最高人民检察院关于办理利用互联网、移动通讯终端、声讯台制作、复制、出版、贩卖、传播淫秽电子信息刑事案件具体应用法律若干问题的解释》，1个淫秽文件点击量超过1万次，即构成传播淫秽物品牟利罪；而达到25倍，即点击量超过25万次，就属于应当判处10年以上乃至无期徒刑的"情节特别严重"。而在互联网时代，很容易出现点击量过25万次的情形，对传播者就要处10年以上有期徒刑，过于苛刻。不

---

① 〔美〕乔尔·范伯格：《刑法的道德界限（第二卷）：对他人的冒犯》，方泉译，商务印书馆2014年版，第185页。
② 〔美〕斯坦利·米尔格拉姆：《对权威的服从：一次逼近人性真相的心理学实验》，赵萍萍、王利群译，新华出版社2013年版，第42—43页。

止一个法官向笔者表达困惑，根据点击量下判，基本都要判 10 年以上，实在下不了手。而且，把他人的违法、违规点击行为，作为对行为人的定罪依据，在正当性上存疑；点击量是他人的行为结果，不是行为人可以控制的因素。以点击量作为量刑标准，有结果责任的倾向。

总之，传播淫秽物品牟利罪有恶法之实，学者要尽量缩小该罪的适用范围，填补规范与现实之间的鸿沟。

（三）对"两高"的司法解释进行限缩性解读

《最高人民法院、最高人民检察院关于办理利用互联网、移动通讯终端、声讯台制作、复制、出版、贩卖、传播淫秽电子信息刑事案件具体应用法律若干问题的解释（二）》第 4 条第 1 款规定，"以牟利为目的，网站建立者、直接负责的管理者明知他人制作、复制、出版、贩卖、传播的是淫秽电子信息，允许或者放任他人在自己所有、管理的网站或者网页上发布具有下列情形之一的，依照刑法第三百六十三条第一款的规定，以传播淫秽物品牟利罪定罪处罚"。这一司法解释被陈兴良教授解读为肯定了传播淫秽物品牟利罪的不作为传播方式，"虽然在此司法解释没有对行为方式进行具体规定，从刑法理论上分析，这是一种不作为的行为方式"①。

1. 法律解释必须考虑互联网发展的时代背景

如果肯定网络服务者明知有淫秽信息但不履行管理义务都是不作为的传播，那么，几乎所有的网站都构成不作为犯罪：百度明知有淫秽照片而不履行管理责任，构成不作为的传播淫秽物品罪；腾讯明知微信群有人以发红包方式赌博而放任不管，构成不作为的开设赌场罪；电商平台明知有假货而放任销售，构成不作为的销售伪

---

① 陈兴良：《在技术与法律之间——评快播案一审判决》，载《人民法院报》2016 年 9 月 14 日，第 3 版。

劣产品罪。事实上，销售假货、开设赌场只能由作为构成，当然排除了不作为。

对网络服务商适用不纯正不作为犯，会导致网站越大，罪责越重。任何大型网站都有海量的不法内容，例如，"在过去12个月时间里，版权持有者要求Google移除10亿多条涉嫌侵权的搜索链接"①。如果认为网站明知有不法而放任，就是不作为犯罪，结论只有一个：关闭网站。

2. 学理限缩，实现规范正义

准确理解前述司法解释，要注意两点：

第一，"明知……是"不等于"明知……会"。"明知他人制作、复制、出版、贩卖、传播的**是**淫秽电子信息"中的"明知……是"，是"明知必然是"，明知必然是而放任是直接故意；这不同于《刑法》第14条第1款中的"明知……会"（"明知**可能会**是"）而放任的间接故意。由于"明知必然"就不存在"放任"，因而，前述司法解释中的"放任"，在语义上是"放纵"。而且，这里的"明知他人制作……的**是**"是一种包含对象的具体认识（直接故意），不是笼统地知道网站上可能有淫秽物品的抽象认识（间接故意）。

网站管理者如何"明知"具体电子信息的淫秽性？有三个途径：淫秽信息所有人告知、网站管理者亲自看过、其他网民告知管理者。在淫秽信息"发布"之前管理者就明知，可以排除网民告知的情形，只剩下"淫秽信息所有人告知""网站管理者亲自看过"。而这两种情况，发布者必然要先把淫秽信息交给管理者，双方构成共同犯罪。

第二，"允许或者放任"的是"发布"，而不是"存在"。如果网站管理者放任淫秽信息"存在"，则可以认为司法解释肯定了传

---

① 《Google过去一年被要求删除十亿多条"盗版"搜索结果》，载cnBeta.com网（http://www.cnbeta.com/articles/562999.htm），访问日期：2016年12月12日。

播淫秽物品牟利罪的不作为方式——明知存在而不删除。但是，在前述司法解释中，允许或者放任的行为是"发布"。在"发布"之前，网站就要明知是淫秽信息，不可能是源于网民告知的情况。可以断定，"允许发布"时"明知"是因为淫秽信息所有人明确告知（发布者告知是淫秽信息，双方是共谋故意），"放任发布"时"明知"是因为网站管理者亲自看过（发布者没有告知是淫秽信息，但管理者先看过后，自己发现是淫秽信息，再同意发布）。

换言之，"明知是淫秽视频而放任发布"，是网站管理者先看过淫秽视频，再放纵、纵容（同意）他人发布，这是共同犯罪。"允许"与"放任"都是经过了网站管理者同意的发布，只不过"允许"是共谋发布，是共谋的共同犯罪；而"放任"是同意发布，是普通的共同犯罪。两种情形下的网站管理者都是作为。

综上，无论是对传播淫秽物品牟利罪的刑法法条，还是相关司法解释，都应当理解为作为。

七、不纯正不作为犯的出路

结合我国的立法背景，笔者否认了重罪的不纯正不作为犯。但是，并非目前按照不纯正不作为犯处理的案例，都是无罪。一些不纯正不作为犯，可以按照纯正不作为犯处罚，如在广场上看到妻子喝农药而离开，可以定性为遗弃罪。除此之外，目前按照不纯正不作为犯处理的多数案例，可以按照以下方式处理。

（一）直接认定为作为犯：回到原点判断不作为

目前按照不纯正不作为犯处理的多数案例，都是片面、机械理解了作为，是把行为看成一个举动而非一个过程。学者们用支配理论、排他性支配、危险创设说等，解释不作为与作为的等值性、可罚性，不仅脱离行为谈行为，更有逻辑错误。因为，作为、不作为的可罚性，只能回到原点，根据行为的学说解释不作为的可罚性，笔者将另文讨论这一问题。这里举几个通说认为是不作为的例子说明，用最简单的自然行为论把很多不纯正不作为解释为作为。

案例一：无意销售了危险产品的人不召回产品，是作为犯罪。不召回危险产品，危险产品仍在市场流通或在消费者手中使用，厂商有销售故意，属于作为型的故意犯罪。如果认为"产品销售后发现危险不召回"是不作为，就会得出荒谬结论：杀手开枪的瞬间发现认错人，不把子弹追回（抠出），也是不作为。

案例二：拒不退出他人住宅也是作为犯罪。控制身体静止地停留在某地，是积极的作为犯罪。不退出时，"把身体放在他人家里"这一积极行为，才是侵犯法益的行为，才是刑法评价的对象。如果认为"拒不退出"是不作为，会得出荒谬结论：醉酒女误把小叔子当成丈夫，眼神勾引后发生关系，中途发现认错人，要求小叔子离开，小叔子不动但不拔出阴茎，似乎"拒不拔出"是不作为犯罪。但刑法评价的是，妇女不同意后，仍然插在她人阴道的积极行为，属于作为的强奸罪。

案例三：医生开刀后发现患者是仇人，基于杀人故意而离开。医生是利用自己先行行为的间接正犯。医生产生杀人故意后，利用了无犯意的先行行为实现了后面的结果，是作为犯罪。

案例四：故意砍人重伤后不救助，致使他人当面流血而死，也是作为的故意杀人罪。如果把流血过程与刀砍、枪击割裂开来，把流血过程的不救助评价为不作为杀人，那么，决水罪就是不作为犯。例如，张某把三峡大坝的电钮按下，开闸泄洪，如果只评价按电钮的积极作为，则按电钮时下游没有任何积水，无具体危险性；进而只能把洪水流一天而不关闸，评价为不作为的决水罪，这显然违背常理。事实上，流血过程和泄洪过程一样，都是先前积极行为的延续，直接评价为作为犯罪即可。

（二）按照过失犯处罚：不纯正不作为不能构成故意犯

无法解释为作为的不纯正不作为犯案例，应当按照过失犯处理。过失犯与不作为犯的实质，都是不履行某种义务；而且，过失犯注重法益保护、不强调行为性质，因而解释空间很大，可以包容不作为。

首先，把不纯正不作为犯按照过失犯处理，是中国传统。例如，《唐律·杂律》中规定："诸见火起，应告不告，应救不救，减失火罪二等。"按照目前通说，应救不救，可能属于不纯正不作为犯，构成放火罪。但《唐律》把这种行为按照过失犯处理，处罚更轻。

其次，在英国、美国、法国等国家，不纯正不作为犯基本都是按照过失犯罪处理的。在美国刑法中，"如果妈妈没有跳进泳池尽力营救落水的孩子、而是站在旁边坐视孩子被淹死，她将被认定为（最高刑期5年的）疏忽杀人（negligent homicide）"①。这比我国的过失致人死亡罪的刑罚还轻。

最后，在心理上，不纯正不作为犯可能是故意，但可以被评价为规范上的过失。不作为的可谴责性更低，"我们对那些坐视事情发生者的心理性与社会性反应，不同于造成事情发生的情况，前者的可谴责性更少"②。对不作为，应当从心理学上的故意，降格评价为规范学上的过失。刑法中的故意、过失，是规范评价，而不是纯粹的心理联系。换言之，心理学上的故意，可以评价为刑法上的过失，例如，美国《模范刑法典》第210.3条"非预谋杀人"中"（b）**本应构成谋杀**，但行为人具有相当理由或者不得已的事由而在精神或者情绪的极度混乱下实施杀人行为的"的规定即把心理学上的预

---

① Cynthia Lee and Angela P. Harris, *Criminal Law: Cases and Materials* (3rd. ed.), West Academic Publishing, 2014, p. 165.

② Andrew Ashworth, *Positive Obligations in Criminal Law*, Hart Publishing, 2015, p. 78.

谋，规范地评价为非预谋。

八、结论：不要让德日教义学迷住正义的双眼

快播案背后的深层原因，是德日刑法教义学在处理我国案例上的无力。如果快播案发生在德国，按照不纯正不作为犯处理可能是正确的。但是，我国不纯正不作为犯的立法模式与德日有根本差别，传播淫秽物品牟利罪的立法正当性存在重大缺陷。在这些背景下，一味用德日刑法理论解决中国问题，只会南橘北枳。虽然笔者对德日刑法理论知之甚少，但基本态度从未改变：好好学习，认真批判，不做教义学的信徒。精美的德日教义学，是一条通向奴役之路。即便有些德日刑法理论可以为我国所用，但一定要有大历史观，经常跳出教义学的围墙，想想过去的坎坷，看看远方的危机。只可惜，一些年轻学子只顾低头走路，匍匐在德日刑法的碑文下，读一段卖一段，朝圣着别人的文字而忘记了自己的名字。

快播案审判的，不是网络公司的无节操，而是刑法理论的无正义。

第三章
肖志军案：薄情者的刑事责任

案情：有一种爱叫"别让我负责"

2007年11月21日，湖南来京人员肖志军和女友李丽云到朝阳医院看感冒。此时，李丽云已有9个多月的身孕。接诊医生诊断李丽云感染了重症肺炎，导致心肺功能严重下降，产妇和胎儿都有危险，必须马上剖腹产。面对经济困难且难产的孕妇，医院决定为其免费入院治疗。按照规定，进行任何手术前必须得到患者或家属的签字同意。李丽云陷入昏迷，而肖志军拒签。医生两次对李丽云进行心肺复苏，在长达3个小时的僵持过程中，肖志军对众多医生及病友甚至警察的苦苦劝告置之不理，他在手术通知单上写明："坚持用药治疗，坚持不做剖腹产手术，后果自负。"当晚，李丽云因为严重的呼吸、心肺衰竭而不治身亡。李丽云死后，其父母起诉朝阳医院。2009年12月18日，朝阳区人民法院判决：医院履行了医疗方面法律法规的要求而患方却不予配合，是造成患者最终死亡的原因；根据司法鉴定，朝阳医院在对患者李丽云诊疗的过程中存在一定不足，但医方的不足与患者的死亡无明确因果关系，故医院不构成侵权；考虑到此案的实际情况，医院补偿死者家属10万元。李丽云父母上诉后，北京市第二中级人民法院驳回上诉，维持原判。

争点：制度之错 or 亲人之罪

肖志军案之痛固然掺有医疗制度的遗憾性，然而，任何制度都难以尽善尽美，制度的缺憾不能成为个人责任的遮羞布，否则，任何罪犯都能以制度性原因求得宽恕。在悲剧之后，弥补制度漏洞是政府的责任；而刑法的义务是审查悲剧之中的个人责任：在并非完善的制度中，谨慎行事的个人是否有能力、有机会、有义务避免法益损害。以刑法智识冷眼看肖志军案，笔者在哀其不幸怒其不争后得出一个与直觉判断相左的结论：与尽到了最大努力的医生相比，肖志军的可归罪性更高，构成不作为的故意杀人罪。肖志军是否构成犯罪涉及的刑法难题有：肖志军的拒签行为是否属于刑法中的不作为；李丽云的死亡结果与拒签行为之间是否有因果关系；肖志军对李丽云的死亡是出于故意还是过失；肖志军成立遗弃罪还是故意杀人罪；肖志军是否存在无期待可能性等免责事由；对肖志军定罪是否符合刑法的实质正义与价值取向。

提要：爱是一种责任

在肖志军案中，舆论多质问处于强势地位的医院，把更多目光投向了我们曾经有些"痛恨"的医疗体制，有意无意地借朝阳医院发泄被压抑的对救助制度的不满情绪。但是，法律要进行风险分配，亲属、监护人和死者有最紧密的关系，有最好的救助时机和条件，应当是第一救助人；救助机构应当是第二位的。在制度上，让枕边人负有最高救助职责有利于法益保护。丈夫拒绝签字导致妻子死亡的行为属于间接故意杀人。肖志军具有法定的救助义务而成立不作为；刑法应偏向患者利益，在医疗领域采用风险增高理论来判断因果关系；在拒签时，肖志军认识到了李丽云死亡的具体危险性，这决定了他构成间接的故意杀人罪。在社会救助体制缺失时，刑法期待通过强化个人责任而确立"全力救助患者生命"的价值导向。

坊间忽视了肖志军拒签行为的刑事责任。虽然肖志军的"岳父母"选择了报警,也有个别学者提及了肖志军的法律责任,但坊间却"深刻地"把拷问肖志军的刑事责任问题转移到反省制度缺憾上,颇有代表性的观点认为:"社会病了,李丽云的死,以一种极端方式展现了现有制度留下的一个死角,这个死角让每个人都可以在经验与法律支起的帐篷里躲过这场良心问责的风雪。在此,我们无意责备任何当事人,大家都很不幸,任何苛责都可能意味着一种重负与不公平。"① 但是,对李丽云的死亡,责任更大的应当是肖志军的拒签行为。"丈夫"反对,谁敢强救?

一、对肖志军定罪的客观要件:不作为与因果关系之考察

本文不讨论肖志军案中可能存在的极端情况,如肖志军是在精神病状态下拒签或有杀"妻"的直接故意。如果查明肖志军想通过拒签阻止医生救治,实现杀"妻"目的,则其成立直接故意杀人;另外,根据报道,肖志军不可能是在精神病状态下拒签。

(一)拒签行为是不履行第一顺位的法定义务之不作为

构成犯罪的前提是实施了刑法构成要件中的行为。肖志军没有实施主动的加害行为,那么,其拒签行为是否成立刑法中的不作为?成立不作为的核心是行为人负有作为义务,而肖志军具有救助义务。

首先,在法理上,由于长期共同生活的事实形成了"紧密的生活共同体",肖志军对死者形成了"保证人"地位,具有作为义务。在作为义务问题上,德日刑法采用的保证人说认为,在发生某种犯罪结果的危险状态中,负有应该防止其发生的特别义务的

---

① 熊培云:《谁来结束医患战争》,载《南方周末》2007年12月6日,第8版。

人,虽然能够尽其义务却懈怠而不作为时,就能够成为基于不作为的实行行为。① 保证人说相当宽泛地认定作为义务,我国刑法中仅属于道德义务的婚约关系、结伴探险等情形,也能够形成作为义务。1935 年联邦德国法院判例指出:"在极为紧密的生活共同体中,对于与外界隔离的人们而言,伦理的义务可能成为法的义务。"② 第二次世界大战后德国法院的判例再次确认了紧密生活共同体的概念。而成为作为义务来源的紧密的生活共同体的关键,不在于存在共同的生活空间,而在于共同体成员之间高度的相互信赖关系。③ 借助"紧密的生活共同体"的概念,能够清晰肯定肖志军的作为义务。

其次,在义务性质上,肖志军基于夫妻关系具有法定的作为义务。肖志军与李丽云没有登记、属于《婚姻法》不承认的事实婚姻,即没有合法婚姻关系;但这并不影响在刑法上认定两人具有婚姻关系,进而肯定肖志军具有法定作为义务,这涉及刑法独立性原则。刑法的基本理念是"刑法独立性",即刑法中的术语可以作出与其他部门法和生活领域不同的解释,"从历史上讲,刑法是最古老的法律形式,至今它还独立地调整很广泛的范围,如生命、自由、荣誉或风俗等。它不需要借鉴其他法领域的概念和作用"④。其他部门法要考虑各自概念间的协调统一,但是刑法却不必也不能。刑法要审视"整体法秩序的要求",尽量弥补其他法律形成的重大漏洞,进而根据更高的"保护社会任务"赋予每个刑法术语独特含义。例如,在德国,"民法认为自然人只有在'完成出生时'才存在(《德国民法典》第 1 条)。刑法却相反……一个'自然人'在

---

① 参见〔日〕大塚仁:《刑法概说(总论)》(第三版),冯军译,中国人民大学出版社 2003 年版,第 136 页。
② 参见张明楷:《刑法格言的展开》(第二版),法律出版社 2003 年版,第 139 页。
③ 参见上注,第 139 页。
④ 〔德〕汉斯·海因里希·耶赛克、托马斯·魏根特:《德国刑法教科书》,徐久生译,中国法制出版社 2001 年版,第 69 页。

出生开始时就已经存在了,因为刑法对于在分娩过程中的伤害或者杀害行为也能够评价为伤害或者杀害行为"①。同样,刑法中的"财物"有不同于民法的理解。如果依赖包括宪法在内的其他法律的概念或价值,就会弱化刑法保护社会的功能,形成致命的实质不公正。刑法术语的含义不必与其他部门法相吻合,与肖志军案相关的例子是,在我国刑法的重婚罪中,事实婚与法律婚具有同样意义。肖志军在向政府机构求助时,多次称李丽云为"老婆",同时,还以家属身份在手术单上签名。② 再考虑到极端危急的情形,刑法应当将这种特殊关系认定为事实婚姻。总之,刑法中的婚姻关系包括事实婚姻关系,肖志军与李丽云的事实婚姻是刑法上的婚姻关系,产生了刑法中的法定作为义务。因此,肖志军拒绝签字、不履行救助义务,在前提上就可以成立不作为犯罪。

最后,就义务的内容、义务的强制性、不履行义务时的非难程度而言,肖志军承担的法定义务都高于、重于医生承担的职业义务。一方面,作为义务在内容上有差别。与职业和业务、先前行为义务相比,婚姻关系形成的法定义务内容宽泛、时间长久。肖志军的救助义务伴随其共同生活的所有期间:不能因为肖志军实施过送李丽云去救助站、打政府电话等救助行为,就认定其履行了救助义务。救助义务包括所有方面:避免妻子死亡的义务,照料、扶助义务——即使签字而拒不履行照料义务也可能成立不作为犯罪。另一方面,法定义务具有不可推卸性,不履行时的非难程度更高。不作为的义务来源有先后顺序,强制程度也有所差别,法定义务是第一顺位的义务、也是强制程度最高的义务。例如,父亲救助女儿是法定义务,而警察救助国民是职业义务,在女儿落水的现场,父亲和警察都有能力救助却不救助时,对父亲的非难性要高于警察——

---

① 〔德〕克劳斯·罗克辛:《德国刑法学 总论(第1卷):犯罪原理的基础构造》,王世洲译,法律出版社2005年版,第184页。

② 参见王骞:《孕妇李丽云的最后人生》,载《南方周末》2007年12月18日,第6版。

父亲可能构成故意杀人罪,警察只能构成玩忽职守罪;父亲不能推卸法定救助义务,若父亲能救助却要求警察施救而导致女儿死亡的,父亲同样成立不作为犯罪。在肖志军案中,肖志军承担第一顺位的法定义务,医生只有第二顺位的职业义务,即便医生因为患者无钱而拒绝治疗,对肖志军的非难性也高于医生;肖志军更不能把第一顺位的法定义务推卸给他人,不切实际地期待医生在家属拒签时也手术。

(二) 医疗中因果关系的偏向性:慎用"手术也会死亡"的鉴定意见

在认定肖志军能成立不作为之后,还需判断此不作为与死亡结果间的因果关系。认定肖志军案的因果关系存在争议,问题源于鉴定意见。北京市卫生局经过专家死亡病例评审后认为,孕妇李丽云就诊当日病情严重,其死亡"不可避免";手术可能挽救胎儿生命;医院当日做法符合法律规定。鉴定专家认为:"孕妇的病情非常严重,死亡率为80%至85%,在当时的情况下,救活几率非常小。"①

1. 应冷静看待肖志军案的鉴定意见

北京市卫生局这一鉴定的意义,可谓"司马昭之心,路人皆知"。如果进入司法程序,对于肖志军,不应采纳上述旨在使医院免责的鉴定意见。笔者并非医学专家,但根据常识,多数严重疾病,即使手术也会(可能)死亡,手术或是冒险式的紧急避险,或是延缓死亡时间;而且家属面对医生签字建议时,都会听到"手术风险很大"等警告,如果据此肯定拒签的合理性,家属极易以回避手术风险之借口而放弃治疗,进而引发道德危机。况且,医生未向肖志军强调手术的重大风险。在肖志军拒签时,医生认为有手术的必要性,据此可以推断:从医生立场看,手术至少有可能挽救李丽

---

① 刘墨非:《孕妇死亡不可避免,医院无责》,载《北京晨报》2007年11月29日,第2版。

云的生命（即便是很小的可能性），或者有可能延缓李丽云的死亡。如果医生认为即使手术也必然会死亡，怎么可能反复劝说肖志军签字达3小时之久？

2. 借鉴风险提高理论认定医疗领域的因果关系，堵塞道德漏洞

即便采纳上述鉴定意见，仍应肯定肖志军的不作为与死亡之间的因果关系，医院免责而肖志军仍然有罪。在刑法学上，在结果因行为人之外的因素出现时，不能断然否认因果关系。少数持反对意见的学者认为，如果没有行为人的行为，结果仍然发生，就能够否认行为与结果间的因果关系。如德国刑法学者考夫曼依据民事赔偿责任而指出应否定因果关系的情形，认为"如果行为人使用一个造成犯罪结果的行为打击了一个构成行为的客体，在这个构成行为的客体中，在这个时间点里，一个导致同样结果的发展已经达到了这样的规模，从而使得这个后果的出现在不依赖于违法行为人举止行为的情况下，应当根据自然人的判断来期待，那么，就缺乏了这个构成行为的结果无价值并且因此缺乏了不法行为构成中的一个部分"①。在考夫曼看来，如果不实施行为而结果仍然会发生，应否定结果和行为间的因果关系；存在过失时应认为犯罪不成立，存在故意时应认定为未遂。按照这种观点，如果肖志军签字进行手术，患者也会死亡，就能够否定拒签行为与死亡结果之间的因果关系，而我国的间接故意与过失都以结果存在为成立犯罪的条件，这样，肖志军就不会构成故意杀人罪和过失致人死亡罪，只能考虑遗弃罪。

但是，考夫曼对因果关系的解说遭到其他学者的批判。罗克辛教授针锋相对地批评到："这个方案应当加以拒绝，因为它将导致允许人们，例如，在过失造成垂危病人死亡时无罪——这是一个对医生和医院服务人员的谨慎小心义务有着极端重要意义的结论——并且，还将导致这些人本身实施的故意杀人只能作为未遂加以刑事

---

① 〔德〕克劳斯·罗克辛：《德国刑法学　总论（第1卷）：犯罪原理的基础构造》，王世洲译，法律出版社2005年版，第251页。

惩罚。这就与法律保护每个自然人生命的每一瞬间,以及因此至少必须使缩短生命在任何情况下都受到刑事惩罚的基本原则相矛盾了。"① 应该说,从刑法保护法益的有效性、防止刑法漏洞的立场看,罗克辛教授的学术目光更为深邃。

如果采纳风险增高理论,认定肖志军案中的因果关系就不存在障碍。李丽云在第一次拒签时还活着,是在3个小时内历经数次拒签行为,才使生还机会逐步丧失。即便采纳鉴定专家的意见,刑法要关注的问题是:手术仍有10%~15%的成功可能性,这就肯定了手术能够减少李丽云死亡的风险,而拒签则增加了其死亡的风险、关闭了其最后一线生存希望。在医生、警察明确对肖志军说明只有签字才能手术、才有可能挽救李丽云生命的情况下,肖志军拒绝签字切断了他人(医生)对李丽云的救助可能性。因此,即使无法肯定拒签行为是死亡结果的决定性因素,也能够肯定拒签导致不能手术,乃增加了李丽云的死亡危险,至少推动了死亡结果更早的出现,就能肯定因果关系。

3. 风险增高理论背后的价值

刑法应确立保护患者利益、确保"全力救助患者生命"的价值导向。认定肖志军案因果关系时还要考虑特殊领域中的刑法偏向性,刑法中的因果关系要考虑特殊领域而适当修正。最典型的是疫学因果关系,即便无法科学地证明水污染是致病的原因,只要根据统计观察法在经验上能够肯定污染的致病盖然性,也推定因果关系成立,其背后的理论就是基于污染的特殊性而使刑法偏向了环境保护立场。同样,在医疗等领域中,患者较常人更脆弱、更需要保护,应着眼于保护患者利益的立场适度放宽认定因果关系的标准,对行为人、过错者就要更严厉地归咎。

在医疗领域放宽因果关系的认定标准,有更高的价值取向:只

---

① 〔德〕克劳斯·罗克辛:《德国刑法学 总论(第1卷):犯罪原理的基础构造》,王世洲译,法律出版社2005年版,第251页。

要有一丝可能性,就不能放弃挽救生命的努力。刑法应立足于此采纳风险增高理论,唯此,才能够呼吁医疗人员和家属尽全力挽救生命、实现生命的关怀。罗克辛采用风险增高理论来解释因果关系,这缓和了因果关系认定上不可企及的绝对性判断。虽然这一观点有时会要求行为人对与行为没有必然因果关系的结果负责,但是,为应对多元化和复杂化的现代风险社会,刑法应有效发挥法益保护法的功能,进而要求个人尽最大努力保护法益、控制风险。耶赛克教授在论述过失犯因果关系时也表达了相同理念:"如果违反注意义务能够得到证实,已经对行为客体带来了较之通常的危险明显较高的危险时,就应当肯定结果的客观归责,因为,为了避免结果的发生,如果遵守注意义务能否导致该结果是不能肯定的,可能的注意义务仍然必须予以重视。"① 采纳风险增高理论认定因果关系、使刑法从结果无价值向行为无价值转变,能够很好地实现刑法的价值导向功能,要求行为人谨慎遵守社会规范,能减少风险的时候就减少风险,"在遵守谨慎规范虽然明显地提高了法益保护的机会,但并不能肯定地保证这一点之处,立法者也必须坚持遵守谨慎规范"②。例如,医疗人员、家属私自拔下一个气若游丝的患者的呼吸管,即便事后无法准确认定死亡结果与行为间的因果关系,无法证明该患者在拔下呼吸管时是否已经死亡的,甚至能够肯定该患者即便借助呼吸机也会很快死亡的,都应该肯定因果关系,认定行为人成立过失犯或故意犯的既遂。

---

① 〔德〕汉斯·海因里希·耶赛克、托马斯·魏根特:《德国刑法教科书》,徐久生译,中国法制出版社2001年版,第703页。
② 〔德〕克劳斯·罗克辛:《德国刑法学 总论(第1卷):犯罪原理的基础构造》,王世洲译,法律出版社2005年版,第258页。

二、从抽象危险性到具体危险性：肖志军拒签前后对危险性认识程度的飞跃

肖志军案的核心是，肖志军是否有罪过、具有何种罪过？判断肖志军是否有罪过的关键在于，肖志军是否认识到了拒绝签字有导致李丽云死亡的可能性。如果肖志军根本没有送李丽云去医院，还存在肯定肖志军未认识到李丽云死亡可能性的余地。但是，从肖志军带李丽云去诊所、被诊所送到大医院、被医生和警察劝说数小时，在整个过程中，至少可以肯定，肖志军对李丽云的死亡危险性有了了解。刑法不要求肖志军能够像医生那样全面理解事态发展，"行为人有没有借助清晰的语言概念进行逻辑推理，并不影响故意的成立"①。即便肖志军没有认识到危害结果如医生所说的那么严重，但在医生与警察的数次明确说明后，其必然认识到了结果的可能发生性——除非肖志军有精神病。如果坚持认为在这种情形下行为人还认识不到死亡可能性，那么，认识可能性的概念就崩塌了。

在肯定存在罪过后，判断罪过类型是间接故意还是有认识过失，取决于肖志军认识到了李丽云死亡的抽象危险性还是具体危险性。由于肖志军是不作为犯罪，没有实现意志内容的进一步加害行为，判断其意志内容就只能依赖拒签行为时的认识内容。如果肖志军认识到了李丽云死亡的具体危险性，就成立间接故意，反之则成立有认识过失。因此，判断肖志军所认识到的李丽云死亡危险程度，就成为判断罪过的突破口。同时，肖志军认识到了李丽云死亡的具体危险性还是抽象危险性，将决定肖志军成立故意杀人罪还是遗弃罪。

---

① 〔意〕杜里奥·帕多瓦尼：《意大利刑法学原理》，陈忠林译，法律出版社 1998 年版，第 208 页。

（一）在拒签前，肖志军最多认识到了死亡的抽象危险性

首先，在拒签前，肖志军无法认识到李丽云死亡的具体危险性。认识到疾病导致死亡的具体危险性，包括两种情况：一是通过认识疾病的危险性而间接认识到死亡危险性，即认识到疾病的大致类型和死亡概率。然而，肖志军无法认识到肺炎，他认识到的疾病仅仅是感冒。二是直接认识到死亡危险性，主要是指从生命体征、客观状态中意识到死亡危险性，例如在患者陷入昏迷、奄奄一息、大出血时，即使旁人不知道疾病类型，也能够将症状与死亡前兆联系起来，从而肯定死亡的具体危险性。然而，在肖志军带李丽云去医院前尚未明显出现这种状态。

其次，在拒签前，肖志军最多认识到了李丽云死亡的抽象危险性。在没有旁人、专家提醒的情况下，非医学专业出身的肖志军很难认识到李丽云疾病的具体、现实后果，最多只能模糊地认识到疾病"很严重"。我们应当把肖志军放在社会一般人的立场上，在一般人观念中，非流血性的内科疾病，尤其是像"感冒""咳嗽"这样的常见病症，患者能够抵御疾病、实现自愈的可能性很大。虽然不排除一般人能够认识到"感冒"会引发肺炎、有导致死亡的危险性，但是，这是一种对后果认识极为模糊、宽泛的抽象危险性，它与常人观念中"疾病总有危险"的认识程度，并无差异。因此，如果不送患者去医院、或把患者丢弃在医院，乃至在拒签之前的时间里，肖志军对李丽云能够康复的认识压倒了对其死亡危险性的认识。肖志军说："我们是来看感冒的、吃吃药就行。"显然，肖志军在拒绝签字前认为李丽云抵御疾病、实现自愈的可能性要大大高于死亡的危险性。

（二）在拒签时，肖志军对死亡可能性的认识程度有了质的变化

有学者认为："有人说肖志军犯了过失杀人罪，这种说法太无

聊。其实在中国偏远的乡村，每天不知道有多少农民上演着同样一幕，他们把生病的亲人送到医院，因为没钱，不得不又默默把病人拉回家。"① 这种情况与肖志军案有本质区别，如果肖志军不带李丽云去任何医疗机构，或者将李丽云丢在医院不管，在此等情况下，肖志军对李丽云死亡可能性的认识程度仅是一种抽象危险。

但是，在医生、警察讲明李丽云危急状态时，肖志军对李丽云死亡的危险性已经有了明确、具体的认识，即认识到李丽云死亡的具体危险性。"当时周围还有十几个医生和病人，都在劝他，好话说尽了，他就是不理。"② 从病友、有可信赖性的医生和警察那里，肖志军已经知道了李丽云的死亡危险性。肖志军不可能完全不相信医生的话（也许他不愿意相信医生的话），肖志军知道带李丽云去诊所治病，这表明他相信诊所的医生能够治好李丽云的病，如果肖志军对诊所医生都有一定程度的信任感，怎可能完全不相信大医院的医生？退一步讲，即便出于极难成立的理由，肖志军不相信医生和警察的言语，但是，在医生已经讲明了情况后，肖志军对李丽云死亡危险性的认识程度也相应地增加了一步，至少，从抽象性向具体性迈进了一步。换言之，肖志军在拒绝签字时所认识到的危险程度（即能够对肖志军归罪的危险性），要高于不送李丽云去医院、将李丽云丢弃在医院的情形。

（三）肖志军所认识到的危险性是对其归罪的限度

从客观角度看，在根本不送患者去医院、将患者丢弃在医院等情况中的死亡危险性程度，与拒绝签字情况下的死亡危险性程度，可能相同。但是，对定罪起决定作用的是肖志军所能够认识到的危险性。无论客观危险性多大，如果行为人没有认识到，就无法据此归罪，例如，从未接触过微波炉的农村保姆使用微波炉加热听

---

① 许志永：《"肖志军悲剧"后的更大悲剧》，载《南方周末》2007年12月6日，第8版。
② 王骞：《孕妇李丽云的最后人生》，载《南方周末》2007年12月18日，第6版。

装可乐、杀人犯利用微波炉加热听装可乐杀死儿童,两种情形的客观危险性相同。但是,在定罪时(尤其在故意犯罪中)能够对行为人归罪的危险程度,只能以行为人所能够认识的为限度(在过失犯中,还包括行为人应当认识到的危险程度)。同理,可以对肖志军归罪的危险程度,在评价故意犯罪时,只能以肖志军认识到的程度为限;在评价过失犯罪时,则可以扩张到肖志军应当认识到的危险程度。因此,与拒绝签字的情况相比,肖志军根本不送李丽云去医院,或者将李丽云丢弃在医院的情况,虽然客观上导致的死亡危险性相同或更大,但后者的可归罪性要低于前者。

　　本文得出一个看似荒谬但却符合法理的结论:肖志军若根本不送李丽云去医院最多构成过失致人死亡(甚至不构成犯罪),因为在没有专家告知疾病危险性时,家属对感冒患者的死亡危险性缺乏足够认识;将李丽云丢弃在医院后离开最多构成遗弃罪,因为家属不在场反而可以通过其他途径进行手术、避免患者死亡,遗弃行为没有致患者死亡的具体危险性;送李丽云去医院却拒绝签字就有可能构成故意杀人罪,因为家属在场且拒绝签字就切断了其他救济途径,直接增加了死亡危险性甚至必然导致死亡,拒签行为是患者死亡的决定性原因。

三、肖志军的罪过内容分析:间接故意而非有认识过失

(一)清理判断罪过的冗杂素材:把罪过还给实行行为

　　"行为与责任(罪过)同在"这句刑法格言告诉我们,罪过只能是实行行为时的罪过。离开实行行为,以情感、身份、案情、悔罪等因素为基础判断罪过,貌似科学全面、谨慎判断,却是在方法论上违背了刑法公理、在结论上易导致把纯主观心态当作罪过。通说认为:"行为人与被害人之间的关系、行为人的一般表现、事前的思想流露、事后的态度等,都能从某一方面证明行为人的心理态

度是否符合某种犯罪的主观要件。"① 按照目前的理论，判断罪过的素材太多，需要把无谓的因素清除掉才会使结论明朗。应在两方面清除冗杂的罪过素材：一是在判断对象上，应把身份关系等易导致情感判断的因素去掉；二是在判断时间上，要缩小考察范围，不能以综合案情为基础，只能聚焦于实行行为时。

1. 缩减判断对象：超越情感、滤掉身份

很多案例，根据行为应认定为希望或放任；而根据情感——如罪后态度和亲属关系，却应认定为有认识过失。教材常举的间接故意案例是：丈夫为了杀妻，在妻子碗里投放毒药，明知孩子可能因为分食而中毒，由于杀妻心切而放任孩子的死亡。② 其实，笼统地讲，丈夫放任孩子死亡并不正确，这是以情感判断代替了法律判断。虽然从情感上看丈夫不可能希望孩子死亡，但是，如果没有杀死妻子而仅杀死了孩子，就不能因为罪后的后悔心态而否认行为中的直接故意。根据法定符合说，妻子的生命和孩子的生命在故意杀人罪的构成要件内是相同的，属于同一个构成要件内的错误，类似于瞄准甲而事实上击中了乙的打击错误，因此，如果客观上仅毒死了孩子，应认定直接故意杀人既遂。换言之，情感上的放任或轻信可避免被认定为法律上的直接故意。

如果以感情因素判断罪过，很容易把间接故意当作有认识过失。我国通说认为，过于自信的过失"是希望结果不要发生，希望避免危害结果的发生，即排斥、反对危害结果的发生"③。"排斥""反对"都是容易脱离行为的情绪性因素，容易把情感因素融入罪过内容，从情感因素看，很多间接故意中都不希望结果发生、反对结果发生，如瞄准兔子而打中了人。从感情因素上看，间接故意同样可能否定结果发生，俄罗斯刑法学界认为："在间接故意时，犯

---

① 张明楷：《刑法学》（第二版），法律出版社2003年版，第215页。
② 参见高铭暄主编：《刑法学》（新编本），北京大学出版社1998年版，第100页。
③ 高铭暄主编：《刑法学》（新编本），北京大学出版社1998年版，第100页。

罪人可能对后果持漠不关心或者否定的态度,主动地希望它不发生,可能希望它不发生——所有这些都是间接故意所具有的对犯罪后果的态度。"① 在判断罪过时,应追问行为反映了行为人与结果的何种心理联系,要把身份等情感因素去掉,把行为人换成一个抽象的人。如少年偷爷爷的钱被发现而随手将爷爷推下楼梯致其死亡,在情感上,少年是否定、不希望结果发生,但是,少年的这一行为却证明了其对结果的放任。我们应追问:一个普通人把老年人随手推下楼的行为,是何种罪过?这样,无论是孙子还是小偷实施此行为,都是间接故意杀人。同样,基于夫妻关系,肖志军在感情上是反对结果出现的,但是,法律判断却不理会情感因素,应去掉亲属身份追问:明知手术是挽救生命的唯一机会而使被害人无法接受手术的行为,是何种罪过?

2. 缩短判断时间:不能综合考虑案情,只能考虑实行行为的罪过

判断罪过当然是行为后的推断,但我们经常根据案件起因、罪后态度考察罪过,拉长判断罪过的时间。首先,学说经常以罪后的心态来代替和侵入行为时的罪过内容。区分间接故意与有认识过失的著名弗兰克公式(同意说)认为,两者区分在于行为人主观上是否同意结果的发生,可概括为"早知如此就不如此"。即在肯定结果发生时假设行为人会不会这样做,如果仍然做就是间接故意,反之则是有认识过失。依此判断,肖志军与被害人有亲属关系、在事后追悔莫及,显然不同意李丽云死亡,只能是过失。但是,同意说将间接故意变成了"假设的直接故意",缩小了故意的范围,因为间接故意仅是认识到结果发生的可能性而不是肯定性。而且,这种观点将对行为的评价变成了对人格的评价——如果出现这一结

---

① 〔俄〕斯库拉托夫、列别捷夫:《俄罗斯联邦刑法典释义》(上册),黄道秀译,中国政法大学出版社2000年版,第49—50页。

果,他还敢做吗?① 在理论上,同意说所犯的错误具有普遍性。其次,实践中的错误在于:判断罪过内容要综合考虑案情的起因、发展、罪后态度。这种综合案情的判断,使罪过的判断素材中杂糅进了很多无谓的事实,其结论不是实行行为时的罪过,而是脱离了行为的纯主观心态。只有在根据实行行为难以下结论时,才能参考其他案情因素。但是,绝大多数案例,根据实行行为完全可以得出明朗结论,只是我们觉得其结论有些违背情理,缺乏断论的信心,才去寻找额外的支持。其结果就是,要么以罪前的犯意取代了行为时的罪过,要么用事后的态度侵入了行为时的罪过内容。

在肖志军案中,各种与实行行为无关的案情因素极大地干扰了罪过判断。肖志军之前与李丽云同甘共苦,曾经采取过各种救治措施,事后追悔莫及等因素,肖志军拒绝签字的可能动机——不相信医院、想生二胎,与罪过皆无关系。我们只能根据拒签行为,以肖志军在拒签时对死亡结果的认识来推定其罪过内容。

(二) 规范的有凭借说:区分间接故意和有认识过失的总标准

区分间接故意与有认识过失的学说有:可能性说、盖然性说、希望说、容认说、动机说。② 这些学说都有无法克服的弊端,将另文探讨。

1. 规范的有凭借说之提出

笔者认为,应依次考虑心理罪过论和规范罪过论来区分间接故意和有认识过失:(1) 在认识到结果具有发生可能性的前提下,行为人认识并利用了避免结果发生的条件和事实,是有认识过失;否则是间接故意。(2) 即便行为人没有认识并利用避免结果发生的条件和事实,但是,只要行为具有某些合法或值得肯定的理由,宜从

---

① 参见李海东:《刑法原理入门(犯罪论基础)》,法律出版社 1998 年版,第 62—63 页。
② 参见〔日〕川端博:《刑法总论二十五讲》,余振华译,中国政法大学出版社 2003 年版,第 67—74 页。

间接故意缓和为过失。

这一标准（1）采纳的是有凭借说的合理内容，有凭借说认为，有认识过失主观上对于避免结果发生是有所凭借，而间接故意则无所凭借。① 笔者的标准不仅要求行为人主观认识到凭借条件，而且要考虑行为人是否利用了这些条件，以防止仅凭主观想法就改变罪过类型。这一标准（2）引入了规范罪过论，缓和了心理罪过论的僵硬。区分间接故意和过于自信过失的传统学说以心理联系为基础，试图以认识和意志因素区分两者，这显然忘记了现代罪过是兼具心理罪过论和规范罪过论的内容。因为，用心理罪过论根本无法解释过失，"故意的内容由有关犯罪行为的'真实的'心理因素组成，而过失则基本上是一种法律的评价，即对主体是否遵守与其行为相关的注意义务的判断。在过去，人们曾多次试图寻找过失存在的心理学根据，但最终都一无所获"②。过失犯要么没有心理联系，如忘却犯；要么实际的心理联系没有刑法意义，如遗忘性犯罪中与行为人有心理联系的事实是球赛。只有引入规范罪过论，才能够解释过失。令人不解的是，刑法学者却试图完全以认识和意志因素，即用心理联系来区分间接故意和有认识过失。

试以两个例子说明规范罪过论在区分两者时的优势：恐怖分子甲在深夜安放炸弹企图炸毁某纪念性建筑物时，知道该处即使在深夜，仍可能有行人经过，并导致行人因爆炸而受伤或死亡。长期以来，意大利刑法理论和司法实践都认为主体对于结果的心理态度属于间接故意或可能"故意"。③ 如果在同样的地点和时间，工人乙对纪念碑施工，使用同样威力的炸药作业时导致路人死亡，乙也知道即使在深夜，仍可能有行人经过（甚至由于长期作业，对行人出

---

① 参见李海东：《刑法原理入门（犯罪论基础）》，法律出版社1998年版，第62页
② 〔意〕杜里奥·帕多瓦尼：《意大利刑法学原理》，陈忠林译，法律出版社1998年版，第216页。
③ 参见〔意〕杜里奥·帕多瓦尼：《意大利刑法学原理》，陈忠林译，法律出版社1998年版，第210—211页。

现的认识情况比恐怖分子更清楚），但评价乙对死亡结果负过失责任更妥当。其原因就在于，行为人与法秩序的对立程度因为某种有价值的目的而被缓和了，乙心理联系上的故意因存在施工这一正当理由而被规范罪过论评价为过失。

2. 肖志军接受了结果，成立间接故意

笔者拟另文探讨上述标准，本文直接讨论肖志军的罪过。按照标准（1），肖志军没有认识到更没有利用任何有利条件避免李丽云死亡；如果肖志军是把李丽云送到另外的医院，哪怕是送到他更信任的民间郎中那里，都有成立过失的可能。在法律上，没有认识和利用任何条件避免结果发生即意味着接受结果，无须再考察其他心理态度，"根据理论界最通行的观点，行为人是否'接受危害结果发生的危险'，是决定可能故意成立的根据"①。肖志军虽然排斥结果发生，但是，其写下"坚持不做剖腹产手术，后果自负"，据此，肖志军以行为表达了对结果的接受，成立间接故意。而且，按照标准（2），肖志军拒签的背后没有任何正当的理由和有价值的动机，也无法采用规范罪过论排除其心理联系上的故意。

(三) 认定不作为中的故意与过失要更多地依赖认识因素

首先，不作为中缺少判断意志内容的控制因素。罪过包括认识因素和意志因素，与之对应的是辨认能力和控制能力，在作为犯罪中，应根据对行为和结果的控制过程来考察意志因素；但是，在不作为中，行为人没有控制行为和结果，救生员不救落水儿童时，儿童被水淹死是行为人无法控制的过程（若救生员对这一过程加以控制，如增加泳池水量，就是作为犯罪），救生员只是认识、预见到儿童的死亡过程而已。因此，不作为的意志因素没有相对应的行为控制过程，只能寻求认识因素的帮助。

---

① 〔意〕杜里奥·帕多瓦尼：《意大利刑法学原理》，陈忠林译，法律出版社1998年版，第211页。

其次，为防止主观归罪，判断不作为的罪过类型必须依赖认识因素。判断罪过的线索是行为，在作为犯罪中，由于不同的身体举动多是不同罪过类型的体现，所以认定罪过的素材更多；相反，在不作为犯罪中，缺少有意义的身体举动，认定罪过类型所依据的素材极少。例如，儿童在游泳池喊救命，救生员听见而不救助，由于救生员没有刑法意义的身体举动，似乎认定罪过类型只能依据其内心想法：如果他因对雇主不满而希望儿童淹死，使泳池生意冷淡，就是直接故意；如果他因为失恋满脑子是女友的影子而对儿童之死漠不关心，就是间接故意；如果他认为只有历经危险才能够学会游泳，相信儿童能够自我救助，就是有认识过失。同理，拒签行为到底属于何种罪过，似乎取决于肖志军内心中是希望李丽云死，还是对李丽云之死漠不关心，抑或是相信李丽云能够转危为安。如果这样理解不作为中的罪过，就是以没有客观标准的犯意定罪，是把纯粹的"想法"当成罪过内容，落入了主观归罪的泥坑。

因此，为防止主观归罪，对意志内容的判断必须依赖、凭借客观事实。在缺乏身体举动，即缺乏判断意志内容之素材的不作为中，只能依赖认识内容，因为认识内容毕竟是对客观世界的反映，具有相对客观性。判断不作为的意志内容，取决于行为人认识到的危险性：如果行为人认识到结果的具体危险性，即使对结果的"想法"是轻信可避免，也应认定为故意；如果仅认识到结果发生的抽象危险性，即使其内心想法是"希望"结果发生，也只能认定为过失。

最后，根据认识到的具体危险性或抽象危险性而判断间接故意和有认识过失，也是很多国家刑法学的观点。意大利刑法学者认为："就故意而言，行为人所预见到的可能发生的结果是一种具体的结果，即行为人认为该结果（即使发生可能性不大）就是自己实施的具体行为的结果。有意识的过失的典型特征就是：行为人所预见到的可能发生的结果只是一种抽象的结果，或者说不是与行为人所实施的具体行为相联系的结果。行为人所预见到的结果是否是与行为人的具体行为相联系的具体结果,就应该是判断行为人是否接受危害结果发生的危险的标准。"① 俄罗斯刑法学者也认为:"在故意时,犯罪人预见到具体后果,而轻信时这些后果是一般地预见的。"② 完全依赖认识内容判断间接故意或有认识过失,未必妥当,但是,在不作为犯罪中,这是唯一可以凭借的客观标准。在交通肇事罪中,醉酒司机对于在何时、何地把何人撞成何种程度,都无明确认识,这就是一种对抽象危险性和结果的认识,只能成立过失。相反,如前所述,肖志军被告知的是李丽云这个特定人死亡的具体危险性和具体结果,其认识到了具体危险性,成立间接故意。

四、罪名选择:肖志军属于故意杀人罪而非遗弃罪

在肯定了肖志军是间接故意之后,还需要判断:肖志军构成的是故意杀人罪还是遗弃罪。如何区分不作为的故意杀人罪与遗弃罪,有诸多争议。笔者认为,遗弃罪中所认识到的死亡可能性以抽象危险性为上限,"根据判例和通说,遗弃罪是抽象危险犯"③。相反,故意杀人罪中所认识到的死亡可能性以具体危险性为下限。

在主观上,肖志军认识到了李丽云死亡的具体危险性。在医生、警察讲明李丽云的状态、不手术的危害后果时,肖志军对李丽云死亡可能性的认识程度就是一种具体、现实的危险性。在客观上,肖志军在场以丈夫身份写下"坚持不做剖腹产手术,后果自负"时,阻挡了医生的救治行为,切断了李丽云获救的途径,直接

---

① 〔意〕杜里奥・帕多瓦尼:《意大利刑法学原理》,陈忠林译,法律出版社1998年版,第211页。
② 〔俄〕斯库拉托夫、列别捷夫:《俄罗斯联邦刑法典释义》(上册),黄道秀译,中国政法大学出版社2000年版,第55页。
③ 〔日〕西田典之:《日本刑法各论》(第三版),刘明祥、王昭武译,中国人民大学出版社2007年版,第27页。

增加了李丽云死亡的危险性，这种具体危险性应被评价为故意杀人罪。

反之，如果肖志军不送李丽云去医院、把李丽云送到医院后逃离，其所认识到的李丽云死亡可能性仅是一种抽象危险性，此等危险性最多只能被评价为遗弃罪。肖志军送李丽云去医院后留在医院陪李丽云，反而构成更重的故意杀人罪，这似乎难以理解。问题的关键在于：在主观上，不在场时，由于缺乏医生明确告知，肖志军所认识到的危险性更低；在客观上，肖志军不在场，不会阻挡医生的救治，这能减少李丽云死亡的危险性。

五、破解对肖志军的宽恕因素：期待可能性与刑法价值导向

（一）不能免责："生命高于一切"才是刑法期待的价值取向

该案不存在讨论期待可能性的余地。如果肖志军因为没有钱，只能将李丽云送往小诊所，或者认为医院要交钱才能救治、未将李丽云送往任何医疗机构救治，最终导致了李丽云的死亡，尚有探讨无期待可能性的余地。因为，在医疗费用昂贵的今天，我们无法期待身无分文的肖志军送李丽云去医院，也无法期待信息闭塞的肖志军能预见医院会减免费用。但是，肖志军案的关键在于：医生要肖志军签字时，未提及只有交钱才能手术。无论医生已说明可以减免手术费用还是日后需要偿还手术费用，在李丽云面临具体危险时，都应期待肖志军毫不犹豫地采取一切可能挽救其生命的合理措施。退一步讲，即便在其他案例中医生讲了"交钱才能手术"，家属在能签字的情况下也必须签字，要求医生先手术后付钱。换言之，只要有救助李丽云生命的一点可能性，肖志军都应不计"金钱后果"地尽全力而为。

对拒签的原因，肖志军有多种解释——医生在杀人、想生

二胎。这是推脱个人责任的滑稽辩解，即便能够成立，也不能否认其拒绝签字有更重要原因：担心背负上经济包袱。可以换个角度思考这个问题：如果肖志军在李丽云怀孕期间突然中了100万元人民币的彩票大奖，还会作上述辩解吗？如果会，那答案只有一种：肖志军是精神病人。总体来看，肖志军不签字是出于经济上的担心。肖志军的情形犹如：在房间着火时，旁人呼吁甲要先救助重病的妻子，而甲却先把昂贵家具搬出火海致妻子死亡。肖志军的贫穷是不争的事实，但是，经济窘迫性不能成为免责的理由。因为经济窘迫而拒绝签字、不履行救助义务，其潜在的逻辑是：财产权高于生命权。如果对肖志军适用无期待可能性而免责，就变相地肯定了这种倒错的法益等级关系。在肖志军案及其他类似案件中，刑法要期待国民恪守基本价值底线：不惜一切代价挽救生命，任何经济压力都不能成为漠视生命权的理由。

（二）为什么忽略了肖志军的刑事责任：民众同情心的两面性

肖志军令人同情的坎坷人生，使民众忽略了对其刑事责任的追究。其实，这是人类固有的同情弱者的心态在作祟，在笔者看来，同情弱者就是人们对于竞争能力比自己低下个体的一种忽视。弱势个体不会对自己构成威胁，人类的目光总是向上的，希望通过某种手段使自己成为甚至超越强势个体。人们在意与关注优势个体的程度总是高于弱势个体的，罪行后的愤慨也是表达关注的一种方式，因此，人们对于弱势个体的愤慨总是低于强势个体。在类似于民工王斌余为讨薪而杀人等案件中，民众总是表达出一种对弱势个体犯罪的宽宥姿态。反之，如果肖志军案的主角换成一个大款、官员，就不会引起无谓的争议，无论这个大款、官员如何解释，仍会出现治罪的呼声。在肖志军案中，表达意见的网民、关注媒体的国民，都是比肖志军们更有优越感的群体，肖志军不会带给他们竞争危机感，民众缺少既以刑法打击犯罪又借机削弱其竞争优势的

"一箭双雕"之心理动力。

更深层的原因还有民众固有的"受害预测性"。个人极为关心自己的未来命运,并会下意识地通过现实预测自己的前途,公众的意见和判断往往包含自己对未来的要求。人们总是预测自己能否成为受害者,进而选择自己的立场。同样是弱势群体犯罪,如果农民工伤害了包工头、劳动局官员,民众在潜意识中就预测出这种行为的危害后果具有限定性,不会危及普通人的安全,因而会体现出更多的容忍心;反之,如果农民工伤害的是路人,这种拦路抢劫的危害后果具有扩散性、不特定性,任何人都是潜在的受害人,因此,宽恕性就不复存在。肖志军的"杀妻"行为是不作为犯罪,没有积极的进攻性和血腥性①,危害后果具有局限性,根本不会危及普通国民的安全。因此,国民会产生强烈的宽宥心态。

(三)合理分配风险才能保护生命

每一个刑法判例都传达并彰显着重大的社会价值取向。如果认定肖志军成立故意杀人罪②,那么,在患者具有紧迫手术必要性、无重大风险的手术是挽救生命的唯一途径、没有合理的拒签理由等类似情形中,刑法就把监护人导向了"生命高于一切"的立场。这样的判决亦使刑法堵住了重大的道德漏洞:如果监护人具有杀人故意,那么,送患者到医院并以拒绝签字的方式阻挡医生的救治,就成为合法而隐蔽的犯罪手段。这种担心绝非空穴来风,可以设想的情况有:另觅新欢;农村的父亲为生儿子,拒绝给本有残疾的重病女儿治疗。在类似情况下拒绝签字,可能属于直接故意杀人。

---

① 在笔者看来,实施同一种犯罪,与以作为方式实施时的危害性相比,以不作为方式实施时的危害性要小得多、可罚性更低。
② 肖志军属于情节较轻的杀人,可以适用《刑法》第63条的规定在法定刑以下量刑,也可以适用缓刑。

六、结语：爱她，就请保护她

　　刑法不干涉爱情，但要评判爱人的责任。笔者的结论虽然有些冰冷、稍显武断，但初衷和归宿都是生命关怀。在一个孝义与责任观念日渐淡化、快乐与功利主义大行其道、医疗与救助体制勉为其难的时代，作为后盾法的刑法应当设置最后一道防线，拦住那些逃避责任之徒的脚步；应以刑事责任强化道德责任，使个人背负起更多的责任以弥补社会体制的缺失；应让刑法成为垂危之人能拽住的最后一根救命绳，以让那些本有生机的患者在冷漠面前享受生命之光。刑法的根本，终归是塑造人性之社会、维系文明之成果、确保个人之利益。笔者的结论即便背叛了一些形式教义学的理论，却吻合于人类文明的进路；文明的进步，并非仅要求刑法的谦抑和宽容；更好地保护老弱病残，亦是文明的标尺。肖志军案中被害人的身上几乎聚集了文明观念下所有应受特殊保护的因素——孕妇、重病患者、即将出生的胎儿，因此，认为将肖志军案定性为故意杀人罪过于残暴的观念，必与文明的指向背道而驰。笔者希望在一方现代女性的悲凉墓碑上，刻上一纸文明社会的刑事判决。刑法应当惩罚那些失责的男人，让他们长跪在爱人的坟前忏悔。

第四章
小偷猛踩刹车案：慌张者的刑事责任

案情：一脚踩坏了公共安全

2005年7月7日15时许，被告人骆某、王某等四人一起约定上公共汽车偷窃，王某在割被害人鄢某的裤袋时被发现，当时钱包已经漏出一角，内有人民币1 200元，鄢某抓住王某时，骆某等另外三人围上去，称如果没有偷到就算了。鄢某的妻子刘某电话报警，骆某见状立即跑到司机林某旁要求停车，林某称等警察来了再说。此时，骆某强行猛踩刹车，时速30公里/小时的大巴车骤停，导致某女乘客撞到扶手上而昏迷，鼻梁骨骨折，被鉴定为轻微伤（偏重）。法院认定此案成立以危险方法危害公共安全罪。类似案件还有：被征地农民将液化气罐拉至施工现场并点燃火把以抗拒征地，在繁忙路段上故意挤别他人车辆，在禁猎区设置"千斤砸"或者电网等大威力捕猎工具而误伤他人，为变卖废铁而盗窃窨井盖。这些案件都曾被不同法院认定为以危险方法危害公共安全罪。

争点："危险方法"有无底线

解释以危险方法危害公共安全罪罪状时需要整体把握法条体系，这经常被司法者忽视：一是《刑法》第114条中的"以其他危险方法"是与"放火、决水"等并列的行为方式，应当具有可罚的危险相当性；二是以危险方法危害公共安全罪在罪状中明确规定了"危害公共安全",因此,该罪属于具体危险犯,对危险程度的认定比抽象危险犯更严格;三是《刑法》第114条在分则第二章中是第一个条文,相对于此章其他罪名,第114、115条是普通法条,在适用顺序上次于特别法条;四是《刑法》第114条与第115条属于对同一类(个)犯罪的规定,必须把第114条和第115条结合起来理解"危险方法"的性质。核心问题是,以危险方法危害公共安全罪与放火罪等属同一个法条,适用同一档法定刑,基于罪刑相适应原则的限制,该罪中的"危险方法"必须参照放火等罪的客观性质进行理解,即在危险性上应当与放火、爆炸等行为具有相当性。如何判定以危险方法危害公共安全罪的危险性具有和放火等罪相当的可罚性就是关键问题。

提要:滥用"危险方法"是危险方法

需要刑法打击的"危险方法"很多,但不加思考地将任何危险方法都归入以危险方法危害公共安全罪更危险。司法者针对个案应寻找更准确的相关罪名,不要过于依赖以危险方法危害公共安全罪的解释灵活度。司法实践按以危险方法危害公共安全罪处理的很多行为,虽然都可以被辩护为对行为人的惩治要求和稳定秩序的必要代价,但却放弃了其他可适用的法条且漠视罪刑法定原则固有的限制任意解释之功能。风险社会使很多危害行为都凸显出危害公共安全的性质,以危险方法危害公共安全罪也因此常常被滥用。但是,由于立法上的先天不足,以危险方法危害公共安全罪在司法中必须更严格地恪守罪刑法定原则;由于该罪是具体危险犯,应该作出较抽象危险犯更严格的解释。认定以危险方法危害公共安全罪的关键是危险方法具有和放火等行为的危险相当性,即具有致人重伤、死亡的危险,且危险已经具有确定的指向对象,在正常的发展后会损害法益。

对以危险方法危害公共安全罪进行宽泛理解、不按照该罪的特殊性对"危险方法"进行实质判断和合理限定，是司法实践中普遍存在的误解。

一、问题根源：以危险方法危害公共安全罪立法时对罪刑法定原则遵守的先天不足

以危险方法危害公共安全罪在司法实践中被滥用，究其根源，除存在和其他危险犯共同的问题——认定（具体）危险犯时常偏离"危害性原则"的钳制而扩张处罚范围①——之外；对该罪而言的特殊原因还在于，司法者利用了立法时该罪对罪刑法定原则遵守的先天不足。② 小偷猛踩刹车案以及笔者无法一一提及的案件，都是立法者松懈了罪刑法定原则中罪状明确性要求后导致的直接恶果。

《刑法》第 114 条规定："放火、决水、爆炸以及投放毒害性、放射性、传染病病原体等物质或者以其他危险方法危害公共安全，尚未造成严重后果的，处三年以上十年以下有期徒刑。"该条有五个罪名，而"以危险方法危害公共安全罪"罪状中的行为构成规定是"以其他危险方法"、违法性规定是"危害公共安全"，这是一个没有动词、缺乏独立明确实行行为的构成要件规定。虽然在表述罪状时《刑法》多处使用"其他方法"字样作为列举罪状中的补充规定，如非法经营罪就把"其他严重扰乱市场秩序的非法经营行为"直接作为罪状内容。但是，非法经营罪中的"其他……"

---

① 危险犯不以客观实害为处罚根据，但是，把"危险"作为处罚根据本身就是危险的，这极易导致刑罚权的泛滥，所以，从设立危险犯时起，警惕滥用危险犯扩大处罚范围就成为刑法学者义不容辞的责任。

② 严格地讲，司法解释在确定罪名时没有通过技术处理（如把《刑法》第 114 条概括为一个罪名）以软化该条可能存在缺陷，才是问题的关键。当然，现行司法解释所确定的《刑法》第 114 条的罪名，也是符合国民观念的约定俗成，并非完全不合理。

是与"未经许可经营法律、行政法规规定的专营、专卖物品或者其他限制买卖的物品的"等罪状行为相并列并仅作为其补充的规定,该罪罪状对实行行为有明确而独立的表述。在各国刑法典中,直接把"其他……"作为全部行为构成的罪名极为罕见,以危险方法危害公共安全罪是我国《刑法》中仅有的缺乏对实行行为进行描述的罪名。①

准确地说,以危险方法危害公共安全罪的罪状缺乏对行为自然性质的描述,仅有纯规范性、依赖价值判断的描述;认定以危险方法危害公共安全罪从一开始就必须进行实质判断,不仅需要借助其他罪名判断该罪的实行行为,而且该罪成立的条件需要依赖法益侵害性、社会危害性等本属犯罪概念领域的观念;在以危险方法危害公共安全罪判断过程中,作为犯罪类型化和定型化的构成要件符合性,根本无法从形式意义上得出任何肯定结论。在重罪和故意犯罪领域,这种立法方式受到罪刑法定原则的严格警惕,在解释论上应当严格掌握。国外有学者早就对此种模糊罪状表示出警惕:"纯粹一般式的规范或包含模糊因素的规范对法律规范明确性的消极影响,则表现为法律规范没有具体或确定的内容,因而可能被适用于性质不同的行为。"② 这种担心不幸被我国司法实践现实化,此罪名成为司法中的一个新口袋罪。

顺便指出,如果取消放火罪等四个罪名,把《刑法》第114条统一概括为一个罪名——"以危险方法危害公共安全罪",使"其他危险方法"变成同一罪名中放火、爆炸等行为的补充规定,就可以克服罪状缺乏对行为构成描述的弊端,也更容易提醒司法者注意危险方法的相当性。不过,由于外国刑法典中放火罪等多是独立罪名,并考虑到对放火、爆炸等相对常发案件独立设罪可收到一般预

---

① 当然,可以诡辩地说,"其他危险方法"本身就是对行为方式的描述。
② 〔意〕杜里奥·帕多瓦尼:《意大利刑法学原理》,陈忠林译,法律出版社1998年版,第26页。

防之特殊功效,这一办法未必是最优思路。当前最现实的是,司法者应该本着更严格的具体危险犯认定标准,以缓解以危险方法危害公共安全罪在立法阶段对罪刑法定原则遵守的先天不足。

通说指出:"'以其他危险方法'仅限于与放火、决水、爆炸、投放危险物质相当的方法,而不是任何具有危害公共安全性质的方法。"① 下文将从危险的性质和程度两个方面分析何为"相当的方法"。

二、从"性质"上限定危险相当性:具有致人重伤、死亡的性质才是以危险方法危害公共安全罪中危险性的实质

(一)体系论观察:"危害公共安全"不是以危险方法危害公共安全罪的实质

应准确理解以危险方法危害公共安全罪中"其他(危险方法)"的地位和作用,不能从"危害公共安全"的角度理解其实质。以危险方法危害公共安全罪不是《刑法》分则第二章的补充罪名,而是《刑法》第114条的补充罪名,其补充和兜底的意义仅限于《刑法》第114条和第115条。不能因为某行为具有危害公共安全的性质,在没有明文规定的情况下,就首先考虑适用该罪。换言之,成立以危险方法危害公共安全罪的关键不是在后果状态上"危害公共安全",而是行为方式的危险性与放火等具有相当性。具有"危害公共安全"性质的行为很多,且不论属于经济犯罪的生产、销售有毒、有害食品罪等都有危害公共安全的属性(在意大利等国家,类似行为就被规定在危害公共安全罪中),《刑法》分则第二章所有罪名都具有"危害公共安全"的性质;如交通肇事、劫持汽车、携带管制刀具进入公共场所等行为,虽然都具有"危害公共

---

① 张明楷:《刑法学》(第二版),法律出版社2003年版,第545页。

安全"的性质,但与《刑法》第114条所说的"其他危险方法"有天壤之别。这里起决定作用的是立法者所设计的罪名体系、具体罪名的安置位置和顺序。

在法条排序上,既然以危险方法危害公共安全罪不是危害公共安全罪的补充和兜底罪名,那么,当发生《刑法》分则第二章没有明文规定的某种危害公共安全行为时,就不应首先考虑适用以危险方法危害公共安全罪。在司法实践中,司法者常误解了以危险方法危害公共安全罪的地位和作用,认为只要有"危害公共安全"的性质,在没有可以直接适用的相关罪名时,就可以考虑以该罪论处。

(二) 尊重国民观念、克服立法缺陷:"危险方法"也不是以危险方法危害公共安全罪的实质

1. 观念上等同是适用以危险方法危害公共安全罪时要考虑的基础因素

在《刑法》分则排序上,立法者把危害公共安全罪作为仅次于危害国家安全罪的犯罪,虽然排序与法定刑的高低无必然联系,但却是国民价值观念在立法上的显现。作为危害公共安全罪中最有代表性的放火罪、以危险方法危害公共安全罪等,在解释论上应当考虑立法者的这一价值取向。从法定刑设置看,以危险方法危害公共安全罪在"尚未造成严重后果"的情况下,最低法定刑是3年有期徒刑,若致人重伤则处10年以上有期徒刑;从《刑法》第17条也可以看出,我国立法者把《刑法》第114、115条作为和杀人罪同等级别的最严重类犯罪。

从国民观念看,放火罪、爆炸罪等代表的是极其严重的犯罪,与之相提并论的以危险方法危害公共安全罪中的"危险",自然不是普通危险,应当是足以震动国民情感和法秩序安全感的重大危险。因此,"危险方法"仅是成立以危险方法危害公共安全罪的条件之一,而核心内容是"危险方法"在国民观念中应该达到与放火等相同的惊恐性。虽然不否认间接故意的存在，但《刑法》第114条规定的放火等行为多属于攻击行为，"放火罪基本上是攻击犯的一种"①。在日常生活中，放火罪、决水罪、爆炸罪等是罕见的犯罪，每当发生类似犯罪，必然会引起社会的惊恐，国民的安全感因之大大降低，谈之色变；对于行为人而言，多出于极端的变态、报复动机，常需要克服极大的心理障碍和道德压力。从国民观念角度解读以危险方法危害公共安全罪的危险方法，虽然不是规范的判断，但对于理解此案有积极意义：对于一种在平稳路面上踩急刹车的行为，无论如何在国民观念中也难以提高到成为与放火等具有同等惊恐性的危险方法。

2. 宽泛认定以危险方法危害公共安全罪的危险方法会导致国民法价值观念错乱

如果任由像本章开始提及的案例中那样宽泛解释的思路发展下去，以危险方法危害公共安全罪势必变成1997年《刑法》中的新口袋罪。不过，曾经存在过的口袋罪，如流氓罪、投机倒把罪中的"流氓""投机倒把"都是可以在生活和法律双重意义上使用的术语，且两者相对分离，若不考虑罪刑法定原则，对此两罪相对泛滥的使用不会引起法益价值判断和法观念上的困惑。但是，"以危险方法危害公共安全"基本是由法律赋予含义的术语，国民观念在此依赖法律界定。以危险方法危害公共安全罪在立法上是与放火罪、爆炸罪等并论的，如果滥用该罪，势必降低国民观念中对该罪的评价程度，连带使国民产生放火罪、爆炸罪等不过尔尔的错觉，引发国民在法益价值体系上的观念倒错，最终会降低作为传统自然犯罪的《刑法》第114条在分则第二章中的纲领性代表地位。评价体系在观念上的混乱会使要求国民在法观念上给予对应谴责支持力的刑法，丧失重要的道德基础。同时，由此带来对放火罪等谴责力的降低，可能附带引发阻止此

---

① 〔日〕大塚仁：《刑法概说（各论）》（第三版），冯军译，中国人民大学出版社2003年版，第355页。

类犯罪的道德压力降低，这对于追求积极一般预防效果、注重塑造国民价值有序感和规范感的现代刑法，得不偿失。

（三）以危险方法危害公共安全罪中的危险方法必须具有致人重伤、死亡的性质

1.《刑法》第114条中的危险方法应结合第115条进行解释

笔者认为，认定以危险方法危害公共安全罪中的"危险方法"与放火等行为在程度上具有相当性的客观标准，是具有造成人员重伤、死亡的可能性。《刑法》第114条与第115条属于对同个（种）犯罪的规定，这两条必须结合起来理解。撇开对结果的故意能否成立结果加重犯的争议不谈，笔者倾向于把《刑法》第115条作为放火罪等的既遂犯（结果犯），而把第114条作为放火罪等的未遂犯（危险犯）的特别规定。① 既然两个法条是对同种犯罪不同发展阶段的规定（《刑法》第114条针对危险状态而设立法定刑，第115条针对结果状态而设立法定刑），那么，两个法条中行为的性质就应当具有一脉相承性。《刑法》第114条是具体危险犯，肯定与第115条的实害状态有一脉相承性，因为具体危险的下一步只能是实害；如果第114条是抽象危险犯，还不敢断言第114条的危险性质与第115条的结果具有一脉相承性，因为在抽象危险与实害结果之间，还有具体危险。其逻辑犹如杀人行为必须具有致人死亡的危险，没有致人死亡性质的行为只能被认定为故意伤害。② 我们还可以通过《刑法》第116条等的规定进行辅证：破坏

---

① 对这种未遂状态不再援引《刑法》总则第23条的规定进行从轻或者减轻处罚。因为《刑法》第114条已经按照总则的规定——"比照既遂犯从轻或者减轻处罚"，把比照第115条从轻或者减轻处罚的程度明确用第114条进行了独立规定。同时，如果判定有抽象危险的存在，《刑法》第114条也存在未遂的情况。

② 这一点在边缘地带的确存在争议。但可以肯定的是，如果行为危险根本无致人死亡的性质，不能认定为故意杀人。如因医疗纠纷，患糖尿病的妇女以杀人故意拿木棒打击办公室中的男医生造成轻微伤害，即使妇女承认杀人故意，只能认定为不可罚的普通伤害行为，而不能认定为故意杀人未遂。

交通工具罪有具体的行为对象，作为具体危险犯的第116条就必须具有导致实害出现的危险——"足以使火车、电车、船只、航空器发生倾覆、毁坏危险"。而《刑法》第114条没有这样明确规定仅是因为该条所涉及的犯罪不像第116条那样有具体而特定的目标。因此，《刑法》第114条中的放火等危险方法在性质上必须能够达到第115条所规定的损害程度。

《刑法》第115条明确规定了第114条发展后的结果是"致人重伤、死亡"，那么，作为可以直接转化为犯罪结果的具体危险犯，第114条中的"放火""其他危险方法"，在性质上就必须能够导致不特定或者多人重伤、死亡的结果。换言之，仅可以导致轻伤以下的危险方法，不属于《刑法》第114条所规定的危险方法。例如，行为人朝成年人群站立的地面上扔普通鞭炮，无论是否导致他人轻伤，甚至极其例外地导致了他人重伤，都不可能成立爆炸罪。同理，骑自行车朝成年人人群撞去，从社会相当性的角度判断，也不会导致他人重伤、死亡，这一行为就不可能构成《刑法》第114条所说的以危险方法危害公共安全罪。就小偷猛踩刹车案而言，在平稳路上的急刹车行为，在生活中颇为常见，因刹车行为导致成年乘客碰撞而重伤、死亡的概率微乎其微。判断危险的标准有多种，笔者认为目前最好的标准是意大利学者提出的"当时最好的科学法则和经验"①。以最好的科学法则和国民经验，都无法得出肯定的结论。如果可以肯定平稳路段的急刹车行为有导致乘客重伤、死亡的危险，那么，法律必须就急刹车问题对车辆制造商和司机作出特殊规定②，放任这样一种可以导致乘客"重伤、死亡"的普通操作行为频繁发生，显系国家监管的失职。

---

① 〔意〕杜里奥·帕多瓦尼：《意大利刑法学原理》，陈忠林译，法律出版社1998年版，第136页。

② 制造商没有对普通城市大巴设置安全气囊、安全带，政府也允许在上下班高峰搭乘站立的乘客。这种不采取额外保护措施的现状，也正说明了公交大巴的急刹车行为缺乏伤害乘客的危险性。

需要强调的是，上述理解不涉及《刑法》第114、115条所规定的财产损失问题。《刑法》第115条规定："……致人重伤、死亡或者使公私财产遭受重大损失的，处……"略去财产损失问题主要是为了论证方便，一方面，刑法把生命健康与财产利益适用同样法定刑的规定本身就不合理，这是农业社会经济不发达的刑法观，与工业社会生产力提高后生命健康价值优势凸现的时代背景不符，我国也有学者指出把财产损害与人员伤亡相提并论立法模式的弊端。① 另一方面，小偷猛踩刹车案即使涉及重大财产，也应该归入交通肇事罪或者故意毁坏公私财物罪。因此，本文仅探讨危害生命健康权的危险方法。

2. 对危险方法的这一界定可以扩展性运用

首先，上述观点同样适用于《刑法》第115条所规定的过失犯罪。《刑法》第115条把本类犯罪的过失犯规定在同一法条中，没有像过失致人死亡那样单独设立不同于故意杀人罪的法条，故过失以危险方法危害公共安全罪在行为方式上的解释余地较小，必须受制于（故意）以危险方法危害公共安全罪的行为方式；在罪名适用上，除了"过失"二字不同，其与（故意）以危险方法危害公共安全罪的称谓完全相同。罪名是对一个犯罪行为的本质评价，对于不具有导致不特定或者多人重伤、死亡危险的行为，在发生结果的情况下，也不能适用《刑法》第115条的罪名。这一结论的意义在于，即使生活中不负责任的急刹车行为最终导致了乘客死亡，也只可能考虑构成过失致人死亡罪或交通肇事罪。

其次，在思路上，可以适用于其他具体危险犯，即具体危险犯应具有造成法条规定严重结果的危险性。我国刑法中常把具体危险犯与结果状态规定在同一个法条（如生产、销售假药罪）或者相连法条中，所设立的法定刑往往较重，常与造成严重结果状态的法定

---

① 参见李洁：《刑法中财产损失与人员伤亡后果并列与分别规定之利弊分析》，载《政法论坛》2002年第6期。

刑紧密相联，在解释论上必须保证具体危险与法益损害的紧密相连。应当使危险犯真正受到危害性原则的钳制，防止危险犯变成泛滥刑罚权的借口。

3. 对可能存在质疑的解释

笔者关于《刑法》第114条中的行为方式必须具有导致不特定或者多人重伤、死亡性质的结论，可能受到两点批判：一是认为这会人为缩小《刑法》第114、115条的处罚范围，会放纵罪犯；二是如果按照笔者这种思路理解类似法条如故意伤害罪，会得出只有具备致人重伤以上危险的行为才能构成故意伤害罪，这样的结论显然不合理，可能会引起刑法解释上的混乱。这些潜在的反驳理由都不成立。

首先，造成轻伤结果的放火、爆炸等行为，如果有致人重伤、死亡的性质，完全可以按照《刑法》第114的具体危险犯处理，此时轻伤结果不是刑法评价对象，刑法评价的内容是通过轻伤结果看出行为有致人重伤、死亡的危险。例如，行为人朝人群中扔炸弹，由于人群很快散开，只致人轻伤，对此行为，完全可以肯定致人死亡的危险，故按照《刑法》第114条的规定处理没有障碍。反之，仅致人轻伤且也看不出致人重伤或死亡的危险的，就不应根据《刑法》第114条的规定处理，如果是故意犯罪，应按照故意伤害罪处理，如朝人群扔鞭炮致人轻伤应定故意伤害罪（法定最高刑为3年有期徒刑）。对该行为量刑较轻是由于行为性质本不严重的缘故，不存在放纵罪犯的可能性。

其次，《刑法》第114、115条的规定与故意伤害罪等法条有很大区别，不会导致体系性的理解困难。《刑法》第234条规定："故意伤害他人身体的，处三年以下有期徒刑、拘役或者管制。犯前款罪，致人重伤的，处三年以上十年以下有期徒刑；致人死亡或者以特别残忍手段致人重伤造成严重残疾的，处十年以上有期徒刑、无期徒刑或者死刑。本法另有规定的，依照规定。"故意伤害他人身体是基本罪的犯罪构成,且《刑法》第 234 条第 1 款规定的是结果犯而不是危险犯,导致轻伤结果可直接按照第 1 款处理。因而不存在要求故意伤害罪具有致人重伤、死亡危险的问题,笔者对《刑法》第 114、115 条的理解思路不会引发类似基本犯罪为结果犯的法条在解释上的混乱。

三、从"程度"上限定危险相当性:具体危险犯的认定标准更严格

(一) 以危险方法危害公共安全罪是具体危险犯,应当严格解释

1. 以危险方法危害公共安全罪是具体危险犯

对于《刑法》第 114 条规定的是何种危险犯,有两种观点:第一种观点认为,在我国刑法中,对于抽象危险结果一般采用"危害公共安全"等词表达,与具体危险结果用"足以……危险"的表述以示区别;进而认为放火罪、以危险方法危害公共安全罪等属于抽象危险犯。① 第二种观点则把《刑法》第 114 条归入具体危险犯。② 笔者同意第二种观点,以法条罪状中有无明确关于危险的要求作为判断具体危险犯和抽象危险犯之标准,符合罪刑法定原则对解释论的要求,也是德国、意大利、日本等国家的通说立场。如在意大利,"按传统理论,危险犯还可以再分为两个类型:具体危险犯和推定危险犯(或抽象危险犯)。前者指法律明确将某种危险直接规定为犯罪构成要件的情况"③。日本的大塚仁教授也认为,《日

---

① 参见鲜铁可:《新刑法中的危险犯》,中国检察出版社 1998 年版,第 100 页。
② 参见肖中华、陈洪兵:《"危险概念是一个危险的概念"——关于狭义危险犯的理论及立法检讨》,载《中国刑事法杂志》2005 年第 6 期。
③ 〔意〕杜里奥·帕多瓦尼:《意大利刑法学原理》,陈忠林译,法律出版社 1998 年版,第 135 页。

本刑法典》第110条①等犯罪,"在构成要件上特别需要发生'公共的危险',因此,被认为是具体的公共危险罪"②。因此,凡在法条中明确要求危险(状态)的,就是具体危险犯,反之则是抽象危险犯或者行为犯等。

2. 对以危险方法危害公共安全罪应当严格解释

首先,对危险犯本来就应该恪守严格的解释标准。现代工业社会中危险无处不在,苛求人们对所有危险都尽到谨慎注意义务显系强人所难,基于刑法必要性和谦抑性的考虑,立法者只能筛选一些对法益和社会生活具有重大影响的危险进行处罚,刑法基本原则如危害性原则(没有危害就没有犯罪)、罪责原则(不能预计的危险不处罚)都不断要求对可罚性危险进行严格限定。从刑法发展趋势看,刑法干涉的危险领域逐渐增多(如环境、核工业),但对每一领域中可罚性危险的认定标准却在逐渐提高。

其次,为区别于抽象危险犯,对具体危险犯必须作出更严格的解释。一旦认定以危险方法危害公共安全罪是具体危险犯,相对于抽象危险犯,无论是对行为客观危险性还是行为人主观认识内容的判断,其标准都大大提高。我国立法者把《刑法》第114条设定成具体危险犯,在解释论上应当较设定成抽象危险犯的国家更为严格。例如,《德国刑法典》第306条"重大纵火"规定:"将下列标的物纵火的,处一年以上自由刑:1. 礼拜集会用的建筑物,2. 居住用的建筑物、船舶或房舍,或 3. 有时供人居住,纵火时适逢有人居住的场所。"德国刑法将该条的纵火规定为抽象危险犯(在法条中没有规定"危害公共安全"等条件,且也为学者公认),且法

---

① 《日本刑法典》第110条规定:"放火烧毁前两条规定以外之物,因而发生公共危险的,处一年以上十年以下惩役。"
② 〔日〕大塚仁:《刑法概说(各论)》(第三版),冯军译,中国人民大学出版社2003年版,第356页。

定最低刑为1年自由刑①；相比较而言，我国《刑法》将类似行为规定为具体危险犯，且法定最低刑为3年有期徒刑，《刑法》第114、115条设立的是几乎与故意杀人罪同等严重的重罪，为了缓和这一重刑的严厉性，必须对第114、115条进行严格解释。

最后，对于具体危险犯，国外理论多逐渐采取严格限定的倾向。如早期德国联邦最高法院判例确认的原则是，"一种损害的出现比其未发生更有可能"就成立具体危险犯。但新近判决中，这一点被具体化了，对具体危险犯的判决指出，这个构成性的行为"必须引入一种危急的情形"；这种危急情形必须"如此强烈地损害了一个确定个人的安全，以至于这种法益是否受到损害或者是否没有受到损害都还只能取决于偶然事件"。② 另外，在"一名无关的旁观者对此做出的估计是，这种情况会有一次进展顺利的"情况下，人们都可以谈论一种"对受威胁的法益高度存在的危急"或者一种"几乎发生的事故"。③ 新标准结合与法益损害紧密相连的状态认定具体危险犯，显然比先前的高盖然性标准更严格。

如果《刑法》第114条是抽象危险犯，则骆某的行为还有讨论构成以危险方法危害公共安全罪的余地，因为抽象危险犯中是否需要单独判断危险存在，历来存在争议。例如在意大利，司法实践中多认为，被立法者规定为抽象危险犯的行为，即使在具体情况下不可能对法益造成实际的危险，也不能成为免罪的理由。只要实施了

---

① 立法者把某种犯罪规定为具体危险犯，原则上应比规定为抽象危险犯时作更严格的解释，立法者也往往会对具体危险犯规定较重的法定刑。但是，在特殊情况下，抽象危险犯也未必意味着法定刑一定较低。如《日本刑法典》把对现居住建筑物等的放火罪也规定为抽象危险犯，但法定刑颇高，这是由于日本立法时建筑物多为木制结构，所以国民观念对放火极为恐惧。参见〔日〕大塚仁：《刑法概说（各论）》（第三版），冯军译，中国人民大学出版社2003年版，第359页。

② 参见〔德〕克劳斯·罗克辛：《德国刑法学 总论（第1卷）：犯罪原理的基础构造》，王世洲译，法律出版社2005年版，第276页。

③ 参见上注，第276页。

法律禁止的行为，就可认定具有抽象的危险存在。① 不过，对于抽象危险犯，德国、意大利、日本等国家的学者多认为需要具体认定，而且即使无须认定抽象危险，骆某的行为也难以符合抽象危险犯的行为构成，限于主题，本文对此不展开。

（二）具体危险犯的认定标准

笔者认为，具体危险犯应该从客观和主观两个角度判断：当行为人没有发生事实认识错误的时候，以行为的客观性质作为判断基准，直接考察行为在客观上是否具有具体危险性；在行为人发生事实认识错误的时候，虽然客观上没有危险性，但可因主观认识的行为具有危险性而补充成立具体危险犯。即以判断客观行为性质为原则，以判断主观认识行为的性质为补充。

1. 从客观行为性质判断具体危险犯的标准

首先，具体危险已被现实化，有确定的指向对象。抽象危险与具体危险的差别在于：前者不要求危险的具体指向性，危险是潜在的；后者必须判断出危险的指向，危险被具体化和确定化，且面对此危险的法益在正常发展的情况下会遭致可罚性损害。德国最高法院的判例尤为强调这一点，"根据这些标准，当一名喝醉的卡车车主把车开成'严重的蛇形路线'，但是还没有与其他车辆发生危险的相撞时，就还不存在具体的危险；另外，从那种对同车人的严重风险中，在这种驾驶行为还没有几乎造成事故的时候，就不能引导出具体的危险"②。例如，甲在只有两条行车道的山间公路转弯处超车时超速逆行，这一超速逆行肯定具有抽象危险性，即任何潜在的对面正常行驶车辆都会因此而发生车祸；但是，这一行为还没有

---

① 参见〔意〕杜里奥·帕多瓦尼：《意大利刑法学原理》，陈忠林译，法律出版社1998年版，第136页。

② 〔德〕克劳斯·罗克辛：《德国刑法学 总论（第1卷）：犯罪原理的基础构造》，王世洲译，法律出版社2005年版，第276页。

具体危险性，只有当转弯处也有乙驾车迎面驶来，而且从作为旁观者的普通司机之角度看，在这么短的距离内已无力刹车时，才能认定具体危险的存在。这时，危险才有了具体指向对象，且在正常情况下能够使对方车辆遭受可罚性损害。

这里存在疑问的是，要求《刑法》第114条具备危险的现实性和具体确定指向性，是否与危害公共安全罪本质特征——"不特定或者多人"——的要求相矛盾？当然不会，危害公共安全罪中的"不特定"不意味着"不确定"。"不特定"是指行为人在选择侵害对象上的随意性、盲目性，以及危险在客观上的扩散性，不是指侵害的不确定；但在客观上，具体危险犯的危险必须已经确定，"确定"是指危险已现实化和客观指向已经确定，但危险针对的对象未必是因行为人的预想而被特定。如 A 朝仇人一人住的屋子扔炸弹，由于行为对象特定、明确，行为的危险没有扩散性，成立故意杀人罪。反之，B 朝仇人所在的录像厅扔炸弹，除造成仇人生命损害之外，行为的危险具有扩散性，但危险指向已经确定——就是这些观众，故成立爆炸罪；在炸弹偶然没有爆炸时，虽然行为针对的对象不特定，但危险已经确定地针对这些观众，危险有了具体的指向对象，仍然成立爆炸罪（未遂）。在小偷猛踩刹车案中，刹车行为尚没有确定指向对象，有人会说危险指向的对象是所有乘客，但针对所有乘客的危险不是导致某个（些）人重伤、死亡的具体危险，仅是抽象危险。需要注意的是，骆某与乘客处在同样的风险之中，如果认定这一行为对其本人有《刑法》第114条所说的具体危险性，考虑到下文的标准（不发生损害是出于偶然的因素），无疑是说骆某在寻求自杀，这虽非不可能，但通观案件起因，显难服众。

其次，具体危险正常发展后就会导致可罚性损害，即危险必须直接与犯罪结果相联系。具体危险的正常发展，应当导致法益损害；结果不发生，是出于正常人意料之外的偶然因素。在理论上，基于法益提前保护的要求，把结果犯设定成危险犯，因此，具体危险性与犯罪结果具有直接对应关系，必须肯定具体危险正常发展后必然导致结果出现的判断。一旦结果不出现，是行为人合理预料之外的偶然因素。在前述案例中，即使迎面驶来的乙作为赛车手凭借高超驾车技术，军人出身的录像厅老板把炸弹拣起扔到窗外的池塘，从而避免了事故发生，但赛车手和老板的这种行为都是事前不可预期的，而且法律也不允许这种危险的投机性预期，所以，具体危险与结果的正常联系被切断，是出于偶然的因素。在小偷猛踩刹车案中，不仅法益损害的避免（即没有乘客重伤、死亡）不是出于"偶然事件"；相反，造成低于法益损害程度的乘客轻微伤害①，反而是出于极为偶然的因素。这种轻微伤害的偶然程度，既可以通过日常生活经验中急刹车行为的后果来判断，也可以通过科学法则证明得出结论；如果可以做实验的话，普通乘客在100次类似急刹车中重伤、死亡的情况可能不存在，乘客受轻微伤偶然地取决于碰撞部位的脆弱性和个体差异（案件中受伤乘客为女性）。

2. 客观无危险时可因主观认识行为的危险性而补充成立具体危险犯

在行为人有认识错误的情况下，即使在客观上看没有具体危险性，但可因主观认识行为危险性的补充而成立具体危险犯。如果在行为人的主观认识中，行为已经有了确定的具体指向对象，且从社会相当性角度看这一具体指向对象的判断有合理依据，行为人仍实施该行为的，成立具体危险犯。例如，丁以为某打谷场的院子里有仇人在和他人打牌而扔炸弹，事实上打牌的人都去上厕所了。这个时候就存在两个行为：一是从客观上看，这是一个没有多大意义的"朝无人的空场地里扔炸弹"的行为；二是从行为人主观认识的内容看，他所认识的行为是"朝打牌的人群中扔炸弹"的行为。在故意犯罪中，原则上以行为人所认识的行为为基准判定"实行行为"的客观性质，进

---

① 就生命健康权而言，《刑法》第114条所保护的法益是防止重伤以上程度的生命健康损害，轻伤以下的损害不属于该条保护的法益。

而判断法律性质,是刑法特有的判断方式,如一个客观上杀猪的举动可被认定为故意杀人(未遂),对此理论将另文探讨。在这时,由于丁认识中的行为已经有了确定的具体指向性(打牌的人群),判断危险性的基准不是客观上"朝无人的空场地里扔炸弹";而是行为人认识中的行为——"朝打牌的人群中扔炸弹",显然,这一行为具有具体危险性,符合作为具体危险犯的爆炸罪之行为构成。需要指出的是,在认识错误的情况下,客观上没有具体危险性,可罚根据在于主观认识行为的具体危险性和客观上的抽象危险性,虽然原则上成立具体危险犯,但按照具体危险犯的未遂处理。①

从主观认识行为角度肯定具体危险犯也有限制。如果行为人的认识从社会相当性角度看缺乏合理根据,则否认具体危险犯的成立。刑法不处罚无根据的臆测行为,臆测行为即使有危害,也不属于可谴责的刑事可罚问题,最典型的是迷信犯。例如,司机C把鸟叫声误认为鸣笛,以为有车辆迎面开来,仍然逆行超车,由于正常人都会区别出鸟叫与鸣笛的差异,行为人误认为迎面有车辆驶来的判断基础缺乏社会相当性意义上的合理性,应当否认具体危险犯的成立。同样,D误把一个明显已经废弃的工棚当成农民工休息的地方而报复性地扔炸弹,如果任何正常人都可以看出该工棚内不可能有人,则D的行为不成立(爆炸罪的)具体危险犯(D持有炸弹可被单独评价)。②

(三) 具体危险犯对罪过认识程度有严格要求

1. 具体危险犯要求明确认识到具体危险性

对于故意犯罪,具体危险属于犯罪构成中的事实要素,必须被

---

① 大致可以理解为:结果犯未遂的处罚根据在于具体危险性,具体危险犯未遂的处罚根据是抽象危险性。
② 不过,如果D有合理的根据,如通过观察发现下午经常有农民工聚集在这样的小屋里赌博,那么,D的这一判断就有了社会相当性意义上的合理根据,此时再扔炸弹,即使里面碰巧无人,也成立具体危险犯。

行为人所认识（而不是预见），这是大陆法系刑法理论的通说。"公共危险罪被区别为具体的公共危险罪和抽象的公共危险罪。前者特别把公共危险规定为犯罪的要件，因而，通过发生具体的公共危险才成立犯罪；后者在法律上并未表示需要公共危险的旨意，只要存在相当于构成要件的事实，就拟制当然存在抽象的公共危险。在具体的公共危险罪中，公共危险的发生是构成要件的内容，因此，作为故意的要素也需要对其有认识，但是，在抽象的公共危险罪中，不需要明确认识公共危险的发生，只要仅仅模糊地意识到危险就够了。"① 根据《刑法》第 14 条的规定，行为人对构成要件事实有认识的程度是明知具体危险的存在。

认识内容和能力事关谴责性，而责任要素是极为个体性的判断，认识能力应当受到生活经验和职业要求的制约，对非身份犯来说，只能按照生活经验的积淀知识判断其认识能力和内容。在小偷猛踩刹车案中，在正常路况上踩急刹车，在生活中颇多发生，除非在高速公路、冰雪天气等特殊情况下，普通急刹车行为不会导致人员伤亡事故的发生，甚至连普通事故发生的概率都很低，无法苛求行为人超越普通国民的经验判断有特殊的认识能力。同时，还必须考虑特殊事实：骆某与乘客处在同一风险状态下，其踩刹车的行为至少可以侧面证明他认识不到这一行为会导致包括自己在内的乘客重伤、死亡之结果。

2. 认识内容的边界受到信赖原则的阻挡

还可能存在疑问的是：即便认识不到刹车行为会导致车内乘客伤亡，但行为人能否认识到急刹车会使后方车辆避让不及而导致其他车辆车毁人亡？这种认识即使可能，也无可谴责性。

首先，虽然每个人都可能认识到其他人会引发额外的危险，但认识内容的扩展应受到信赖原则的阻挡。现代工业社会高度分

---

① 〔日〕大塚仁：《刑法概说（各论）》（第三版），冯军译，中国人民大学出版社 2003 年版，第 346 页。

工,不能苛求每个人对他人行为的潜在危险进行仔细辨别,在过失犯罪领域的交通危险行为中,前方司机可以合理信赖身后司机会按照交通规则的要求保持合理车距,并在看到前方刹车时采取合理的急停措施。此理由已足够否认骆某对后面车辆引发碰撞的可归责性。

其次,退一步讲,这里的碰撞只能是后面车辆来不及刹车所引发的碰撞,但这种碰撞只有抽象危险,无法成立可以致人重伤、死亡的具体危险。行为人对后方是否有车辆及车辆的间隔距离,都无法有明确认识,只能对后方可能潜在地有车辆产生模糊的抽象认识。再退一步说,即使客观上有即刻就能够产生损害的具体危险,行为人也只是应当认识的过失,而非《刑法》第114条所要求的故意。如果骆某的行为确实导致了后面车辆的碰撞,导致了重伤、死亡结果,也只可能评价为交通肇事罪。如果认为行为人对刹车导致的后方碰撞有具体危险犯意义上的明确认识,那么,生活中处处可见的急刹车行为之性质就非常尴尬了。

最后,交通危险本身多是出于工业社会高速发展所必须存在的风险,对之不能过多要求立法者以刑事责任的方式苛求行为人履行注意义务,否则会使刑法成为阻碍科技和效率的绊脚石,因此,各国对交通危险行为的可罚性限制较严。虽然交通危险与失火、过失爆炸等危险可能导致同样后果,但立法者多会以不同心态评价之并在交通危险与传统危险间划出鸿沟,在理论上常以"被允许的危险"缓解交通危险的应然可罚性。因此,对于交通过程中未导致严重后果的具体危险,我国立法者放弃了刑法介入。这一论述说明,虽然不排除交通过程会特殊地构成传统犯罪如故意杀人罪、以危险方法危害公共安全罪的可能性,但是,对于常态的交通危险,只要不是行为人以直接故意心态有目的地利用交通危险实施犯罪,就缺乏评价为《刑法》第114条中危险方法的合理性。

(四) 司法实践中判断危险性程度需注意的问题

本文讨论的危险相当性是具体危险犯的核心问题——何种程度的危险性才具有可罚性,司法者完成了上述判断之后,最终要把危险相当性落实到对危险紧迫性即危险概率的判断上。首先,可罚性危险是一种被筛选后的高概率危险,"由于危险是建立在可能性基础上的,因此,在这里不能仅仅考虑到危险的有无,而应当考虑到从单纯可能性到高度盖然性的各种不同程度的危险状态。在这里,作为对犯罪实施处罚的根据,要求危险的盖然率达到何种程度,是需要解决的主要问题"①。另外,在针对同一法益成立犯罪后,行为的危险概率越高,可罚性就越重,这在量刑中必须加以考虑。其次,不能对所有危险犯中可罚性危险的程度采用同一概率标准。危险概率的大小不能直接决定可罚性,因为不同犯罪中可罚性危险的程度是不同的,与重大法益相联系的危险,即使概率很低,也可能具有可罚性。而且,即使是同一犯罪,如针对3人与针对300人实施的放火行为,两者成立危险犯所需要的危险概率标准也是不同的。这样,谋求在理论上给出成立某一危险犯所需要的危险概率标准,是不可能完成的任务。笔者只能在方法论的意义上为司法实践提供些许建议。

其一,判断危险概率的时间标准,应是事前判断或者说行为时的判断,即"把事实带回到主体行为最后一个举动完成之时来进行判断"②,而不能是事后判断。因为危险犯意味着实害未发生,判断的是行为危险性,而不是结果的违法性,"行为本身的违法性……在作出判断时必须对行为意义有足够的认识,必然地必须将意思也

---

① 〔日〕野村稔:《刑法中的危险概念》,载〔日〕西原春夫主编:《日本刑事法的形成与特色:日本法学家论日本刑事法》,李海东等译,法律出版社、成文堂1997年版,第273页。
② 〔意〕杜里奥·帕多瓦尼:《意大利刑法学原理》,陈忠林译,法律出版社1998年版,第301页。

作为判断材料。因而，该判断构造的要点在于事前的判断，而行为时存在的主观和客观的情况则是判断的基础。与此相反，结果的违法性的判断则是对于发生的结果予以法的无价值判断，其要点在于事后的判断，因此属于基于客观情况的事后判断"①。司法者必须退回到行为时的场景加以判断；如果从事后看，危险犯都是一种"伪危险"，其可罚性都有疑问，因为实害未发生本身就是危险不可能侵害法益的有力证据。

其二，判断的对象是行为时抽象的行为方式和具体的行为过程。首先，判断的第一对象是抽象的行为方式。如抽象地看，"枪击"显然比"以石头扔人"方式的危险概率高得多；如果行为方式根本不具有危险性，就应否定刑法中的危险性，如以杀人故意"拿纸团扔人"就没有危险性可言。判断的第二对象是行为时所处环境下特定、具体的行为过程。不能仅仅以抽象的行为方式来判断，"因为就'方法'而言，可能出现从抽象的角度看'相称'，但在具体的情况下却'不相称'，或者相反的情况。只有以具体的行动作为判断的对象，才可能将未遂行为定义在现实（而不是假设或潜在）危险基础之上"②。还应当综合考虑行为方式的展开，例如，虽然"拿石头扔飞机"在抽象判断时的危险概率极低，但如果是在热气球上对高速行驶的飞机扔石头，其危险概率就会提高而具有可罚性。如果对两种判断对象都得出肯定结论，就应该累加后再判断危险性。

其三，判断的主体标准。对危险概率的判断，通常只能从社会相当性立场以经验判断为主、科学判断为辅（即科学的经验标准）。科学判断主要是在否定意义上起作用，即如果在科学上否认危险的存在，那么，即便在经验上看有危险，也否认危险的存在。例

---

① 〔日〕野村稔：《刑法总论》，全理其、何力译，法律出版社2001年版，第162页。
② 〔意〕杜里奥·帕多瓦尼：《意大利刑法学原理》，陈忠林译，法律出版社1998年版，第301—302页。

如，明知是面粉而当成炭疽杆菌寄给他人，由于面粉在科学上不会致人伤亡，所以径直否认危险的存在即可，无须考虑经验问题。如果在科学意义上判断出有危险，则危险概率的判断就主要取决于经验法则了，可罚与否也将深受经验判断的影响。经验判断不可避免地带有主观色彩，需要进一步限定，在大陆法系，"采用世俗的标准，即用一般社会文化背景中普通人所持的符合法律规定的看法，就足以作出正确的判断"[①]。在英美法系，"英国法律系统演化出了一个经常被使用的标准，这个标准并不依赖少数人。这就是一个明理的人（reasonable man）；这与一个理性的人（rational man）不能混为一谈。我们不能期望他对任何事情从事推理的工作，他的判断大部分都只是一种感觉。这是一个街上人的观点"[②]。两者殊途同归，都承认无法苛求判断主体总超然于社会生活之上的现实主义结论。对经验法则的进一步细化，另文探讨。

四、对"危险方法"的定罪出路

对当前司法实践中滥用以危险方法危害公共安全罪的案例可以进行三种处理：

一是针对或涉及生命健康权的危害行为，可适用侵犯人身权利的相关罪名。此类案件由于导致人员伤亡而引起社会关注，在没有明显可适用罪名的情况下"被迫"适用以危险方法危害公共安全罪。但我国刑法对生命健康权的保护较严密，不会出现治罪漏洞。如在繁忙路段上故意挤别他车[③]、在禁猎区设置"千斤砸"等大威

---

① 〔意〕杜里奥·帕多瓦尼：《意大利刑法学原理》，陈忠林译，法律出版社1998年版，第209页。
② 〔英〕德弗林：《道德与刑法》，载石元康主编：《当代西方自由主义理论》，上海三联书店2000年版，第71—72页。
③ 以下所举的案例均被司法者认定为"以危险方法危害公共安全罪"，其详情可通过在百度中输入"以危险方法危害公共安全"搜索到，但有关劫持火车的行为属于设想情形。

力捕猎工具而误伤科考队员等,造成人员死亡的,可按照过失致人死亡罪论处,在特定情况下也可考虑(间接)故意杀人罪;挟持乘客劫持火车、电车等行为,属于利用其他人对被绑架人安危的忧虑,以满足行为人改变路线等的非法要求,可按照绑架罪论处。当然,适用侵犯人身权利的相关罪名不意味着一定要适用《刑法》分则第四章"侵犯公民人身权利、民主权利罪"中的罪名,还包括其他章节中涉及生命健康权的犯罪,如菜农贩卖喷洒过敌敌畏的蔬菜致人死亡的,应按照生产、销售有毒、有害食品罪论处;本文提及的骆某行为可以按照转化型抢劫罪论处,其踩刹车的行为属于"为抗拒抓捕而当场使用暴力或者以暴力相威胁"的情形。

二是侵犯生命健康权的性质不明显而危害公共安全性质明显的行为,应适用其他危害公共安全的罪名。有些案件未导致人员伤亡,如盗窃马路上的井盖、采用非劫持人质的方式劫持火车;有些案件虽然导致了人员死亡,但明显具有危害公共安全的性质,如上路拦截车辆强行乞讨引发交通事故。对此类犯罪应寻找在行为方式上与之具有类同性的其他危害公共安全的罪名,看能否对之进行扩张解释。盗窃高标准路段上井盖的行为,属于足以造成汽车毁坏危险的破坏交通设施罪。采取针对火车本身的破坏行为而劫持火车的,属于破坏交通工具罪;需要注意的是,即便破坏非火车关键部位(如打砸门窗),由于在高速行驶状态中的危险性不同于常态,也可能引起乘客骚乱、干扰司机操作,具有导致火车出轨毁坏的危险。采取其他方法劫持火车(既不挟持人质也不破坏火车)的,可以考虑以劫持汽车论处。根据刑法独立性原则,刑法中的术语均有其独立含义,未必谋求与其他领域的对应性,把功能与汽车相同但更重要的火车解释成汽车,属于当然解释。强行拦车乞讨引发交通事故的,可按交通肇事罪论处。

三是既没有直接针对生命健康也没有危害公共安全,即行为虽然看起来有危险,但根本不具有产生损害的性质,这些案件多可考虑适用《刑法》分则第六章"妨害社会管理秩序罪"中的罪名。如被征地农民将液化气罐拉至施工现场并点燃火把，由于施工现场空旷、点火至爆炸尚有相当长时间，且农民尚未着手点气罐，故该行为导致生命健康权和重大财产损害的可能性微乎其微，属于"在公共场所起哄闹事，造成公共场所秩序严重混乱"的寻衅滋事罪。

五、结语："危险方法"不能包治百病

本文的归宿是以个案为切入点，研究《刑法》第114条具体危险犯的标准，试图将其结论推广至所有的具体危险犯，旨在指出：在风险社会中，罪刑法定原则应当特别警惕法典中的危害公共安全罪，尤其是以危险方法危害公共安全罪被泛滥性适用的情况，理论工作者则应该警惕危险犯被宽泛性解释。如果不对包容性极强的以危险方法危害公共安全罪进行严格解释，"危害公共安全罪"一章的多数罪名和其他章节的某些罪名都可能名存实亡，进而出现"我花开后百花杀"的局面。无论以危险方法危害公共安全罪的泛滥性适用会带来多少政策意义，罪刑法定原则仍然是动用此罪时的起点要求。如果加以合理解释，以危险方法危害公共安全罪并不"危险"，早期的司法实践对此罪有着准确的把握，目前熟知适用此罪的司法判例，例如驾车冲撞人群、向人群开枪射击、私设电网等行为，在危险的相当性上，都无可厚非。只是，繁杂而高速发展的风险型工业社会，不断出现立法者预计之外的新型犯罪，越来越多的危害行为可以上升到公共安全的层面，在面对一些对公共安全有危害但又无相关罪名的行为时，司法者总会本能地想起这一罪名的"灵活"价值。但愿本文能够使司法者惊醒地认识到应在风险社会中适度抑制刑法对危险介入的深度，以危害性原则、罪责理论对危险犯进行实质判断，减少刑罚滥用时的痛苦泪水，这也是案例分析这种细微工作引申出的额外"宏大"收获。

第五章
三鹿奶粉案：造假者的刑事责任

案情：有种罪恶叫三聚氰胺

石家庄市中级人民法院查明：（1）以张玉军为代表的农民，系三聚氰胺的提供者。张玉军得知制造"蛋白粉"能够赚取高额利润，利用三聚氰胺和麦芽糊精为原料，研制并生产出专供在原奶中添加、以提高原奶蛋白检测含量的含有三聚氰胺的混合物（即"蛋白粉"），累计生产775.6吨，以每吨0.8~1.2万元的价格销售给其他销售商，共销售600余吨，销售金额683万元。这些"蛋白粉"随后被分销到奶站并被奶站经营者添加到原奶中，最终销售给三鹿集团。（2）以耿金平为代表的奶站经营者，系三聚氰胺的添加者。耿金平购买了434公斤"蛋白粉"，将其添加到900吨原奶中，再销售给三鹿集团。（3）以田文华为代表的三鹿集团高管，系含有三聚氰胺奶制品的生产者和销售者。2008年8月1日，田文华等召开集团经营班子扩大会，在明知三鹿牌婴幼儿系列奶粉中含有三聚氰胺的情况下，虽然作出了暂时封存产品、以返货形式换回市场上含有三聚氰胺的三鹿牌婴幼儿奶粉等决定，但仍准许三聚氰胺含量10毫克/公斤以下的库存产品出厂销售，直到被政府勒令停止生产和销售为止。2008年8月2日至9月12日，三鹿集团共销售含有三聚氰胺的婴幼儿奶粉813吨，销售金额4 756万元。此外，三鹿集团还将因含有三聚氰胺而被拒收的原奶转往相关下属企业生产液态奶,生产、销售的液态奶共计269吨,销售金额合计181万余元。2009年1月21日,法院一审以以危险方法危害公共安全罪判处三聚氰胺提供者张玉军死刑,以生产、销售有毒食品罪判处奶站经营者耿金平死刑,以生产、销售伪劣产品罪判处三鹿董事长田文华无期徒刑。河北省高级人民法院二审维持了原判,随后,最高人民法院核准了对张玉军和耿金平的死刑。

争点:原料提供者 or 企业管理者谁的责任更重

三鹿奶粉案的追责过程传达了这样的信息:最先大量地追究三聚氰胺提供者(农民)的刑事责任,对其判定最重的刑事责任——死刑;随后部分地追究向原奶中添加三聚氰胺者(奶站经营者)的刑事责任,也对其判定了死刑等;最后有选择地追究少数企业高管的刑事责任,对其判定较轻的刑事责任——无期徒刑及以下。三鹿奶粉案是多个环节共同导致的,刑法应该首先考察每个参与人的可罚性,即三聚氰胺提供者(张玉军)、三聚氰胺使用者(奶站经营者)、奶粉企业管理者(田文华),谁的可谴责性更大。其核心问题是,在奶粉生产过程中,谁应当负有更高的注意义务?社会责任(注意义务)与社会地位是否应该成正比?刑事责任与经济利益是否应该成正比?国家不能把奶业安全寄希望于张玉军这样的农民,而应让田文华这样的高管肩负起奶业安全的法律责任。

提要:利益与责任同在

牛奶乃至整个食品领域的经营秩序换汤不换药,固然涉及体制、历史等复杂因素,但三鹿奶粉案"对农民严刑重罚、对高管网开一面"的判决立场与价值取向与时代要求失之千里,也是不容回避的问题。刑法必须维护最基本的市场竞争规则,确立"利益与责任是一枚硬币的两面"的基本正义。对名企高管适用更重的刑事责任是敦促其在占有更多社会财富的同时承担更多的社会责任,重振"欲将取之,必先予之"的经济信条。刑法分配刑事责任时,必须考虑注意义务的程度,而个人的注意义务与其利益大小、职位高低密切相关。奶粉生产过程涉及多个环节,不同环节的人负有不同的注意义务。可以肯定,一个没有任何身份和职务的人,不能负有最高的注意义务;一个只领劳务费的临时工,无法对整个生产过程负责。通俗地讲,高管在享受荣耀光环之时,也肩负着工业社会中规范生产的企业责任,在刑法上就体现为经济利益、社会责任与刑事可罚性的统一。

与喧闹的许霆恶意取款等偶然性孤案相比,危害后果更严重的三鹿奶粉案更有资格成为见证中国经济从混乱走向有序的法治事件。作为社会脊梁的法官有责任通过旗帜鲜明的判决,捍卫"保护人民群众生命安全"的底线要求,为市场经济初级阶段的经营主体注入安全生产、诚信经营、谨慎监管等规范意识,进而为整饬商业道德、树立市场法则、推动制度完善贡献刑法力量。为方便说明问题,本文拟以张玉军、耿金平、田文华作为本案涉及的三个罪名之代表,来探讨三鹿案的罪名、量刑以及治罪理念。

一、判解省审:被民愤掩盖的治罪谬误

(一) 三鹿奶粉案的判决令人失望

三鹿奶粉案的判决已经尘埃落定,我们失望地发现,三鹿奶粉案的判决既缺乏宏大的制度价值——没有起到风向标的作用、未警示混乱和无序的生产经营现状,也难言现实的个案价值——三鹿奶粉案之后三聚氰胺仍"阴魂不散"、频频重现江湖。2009 年至 2010

年，各地频频出现大量含三聚氰胺的奶（乳）制品，"1月30日召开的2010年全国食品安全整顿工作会议透露出一个令人震惊的消息，2009年以来，一些地方查处了上海熊猫炼乳、陕西金桥乳粉、山东'绿赛尔'纯牛奶、辽宁'五洲大冰棍'雪糕、河北'香蕉果园棒冰'等多起乳品三聚氰胺超标案件"①。除此之外，还有多家企业生产的奶制品中含三聚氰胺，如2010年1月份卫生部通报，"已有三种'毒奶粉'流入广州市场，其中两种由'渭南市乐康乳业有限公司'生产，一种由'宁夏吴忠市天天乳业有限公司'生产"②。2010年2月，西安市金田乳业公司的产品被查出含有三聚氰胺，该企业专门收购劣质牛奶。③ 有关部门在北京召开了食品安全专项整治紧急会议，"安排从（2010年）2月1日开始为期10天的乳品和乳制品专项整治"④。并再次引发了高层关注，2010年2月，"国务院成立食品安全委员会，由15部门参加，副总理李克强任主任，要求彻底追查'问题奶粉'……李克强强调，对近期发现的使用和销售'问题奶粉'的违法犯罪案件，要彻底追查，对'问题奶粉'要全部销毁，对不法分子要予以严惩"⑤。

　　三鹿奶粉案判决之后的事实证明：三聚氰胺以及食品领域失控的根源不是"张玉军们"的无知参与，而在于无良企业的经营无序

---

① 鄢妮：《问题奶粉为何重现》，载《羊城晚报》2010年2月3日，第3版。
② 陈强：《卫生部称已有三种"毒奶粉"流入广州市场》，载《羊城晚报》2010年2月3日，第5版。
③ 参见左志英：《陕西又一企业现问题奶粉被曝专收劣质奶》，载《南方都市报》2010年2月12日。
④ 伍仞、黄蓉芳、林晓丽等：《副省长曝清剿毒奶粉内幕：连夜紧急赴京开会》，载《广州日报》2010年2月1日，第2版。
⑤ 曹乐平：《国务院食品安全委员会高调亮相，要求彻查毒奶粉》，载《新京报》2010年2月10日，第1版。

和政府监管失控①,在从农业社会向工业社会转型时期,对后两者的严控,在效益性和正义性上都远胜于对农民的制裁。

(二) 责任与身份倒挂的追究理念

三鹿奶粉案令国人愤怒,一方面,问题奶粉的受害者人数众多且是婴幼儿;另一方面,在随后的抽检中,绝大多数国产品牌的奶制品中都检测出三聚氰胺。在民怨沸腾的大背景下,涉案罪犯被大量适用死刑、无期徒刑等重刑,是"刑毒食用重典"的体现。笔者关注的是,对三个被告人适用的罪名和量刑是否准确、审判过程传达的治罪理念是否合理?

从被起诉时间看,最先被提起公诉的是制售"蛋白粉"的张玉军(2008年12月26日),所适用的"以危险方法危害公共安全罪"是最重的罪名,该罪属于危害公共安全罪,国民对该罪的记忆多定格在驾车冲撞王府井(艾绪强案)、持刀乱砍20名游客(丽江导游徐敏超案)等严重暴力性犯罪。随后被提起公诉的是将三聚氰胺掺入原奶的奶站经营者耿金平等(12月29日、30日),所适用的"生产、销售有毒食品罪"属于较重罪名。最后被提起公诉的是生产、销售含有三聚氰胺奶粉的董事长田文华(12月31日),适用的"生产、销售伪劣产品罪"是相对较轻的罪名,对田文华的量刑也最轻。

从被告人的构成来看,三鹿奶粉案打击的重点是制售"蛋白粉"的农民和奶站经营者,在21名被告人中,没有政府监管人员,三鹿集团高管只有4人,其余17名被告人都是农民、原奶收购者或奶站经营者。笔者认为,如果只能追究21名被告人的刑事责任,那么,17名应该是政府监管人员和企业高管。那些已经知道含有三聚氰胺而仍然按照企业要求生产、销售问题奶粉的管理人

---

① 2009年和2010年出现问题奶粉的主要原因是:前述企业使用2008年未销毁的三聚氰胺奶粉制造乳制品。

员，都应站在被告席上。

虽然刑法不存在民法中"责任由结果预定、可由侵权人分摊"的问题，但在事实上，民愤和危害程度直接决定着刑罚总量。三鹿奶粉案的危害程度，需要以死刑平息民愤，此时，"谁来分摊死刑"的量刑抉择，既表达了刑法的价值取向，也指明了刑事政策的方向。遗憾的是，本案中的量刑理念背离了现代刑法的基本立场，制售"蛋白粉"的农民替名企高管承担了额外的刑事责任，以卑微之躯承担了崇高的社会责任。三鹿奶粉案的判决不仅远离了"伟大判决"——未起到扭转时局的作用，而且犯下了"低级错误"——适用罪名错误、量刑失衡。刑法学者应勇于挑战此类案件中的归责理念，敢于反思此等判决中的常识错误，乐于详析诸种纷争中的规范问题，进而以职业素养给出罪刑结论。笔者在下文将首先从抽象上剖析，谁之责任最大；其次将从规范上证明，谁之罪名最重。

二、抽象考察：刑事责任的合理档次

抽象来看，主要应从客观危害和主观恶性两个方面判断刑事责任的轻重。

（一）因果关系考察：客观上田文华造成的危害后果最严重

虽然生产、销售伪劣产品罪，生产、销售有毒、有害食品罪，以危险方法危害公共安全罪，都不以实害结果作为构成要件，但是，三被告人被判处无期徒刑、死刑的原因皆在于实际发生的伤亡后果——近30万名儿童患病、6名儿童死亡（本章统一称为"伤亡后果"）①，且三鹿奶粉案引发社会广泛关注的原因也是该严重后果。在伤亡后果既定的情况下，该结果可归责于谁，即认定伤

---

① 参见王和岩、朱弢、叶逗逗：《"毒奶粉"审判》，载《财经》2009年第1期。

亡后果的因果关系，就是从客观方面判断刑事责任轻重的关键。可惜，法官未梳理因果关系，导致量刑失衡。

用传统理论判断三鹿奶粉案的因果关系，难以看清问题的实质，若按照客观归责理论，则结论非常明确。德国学界通说认为，对因果关联问题，应区别因果问题与归责问题：在（狭义）因果关系层次，即行为是否造成结果的"结果的原因"问题，以条件说作为判断基准；在归责层次，即结果是否可以当作行为人作品的"结果归责"问题，则以客观归责论作为检验准绳。在（狭义）因果关系层次，本质上是判断两个已经存在的、时间上依序发生的事件之间（如甲先对乙开了一枪，乙随即死于枪击）的自然因果连锁链，是本体论的判断而非规范论的评价问题。反之，在客观归责层次，则是针对两个已经存在的自然因果链的事件之间，用规范的角度去评价到底后事件结果（乙死于枪击）可否非难前事件的行为人（对乙开枪的甲），也就是规范评价上"可被归责的关联性"。[1] 用这种二元论、分层次、按顺序判断因果关系的学说考察三鹿奶粉案中的伤亡后果，就会发现：在第一步"结果的原因"层次上，张玉军和耿金平与伤亡后果的条件关系因事实不明而被否定，田文华与伤亡后果之间的条件关系则能够肯定；在第二步"结果的归责"层次上，张玉军未创造"法所不容许的风险"，无法对其进行客观归责，而田文华则无归责上的障碍。因此，张玉军和耿金平与伤亡后果无因果关系，而田文华与伤亡后果具有因果关系。

1. 第一步"结果的原因"层面

因事实不明，无法肯定张玉军、耿金平与伤亡后果的条件关系，但可以肯定田文华与伤亡后果的条件关系。在"结果的原因"层面上应采用条件说（等价说），条件说不区分原因力的大小，在这一点上，无法找出张玉军、耿金平与田文华的差别；但是，条件

---

[1] 参见林钰雄：《刑法与刑诉之交错适用》，中国人民大学出版社2009年版，第9—10页。

说必须以自然因果联系为依据,在这一点上,三被告人出现重大差别——我们无法肯定张玉军、耿金平与伤亡后果的自然因果联系。

首先,在科学上无法肯定致婴幼儿伤亡的三聚氰胺均来自于张玉军、耿金平,本着罪疑唯轻的原则,只能否定张玉军、耿金平与伤亡后果的条件关系。在三鹿奶粉案中,制售"蛋白粉"的农民、添加"蛋白粉"的奶站很多。并非所有的"蛋白粉"都是张玉军生产的,"俗称'蛋白粉'的三聚氰胺混合物从生产、销售、购买、添加,导致'毒奶粉'出现,呈现出一个完整的链条。40岁的张玉军,是河北警方抓获的涉嫌非法制售'蛋白粉'数量最多、规模最大的犯罪嫌疑人"①。换言之,还有很多规模较小的"蛋白粉"生产者和销售者,那么,三鹿奶粉中的三聚氰胺,就不是都来自于张玉军制售的"蛋白粉"。近30万名儿童患病、6名儿童死亡的结果,也就不可能是他一人的"蛋白粉"造成的。② 显然,导致儿童患病、死亡的三聚氰胺,完全可能源于其他人生产的"蛋白粉"。同样,问题原奶并非都来自于耿金平一人。甚至,我们无法证明任何一个死亡婴儿食用的含有三聚氰胺的奶粉来自于张玉军或耿金平。

条件因果性的基本前提是,结果与行为有自然意义上的客观联系性,而我们无法鉴定、肯定致婴幼儿伤亡的三聚氰胺来自于张玉军、耿金平,也就无从谈及条件关系。刑法上因果关系的证明难度显然高于民法上的因果关系证明难度,前者必须证明结果与原因之间自然联系的确定性,不能证明导致婴幼儿死亡的三聚氰胺源于张

---

① 林钰雄:《刑法与刑诉之交错适用》,中国人民大学出版社2009年版,第40页。
② 例如,张玉军制售的"蛋白粉"因偶然因素没有被添加到原奶中;含有张玉军销售出的"蛋白粉"的问题奶粉尚未卖给消费者,或者,这部分问题奶粉没有导致危害后果(因为不是所有的婴幼儿食用问题奶粉后都会出问题)。这一假设同样适用于耿金平。这种假设有可能成立,"张玉军的辩护律师在法庭上透露了一个惊人的细节,张玉军生产的七百多吨'三聚氰胺'只有15%进入石家庄周边并流入三鹿,其余的销售到了张家口等地。而在那些地方,三鹿都不收奶,而是流向了其他奶业巨头。"参见沈颖、刘悦:《三鹿曝光前被遮蔽的十个月》,载《南方周末》2009年1月7日,第7版。

玉军,就只能否定条件关系;而在民法上若不能证明结果与原因之间的自然联系性时,可以根据侵权人投放"蛋白粉"的比例追究按份或连带责任。实际上,由于证明要求高,基于事实不明而否定刑法上的因果关系是常见的司法现象,"事实不明是判定自然(条件)因果时常有的情形……事实不明可能先在结果原因层次就否定了条件因果,因此,由于无因果即无归责,当然也就毋庸再讨论其对客观归责的影响"①。在事实不明时,只能本着"罪疑唯轻"的原则,否定张玉军、耿金平与伤亡后果的因果关系。遗憾的是,因事实不明而应否定因果关系的理论常识,常被我国司法机关忽视。

其次,能够肯定田文华与伤亡后果的条件关系。虽然其他品牌奶粉也含有三聚氰胺,但是,三鹿奶粉与其他品牌奶粉在三聚氰胺的含量上有极大差别,生产(致人伤亡的)问题奶粉的企业只有三鹿一家,伤亡的婴幼儿都是三鹿奶粉的食用者。在证明程度上,公诉机关自然不必一一证明30万名婴幼儿都系食用了三鹿奶粉而患病,而只需要证明,致6名婴幼儿死亡的原因都是三鹿奶粉。甚至,只证明某一名婴幼儿死亡的原因是三鹿奶粉即可,因为在《刑法》条文上,无论是"生产、销售有毒、有害食品罪",还是"投放危险物质罪",只要致"一人死亡",就属于"特别严重的情节",就应在最高法定刑幅度内量刑。显然,是1名或者6名婴幼儿死亡,与三鹿奶粉有自然意义上的客观联系性,而所有的三鹿奶粉都是田文华的三鹿集团等生产、销售的,这就能够肯定田文华与伤亡后果间的条件关系。

可见,在因果关系的第一个层次,张玉军、耿金平与田文华就有质的不同。

2. 第二步"结果的归责"层面

(即使存在条件关系)张玉军"制售'蛋白粉'"没有创设

---

① 林钰雄:《刑法与刑诉之交错适用》,中国人民大学出版社2009年版,第23、42页。

"法所不允许的危险",伤亡结果不可客观归责于张玉军。在具备条件关系后,判断因果关系还需要进一步进行规范论上的客观归责。客观归责的主规则包括:行为制造了一个法所不容许的风险,该风险在具体的结果中实现了,该结果在构成要件的保护范围之内。这样才能够将这个行为引起的结果,算作行为人的行为后果而予以归责。① 三鹿案涉及的主要问题是第一个规则——创设法所不容许的危险。

本来,如上文所述,在"结果的原因"层面上已经否认了张玉军与伤亡后果间的条件关系,这就否定了成立因果关系的前提,自然无需进行"结果的归责"之判断。但是,为了说明问题,本文要进一步证明,即便三鹿奶粉案中只有张玉军一人制售"蛋白粉"、能够肯定张玉军与伤亡后果间的条件关系,该伤亡后果也无法客观归责于张玉军,因为,张玉军没有制造"法所不允许的风险"。判断制售某种化学物质是否创设了法所不允许的危险,只能以制售该化学品的行为是否违反了相关注意规范为标准。注意规范来源于法律、法规等的规定,例外的是,如果相关注意规范立法不足或出现漏洞时,也可以根据社会经验用国民观念补充其内容。

首先,三聚氰胺并非刑法上的违禁品、危险物质(后文有述),也没有行政法对三聚氰胺的生产、销售作出特别规制。这就意味着,三鹿奶粉案之前的法律认为,三聚氰胺没有额外的风险、不需要特别规制,制售三聚氰胺本身不会创设"法不容许的危险"。即使三聚氰胺存在被用于犯罪的风险,这也是为社会正常生产而必须容许的风险。事实上,多数化学品都存在被用于犯罪的风险,例如,化肥(硝酸铵复合肥)可以用于制造炸药、工业酒精可以用来勾兑假酒,但是,基于正常生产的需要,社会容许这些风险的存在,国家也不必制定注意规范控制化肥和工业酒精的风险,即使厂

---

① 参见〔德〕克劳斯·罗克辛:《德国刑法学 总论(第1卷):犯罪原理的基础构造》,王世洲译,法律出版社2005年版,第245、271页。

商卖出的化肥被用于制作炸药，也认为制售化肥没有超出"法所容许的风险"范围。因"法所容许的风险"而导致的危害，就不得归责于制售者，既然不能因为杀人犯用斧头杀人而把死亡后果归责于斧头制售者，又如何能把三鹿奶粉案中的婴幼儿死亡归责于三聚氰胺的制售者（存在共同犯罪另当别论）？

其次，在例外的情况下，由于存在立法者的不作为、刑法又具有保护法益的后盾法性质，因此，有时虽然没有成文的注意规范，但根据社会经验和国民观念，某物品具有特殊危险性，制售此等物品也可能创设"法所不容许的风险"。例如，在行政规定出台之前，由于毒鼠强的特殊危险性，国民观念认为应严格控制之，这时，制售毒鼠强的行为虽然没有违背成文注意规范，但仍创设了"法所不容许的风险"，这种风险来源于社会经验的判断。但是，三聚氰胺不存在这种情况，三鹿奶粉案是三聚氰胺的"第一案"，此前社会经验对其根本无认识，"假使从来没有发生、而且我们也没有事先预料到这类事件，这类风险的防止就不在我们的经验范围之内"①。因此，缺乏社会认识的风险不能作为归责的基础。而且，三聚氰胺的危险程度也缺乏由社会经验加以特殊注意的必要性。

最后，需要说明，"社会公众对三聚氰胺缺乏认识、没有要求经验上的特殊注意义务，故认为制售'蛋白粉'的行为没有创设法所不容许的风险"这一论证不适用于田文华，因为田文华具备特殊知识，判断风险创设的立场不同于张玉军。判断是否创设风险，需要考虑行为人的知识能力，罗克辛教授强调："这取决于一个理智观察者在行为前是否会认为相应的举止行为是有风险的或者是提高了风险的。在这里，这个观察者也应当配备具体行为人可能具有的

---

① 林钰雄：《刑法与刑诉之交错适用》，中国人民大学出版社2009年版，第37页。

特殊专门知识。"① 例如，甲以杀人故意让仇人乘飞机，就没有创设风险；但乙明知飞机上有炸弹而让仇人乘坐，这时，乙就基于特殊知识创设了风险。就三鹿案而言，田文华属于特殊知识者，对三聚氰胺存在于婴幼儿奶粉中有特别认识，而且在 2008 年 8 月 1 日后，她更明知三聚氰胺的危害性——致婴幼儿伤亡，这时，她销售问题奶粉的行为，就基于特殊知识而创设了法所不容许的风险。至于田文华创设的风险在结果中实现、结果在构成要件保护范围之内等其他客观归责问题，都容易判断，本文不再赘述。

总之，在"结果归责"层面，即使存在条件关系，对张玉军也无法进行客观归责，这就完全否定了张玉军与伤亡后果的因果关系；与此相反，能够对田文华进行客观归责，这就肯定了田文华与伤亡后果的因果关系。当然，否定因果关系不等于无罪，还可以通过共同犯罪理论，张玉军因他人的行为或后果而承担刑事责任。

3. 因果关系对量刑有重大影响

对张玉军、耿金平适用死刑显系误判。在考察了三被告人与伤亡后果的因果关系之后，即使按照法院（错误）认定的罪名，也会发现，法官量刑严重失当。

首先，根据情节，对张玉军不能适用死刑。法院认定张玉军成立以危险方法危害公共安全罪，该罪将后果作为量刑标准：

1997 年《刑法》第 114 条规定："放火、决水、爆炸以及投放毒害性、放射性、传染病病原体等物质或者以其他危险方法危害公共安全，尚未造成严重后果的，处三年以上十年以下有期徒刑。"

第 115 条第 1 款规定："放火、决水、爆炸以及投放毒害性、放射性、传染病病原体等物质或者以其他危险方法致人重伤、死亡或者使公私财产遭受重大损失的，处十年以上有期徒刑、无期徒刑或者死刑。"

---

① 〔德〕克劳斯·罗克辛：《德国刑法学　总论（第 1 卷）：犯罪原理的基础构造》，王世洲译，法律出版社 2005 年版，第 249 页。

显然，由于张玉军与伤亡后果无因果关系，属于"尚未造成严重后果的"，只能被判处"三年以上十年以下有期徒刑"。法院判处其死刑，除了适用罪名错误之外，另一个原因就是误解了因果关系——认为张玉军与伤亡后果有因果关系、属于致人重伤或死亡的情形。

其次，根据情节，对耿金平不能适用死刑。法院认定耿金平成立生产、销售有毒食品罪，该罪也将后果作为量刑标准：

1979年《刑法》第144条规定："在生产、销售的食品中掺入有毒、有害的非食品原料的，或者销售明知掺有有毒、有害的非食品原料的食品的，处五年以下有期徒刑或者拘役，并处或者单处销售金额百分之五十以上二倍以下罚金；造成严重食物中毒事故或者其他严重食源性疾患，对人体健康造成严重危害的，处五年以上十年以下有期徒刑，并处销售金额百分之五十以上二倍以下罚金；致人死亡或者对人体造成特别严重危害的，依照本法第一百四十一条的规定处罚。"（《刑法》第141条相关规定为"处十年以上有期徒刑、无期徒刑或者死刑，并处销售金额百分之五十以上二倍以下罚金或者没收财产。"）

显然，由于耿金平与伤亡后果无因果关系，只能被判处"五年以下有期徒刑，并处罚金"。法院判处其死刑，除了适用罪名错误之外，另一个原因也是误解了因果关系——认为耿金平与伤亡后果有因果关系、属于"致人死亡或者有其他特别严重情节的"情形。

4. 田文华的行为与危害后果的距离最近

即使不用客观归责理论，根据生活常识，从行为与危害后果的联系性、即行为对危害后果所起的作用来看，也可以推论，田文华的行为与危害后果的联系性最强、对危害后果的影响力最大，张玉军的行为与危害后果的联系性最弱、对危害后果的影响力最小。三鹿奶粉案中，三名被告人都因三聚氰胺被定罪，不同的是，在张玉军环节上，三聚氰胺处在致害性的初级阶段、只是无法食用的"蛋白粉"；到了耿金平环节，三聚氰胺处在致害性的中级阶段、变成了可能要制成婴幼儿奶粉的问题原奶；到了田文华环节，三聚氰胺处在致害性的高级阶段、变成了必然要给婴幼儿食用的问题奶粉。图示为："蛋白粉"（张玉军）→问题原奶（耿金平）→问题奶粉（田文华）→婴儿患病、死亡（危害后果）。

换言之，张玉军的行为与危害后果的距离最远，而田文华的行为与危害后果的距离最近。三人涉及的物品对危害后果的影响力也不同：张玉军生产的"蛋白粉"无法直接食用，不能直接导致危害，只是危害后果的条件，要造成危害后果需要具备很多其他条件——政府放松了监管、三鹿放松了检测以及奶站的配合，因此，对危害后果的影响力最弱；田文华生产的婴幼儿奶粉必然要给儿童食用，是危害后果的决定性原因，几乎不需要其他条件即可直接造成危害后果，因此，对危害后果的影响力最强；而耿金平销售的问题原奶则居中。作个类比：甲商提供鼠药给乙女，乙女将鼠药掺入面条，由丙男（乙的情夫）将毒面条喂给其患病的妻子丁，致丁死亡。显然，如果排除其他因素，甲商的刑事责任最轻，丙男的刑事责任最重，因为丙男与危害结果的联系最紧密、对危害后果的影响力最大。而且，三鹿奶粉案与这个类比还有不同：甲商是鼠药唯一提供者，而张玉军只是"蛋白粉"提供者之一，张玉军与危害后果的联系性比甲商还弱；从客观角度看，张玉军的刑事责任不仅轻于丙男、更轻于甲商，当然更轻于田文华。遗憾的是，法官连生活意义上的因果联系性也没有考虑。

（二）责任论的判定：主观上田文华的可谴责性最强

从主观角度判断可谴责性，应从主体和主观内容两方面判断：一是主体因素即刑事责任能力，包括认识能力和控制能力。二是主观内容即罪过，罪过又有心理责任论和规范责任论两种见解，传统的心理责任论重视的是行为人与危害后果间的心理联系，现代的规范责任论则要考察期待可能性；无论从何种立场看，田文华的罪过都最重、可谴责性最强,而张玉军的罪过最轻、可谴责性最弱。

1. 完全刑事责任能力也有程度区分:田文华的刑事责任能力最高

首先,完全刑事责任能力也有程度的区别。在刑事责任能力问题上,我国司法实践一般只判断有无,只在限定刑事责任能力的情况下才考虑责任能力的程度问题;在确定为完全刑事责任能力之后,很少再考虑责任能力程度进而在处罚程度上体现出差别。在三鹿奶粉案中,有学者也认为:"奶农与三鹿集团预见义务具有相同性。刑法所针对的犯罪主体以及犯罪行为都具有类型化的特征。就犯罪主体而言,只要具备了相应的刑事责任能力就具备了犯罪主体的资格。特定犯罪主体是否具有相同的认识则不是认定犯罪需要考察的范围。因此,即使从事实角度来说,作为一种集团化、系统化、知识化的犯罪主体,虽然其实际认知能力和防范能力都远远超出了分散的、经验的、无序的犯罪主体,但是不能据此推导出犯罪主观方面存在差异并依此确定不同的刑事责任。就刑法定罪而言,具备了相同的准入资格就意味着具备了相同的定罪资格。"[①]

但是,不区分完全刑事责任能力程度的做法和观点,既违背责任理论、也与事实不符。大塚仁教授指出:"关于责任能力的程度,刑法只不过区分着完全的责任能力和限定责任能力,但是,实际上,完全的责任能力者和限定责任能力者都在内容上存在从程度高到程度低的无限阶段……因为无论是用生物学的方法还是用心理学的方法来规定责任能力的观念,具体的各行为人的实体都是极其复杂多样的。责任非难的可能性必须按照各行为人的现实能力来具

---

① 王玉珏:《刑法第144条中"有毒有害非食品原料"的合理定位——以近晚食品安全事件为例》,载《法学》2008年第11期。

体地决定。"① 完全责任能力者存在程度上的差别,是心理学的基本事实,例如,19 岁的在校学生甲与 35 岁当过警察的乙,同样因惊恐状态防卫过当而构成故意伤害罪时,甲会因责任能力程度比乙低而受到相对较轻的处罚,原因就在于,"刚好超过刑事责任年龄程度的少年,与已经达到能够很好辨别行为是非年龄的成年人相比,就应该受到更轻的责任非难"②。

其次,田文华的认识能力和控制能力最强,其刑事责任能力最高;相反,张玉军的认识能力和控制能力最弱。即使完全刑事责任能力者,也会因年龄、经验、知识、职业等因素而有不同程度的认识能力和控制能力,"操纵能力的确是一种可以分等级的概念"③。例如,与已经工作了 10 年的公务员甲相比,处在实习期的公务员乙对法规和政策的理解程度较低,因而对危害后果的认识能力和控制能力相对较弱,在甲乙同时构成玩忽职守罪时,乙就会受到较轻处罚。

在经济领域,认识能力与认知条件、知识经验密切相关。就对危害后果的认识能力而言,有数十年从业经验、辅有众多专业人员的田文华,具备强大的技术条件和知识优势,最有客观条件发现、认识到三聚氰胺的危害性,对危害后果的认识能力最强。相反,生产"蛋白粉"的张玉军是农民,缺乏认识到三聚氰胺危害性的知识和途径,甚至对"三聚氰胺为何物"也缺乏认识能力,"河北省多个地方的奶农告诉《财经》记者,现在(即案发后)他们才知道这种白色粉末叫三聚氰胺"④。显然,张玉军对危害后果的认识能力最差。

---

① 〔日〕大塚仁:《刑法概说(总论)》(第三版),冯军译,中国人民大学出版社 2003 年版,第 409 页。

② 同上注。

③ 〔德〕克劳斯·罗克辛:《德国刑法学 总论(第 1 卷):犯罪原理的基础构造》,王世洲译,法律出版社 2005 年版,第 592 页。

④ 宫靖、刘京京:《祸起三鹿》,载《财经》2008 年第 20 期。

在经济领域，控制能力与权力手段、身份地位密切相关。三鹿奶粉案中的控制能力，既包括在结果出现之前的作为控制能力，也包括结果出现之后防止结果蔓延的不作为控制能力，田文华和张玉军控制能力的差别主要是后者。就对危害后果的控制能力而言，权力与控制能力具有对应性，作为决策者的田文华对三聚氰胺能否造成危害的控制能力最强。在中国式企业中，"一把手"一言九鼎，在接到消费者投诉、知悉三聚氰胺已致害、政府尚未介入的情况下，田文华是唯一能够控制危害后果、防止损害蔓延的人。相反，制售"蛋白粉"的张玉军对于危害后果的控制能力最弱，对于"蛋白粉"添加的范围和剂量、产品是否用于婴幼儿、在危害出现时能否减少损害，张玉军都缺乏控制力。即使知悉"蛋白粉"已致害时，张玉军也无权召回问题奶粉，对已经售出的"蛋白粉"，他也无法找到买家将其一一收回；更要注意，他并非唯一的"蛋白粉"制售者，他没有能力阻止他人制售的"蛋白粉"导致危害。因此，凭其己力，张玉军对危害后果的蔓延没有控制能力。

总之，在生产经营领域，与信息缺乏的贩夫走卒和田间农人相比，田文华等企业高管更熟悉产业规范和行业标准，拥有更多的技术力量和管理手段，对危害后果的认识能力和控制能力更强，因而可谴责性最强，如大塚仁教授所言，"即使对完全相同的犯罪行为，对辨别是非的能力和根据该辨别来控制自己行为的能力高的行为人，与能力低的行为人相比，就应该进行更重的责任非难"①。

2. 从心理责任论判断田文华的罪过最重

田文华最早、最明确地认识到了三聚氰胺致人伤亡的危害后果，这反映出她与危害后果的心理联系最强。三鹿奶粉案中，相对于张玉军、耿金平，作为管理者的田文华最先知晓了消费者的投诉，也最先知道了鉴定意见；而且，田文华是通过鉴定、报告等正

---

① 〔日〕大塚仁：《刑法概说（总论）》（第三版），冯军译，中国人民大学出版社2003年版，第409页。

式途径认识到了三聚氰胺的危害性；在已经知道三聚氰胺的性质与危害后果仍继续生产销售时，田文华对致人伤亡的认识程度已经超越了具体危险性，而是明确认识到已然的实害后果。相反，在案发前，张玉军、耿金平等不可能通过正式渠道明确肯定、甚至根本无从知晓"蛋白粉"的危害后果，最多也只能通过道听途说了解到"蛋白粉"的危害性，这是一种模糊的、止于抽象危险性的认识程度。

按照心理责任论，行为人对危害后果的认识越明确，就意味着行为人与危害后果的心理联系越强，也就说明行为人的可谴责性越强，"在故意犯中，作为其成立要件的犯罪事实的表象、关于违法性的事实的表象以及违法性的意识程度，都具有作为决定责任程度的标准的意义。行为人确实地表象了犯罪事实·关于违法性的事实时，与漠然地表象了它们的场合相比，其责任更重；明确地意识到违法性时，与模糊地意识到它的场合相比，从其观点本身来看，也必须说责任更重"①。可见，从心理责任论角度，田文华的可罚性最重。

3. 从规范责任论角度看田文华的可谴责性最强

田文华的规范可呼吁性、作出适法选择的可期待性最高。规范责任论重在考察行为人是否根据刑法规范的要求来运用自己的意志，其重要一点是以期待可能性理论对罪过内容进行规范的、价值的判断。显然，在分工细化的现代社会，不同主体可期待性的内容与程度有所差别。

首先，从期待可能性的角度看，刑法对作为决策者、管理者的田文华的规范呼吁性更高，更有理由期待之作出适法选择。对决策者和管理者从严要求、从重处理，历来是我国的刑事政策，在经济领域亦然，如 2001 年《最高人民法院、最高人民检察院关于办理

---

① 〔日〕大塚仁：《刑法概说（总论）》（第三版），冯军译，中国人民大学出版社 2003 年版，第 410 页。

生产、销售伪劣商品刑事案件具体应用法律若干问题的解释》第12条规定:"国家机关工作人员参与生产、销售伪劣商品犯罪的,从重处罚。"在现实生活中,对名企高管的适法期待性更高,也是消费者、企业和社会共同达成的默契。名牌产品通过广告承诺其产品高质量的可期待性,消费者通过长期认购表达出了对名牌产品的更高期待性;正是借助此种更高的期待性,名企高管们才获取了高额利润;与普通企业相比,名企的不良经营行为更严重地背离了公众的期待性,更违反了在产品质量上的默契责任,其可谴责性就更强。因此,更高的期待性是"田文华们"获利的保证,也是违法时可谴责性更强的原因,这也符合利益与责任同在的公平原则。总之,产品的知名程度与规范经营的可期待性成正比关系,同样,在质量危机面前,知名程度与可谴责程度也成正比关系;这种公共政策也是刑事政策,即使被查证添加相同数量的三聚氰胺并造成同样危害后果,作为奶粉业龙头和免检产品的三鹿及其高管,也应比小企业(主)承担更重的刑事责任。

相反,在生产经营领域,作为农民的"张玉军们"的规范可呼吁性最低,社会不应过多地期待农民规范经营、承担食品安全责任。按照帕多瓦尼教授的看法,"期待可能性这个概念指刑法规范对每一个主体可要求的程度:一个生活在社会下层、家庭环境恶劣、从小就偷窃的人,就不能'期待'他能像一个完全接受了社会主导价值观的人那样遵守法律的禁令"[1]。远离工业社会主流、甚至被边缘化的农民,是获利、受教育与索取均最少的弱势群体,社会不应期待他们在经济领域完全遵从工业社会的生产标准,当然,可以期待他们遵从农业社会的生产标准——合理种植、安全施肥等。

其次,制售"蛋白粉"的违法者众多、法不责众观念淡化了

---

[1] 〔意〕杜里奥·帕多瓦尼:《意大利刑法学原理》,陈忠林译,法律出版社1998年版,第185页。

"张玉军们"的规范意识，其可谴责性因之降低。对于法定犯或新型犯罪，国家欲重罚行为人，应先扪心自问，是否已采取有效措施使国民了解其违法性并为其注入规范意识。在三鹿奶粉案中，制售、添加"蛋白粉"的人数众多，"最近两年，奶站往鲜奶中添加东西是公开的秘密"[①]。三聚氰胺并非人们熟知的传统化学物质，张玉军没有途径明确认识到制售"蛋白粉"的违法性。对于新型危害行为，如果缺乏宣传、教育等认知渠道，生活在底层的农民只能根据周围人的评价及他人行为的后果，来感知行为的违法性及程度。但是，在三鹿奶粉案中，由于制售、添加"蛋白粉"者众多且很少受罚，张玉军感知行为违法性的途径基本被切断了。因此，"张玉军们"对制售"蛋白粉"的违法性认识逐渐淡化、规范意识日渐淡薄，制售行为反映出的主体意志与刑法规范的对立程度就很低，可谴责性亦降低。

需要说明，因规范意识淡化而导致可谴责性降低的理论，不能适用于自然犯以及有严格行为规范的主体。例如，当廉洁制度明确时，国家工作人员对腐败行为的违法性认识就无任何模糊之处，当然不能以"违法者众多而致自己规范意识淡薄"为由要求减免责任。同样，田文华管理企业数十年，系企业中了解国家法规政策的第一人，对于食品安全、产品召回制度等有较普通人更明确的认识，规范意识应随着企业声誉的提升而不断被强化，应更能认识到行为的违法性，不存在可谴责性降低的余地。

综上，因客观危害和主观恶性最重，田文华的刑事责任最重；张玉军的刑事责任最轻；耿金平居中。[②] 当然，这样抽象地考察刑事责任仍欠说服力，刑法的规范性还要求用犯罪构成理论认定行为人的罪名，进而根据罪名量刑。笔者将在下文仔细考察行为人的罪

---

① 宫靖、刘京京：《祸起三鹿》，载《财经》2008年第20期。
② 限于篇幅，本章重点论证田文华的刑事责任最重、张玉军的刑事责任最轻，对于刑事责任居中的耿金平着墨较少。

名——与法院认定的罪名迥异。

三、规范论证：涉案罪名的准确判定

（一）制售"蛋白粉"的定性：不成立以危险方法危害公共安全罪

在主观上，农民张玉军对三聚氰胺的危害性知之甚少，在长期制售过程中未发现出现危害后果，因此，张玉军对三聚氰胺的"毒害性"没有明确认识，缺乏危害公共安全罪的故意。对于三聚氰胺的毒害性缺乏认识，笔者将在分析耿金平的行为性质时详谈。这里要论证的是，即使不考虑主观内容，张玉军的行为同样不构成以危险方法危害公共安全罪。

1. 判断罪名的前提：三聚氰胺对普通人而言不是危险物质

张玉军制售的"蛋白粉"并非专用于婴幼儿奶粉，当其行为对象是社会一般人时，三聚氰胺就不是刑法意义上的危险物质。我国《刑法》第二章"危害公共安全罪"中规定了很多涉及公共安全的危险物质，刑法条文没有、也不可能列举其具体范围，根据该章的规定，危险物质是"爆炸性、易燃性、放射性、毒害性、腐蚀性物品"和"传染病病原体"。显然，三聚氰胺能够靠上的只有"毒害性"，但问题是，毒害性物品很多，不可能都是刑法中的危险物质。

最关键的是，三聚氰胺的毒害性达不到"危害公共安全"的程度。

第一，在性质上，三聚氰胺是普通化工原料，无特殊危害性。目前化学上对三聚氰胺的界定是，"目前三聚氰胺被认为毒性轻微，大鼠口服的半数致死量大于3克/公斤体重。据1945年的一个实验报道：将大剂量的三聚氰胺饲喂给大鼠、兔和狗后没有观察到明显的中毒现象"①。在国际上,尚未有国家将三聚氰胺规定为危险物质。即使在食品安全标准严格的美国,在发生"毒宠物粮事件"②之后,"美国食品药品监督管理局、美国农业部、美国环保局以及国土安全部曾经联合发布《三聚氰胺及类似物安全性与风险中期评估》。在这份报告中,三聚氰胺被定义为一种低毒甚至微毒物质,只有大剂量暴露时,才会对动物产生毒性……报告一方面强调,对于哺乳动物而言这种物质是低毒的,即使畜禽食用含有三聚氰胺的饲料,其肉、蛋等产品仍然安全"③。

第二,由于致害原理的特殊性,三聚氰胺的毒性远低于瘦肉精、苏丹红等常见的添加剂。三聚氰胺的危害性是间接的,对婴儿的致害不是源于其自身的毒性,而是因为与钙离子结合形成结石,"三聚氰胺会在胃的强酸性环境中水解……生成三聚氰酸……在血液中三聚氰酸能够和钙离子结合形成不溶解的三聚氰酸钙,肾脏在过滤血液杂质的时候三聚氰酸钙就会在肾脏聚集最终形成结石"④。与之相比,瘦肉精、苏丹红等物质具有直接的毒害性。盐酸克仑特罗(即瘦肉精)能够导致成年食用者马上出现"头痛、头昏、肌肉抽搐、呼吸急促、呕吐等中毒症状"⑤,而三聚氰胺一般不会对成年人造成损害。同样,苏丹红的毒害性也重于三聚氰胺,"'苏丹红'并非食品添加剂,而是一种化学染色剂。它的化学成份中含有一种叫萘的化合物,该物质具有偶氮结构,由于这种化学结构的性质决定了它具有致癌性,对人体的肝肾器官具有明显的毒

---

① "三聚氰胺":载正保医学教育网(https://www.med66.com/html/2008/11/fu/0395564023111800226070.html),访问日期:2009年1月15日。
② 2007年,中国内地出口到美国的宠物饲料中,含有三聚氰胺,诱发了大量猫狗死亡。
③ 徐超:《三聚氰胺溯源》,载《财经》2008年第20期。
④ 李璞:《为什么三聚氰胺会导致结石》,载摇篮网(http://www.yaolan.com/nutrition/article2007_464081633340.shtml),访问日期:2010年10月19日。
⑤ 最高人民法院刑事审判第二庭:《俞亚春生产、销售有毒食品案》,载《人民法院报》2002年7月22日。

性作用"①。与之相比，尚未证实三聚氰胺有致癌性，"国际癌症研究组织并未将其列为可能的致癌物。这是因为三聚氰胺并没有表现出遗传毒性和直接的细胞损伤作用"②。瘦肉精、苏丹红都不是刑法上的毒害性危险物质，2002年8月《最高人民法院、最高人民检察院关于办理非法生产、销售、使用禁止在饲料和动物饮用水中使用的药品等刑事案件具体应用法律若干问题的解释》第1条规定："未取得药品生产、经营许可证件和批准文号，非法生产、销售盐酸克仑特罗等禁止在饲料和动物饮用水中使用的药品，扰乱药品市场秩序，情节严重的，依照刑法第二百二十五条第（一）项的规定，以非法经营罪追究刑事责任。"可见，即使非法制售三种物质中危害性最严重的瘦肉精，也只构成非法经营罪，并不构成可判处死刑的非法制造、买卖、运输、储存危险物质罪。据此可断定，瘦肉精不是刑法意义上的危险物质，那么，毒害性更轻的三聚氰胺更不可能成为危险物质了。

第三，行政法意义上的违禁品③，不等于刑法意义上的危险物质。2007年，因美国发生与中国产品有关的"毒宠物粮事件"，农业部专门发文，将三聚氰胺等添加剂定性为非法添加剂，"禁止在任何饲料生产中使用"④。且不说该规定仅禁止在饲料中添加，即使就此认定三聚氰胺是行政法意义上禁止添加的违禁品，也不能就此认定其是刑法意义上的危险物质。行政法意义上的违禁品范围极广，其中能够成为刑法意义上的危险物质则少之又少。多数行政法意义上的违禁品仅在生活、生产的某一特定领域有危害性，离开该领域，就不属于违禁品，没有危险性；而刑法意义上的危险物

---

① "苏丹红化学成分"：载百度知道（https://zhidao.baidu.com/question/286555515.hml），访问日期：2010年10月15日。
② 徐超：《三聚氰胺溯源》，载《财经》2008年第20期。
③ 在危害公共安全罪之外，刑法也规制了很多违禁品，如毒品、淫秽物品，这些违禁品当然不是危害公共安全罪中的危险物质。
④ 任波、朱弢、王姗姗等：《无人设防》，载《财经》2008年第20期。

第五章　三鹿奶粉案：造假者的刑事责任　139

质,必须在常态和一般意义上就有"危及不特定多人生命健康"的性质。因此,多数特定领域和时空中行政法意义上的违禁品,都不是刑法意义上的危险物质。例如,在《民用航空法》上,水果刀、螺丝刀、打火机是禁止携带的违禁品;但在常态社会生活中,螺丝刀等不会危及不特定多人的生命健康,不是刑法意义上的危险物质。同理,虽然三聚氰胺在饲料领域变成了违禁品,但离开了该领域,由于其毒性轻微,不可能危及不特定多人的生命健康,就不是刑法意义上的危险物质。

第四,不能因为造成了不特定多人的伤亡,就将三聚氰胺认定为刑法上的危险物质。很多物质被添加到长期食用的食品中后,都可能造成不特定多人的伤亡,例如,油条中添加洗衣粉会更蓬松,豆腐中添加石灰水会更富有弹性,如果儿童长期食用这些食品就会出现严重后果。但是,在常态生活和一般观念中,洗衣粉和石灰水的毒害性很轻,不会危及公共安全,因此,都不是刑法意义上的危险物质,私自制造洗衣粉并卖给油条生产者的行为,也不是以危险方法危害公共安全罪。

第五,刑法中危险物质的"毒害性",应以社会一般人为判断基准,不能因为三聚氰胺对脆弱群体造成了伤害就认定其是危险物质。① 由于公共安全具有"公共性",刑法中危险物质"毒害性"的标准,只能以危及社会一般人的生命健康为原则,虽然据此无法确定"毒害性"的绝对标准,但是,可以肯定的是,只能对个别人或特殊脆弱群体造成损害的物质,不可能成为刑法中的危险物质。三鹿奶粉案含量标准的三聚氰胺,对婴幼儿之外的社会一般人基本没有损害,虽然三鹿也生产、销售了大量三聚氰胺含量很高的液体奶(主要消费者不是婴幼儿),但"迄今为止,因为食用被污染的

---

① 当然,如果行为人把某种物质只(主要)用于脆弱群体,则判断毒害性的基准就是该脆弱群体中的平均人,这一点对田文华适用。

奶粉而罹患肾结石的都是婴幼儿，尚未发现成人因此患病的个案"①。仅仅对婴幼儿有毒害性的物品，难以具有刑法上的"公共"危害性，无法成为刑法意义上的危险物质。如果以婴幼儿、重病人等脆弱群体作为判断毒害性的基准，那么，对社会一般人危害不大的烈酒、旱烟、糖精以及灭蚊药等物品，都会对脆弱群体造成致命损害，都会被认定为危险物质，这会导致危害公共安全罪的滥用。

综上，三聚氰胺在社会生活中只是一种普通的化学产品，即使在特定领域属于违禁品，但因其毒害性轻微，达不到由刑法进行特殊控制的程度，就不是危害公共安全的危险物质。

2. 制售"蛋白粉"无单独评价意义

张玉军共实施了三个行为：一是买入三聚氰胺；二是将三聚氰胺和麦芽糊精混合，制造"蛋白粉"；三是将"蛋白粉"卖给奶站。判断张玉军涉及的罪名时只能根据这三个行为，下文依次分析这三个行为的性质。

"买入三聚氰胺"和"制造'蛋白粉'"均无单独刑法评价意义。

首先，"买入三聚氰胺"的行为在刑法上无单独评价的意义。一是三聚氰胺并非危险物质和违禁品，买入行为不单独触犯任何刑法条文。二是虽然合法行为也可能作为某罪的预备行为而被评价（如买菜刀就可能被评价为杀人预备），但是，这也只限于预备行为已经停顿下来时；而张玉军已经将整个制售行为实施完毕，作为预备行为的买入行为就被其后的制售行为吸收，因此，买入三聚氰胺不能被单独评价为某罪的预备犯。

其次，制造"蛋白粉"的行为也无刑法评价意义。严格来讲，张玉军的行为不属于"制造"三聚氰胺。他并未实施化学上的生产、合成三聚氰胺行为，也没有增加三聚氰胺的总量，只是购买

---

① 徐超：《三聚氰胺溯源》，载《财经》2008年第20期。

了三聚氰胺后掺入了麦芽糊精，其本质是一种物理上的混合式加工行为。这种物理混合三聚氰胺的行为，虽然使之更易掺入原奶中，但在整体上毕竟稀释了三聚氰胺，相较于私自生产纯三聚氰胺的行为，对人体的危害性更低。制售"蛋白粉"即混合三聚氰胺的行为不触犯任何刑法条文，即使将混合行为认定为制造三聚氰胺，该行为也无刑法评价意义。三聚氰胺不是危险物质，制造行为就不是非法制造危险物质（第125条第2款），更遑论以危险方法危害公共安全罪了。

有人会反问：张玉军将三聚氰胺与麦芽糊精混合成"蛋白粉"的行为，使三聚氰胺更容易被添加到原奶中去，难道无法被刑法评价？需要注意的是，"蛋白粉"发挥作用的仍然是三聚氰胺，张玉军的加工行为没有制造出新物质、只是使三聚氰胺更容易被奶站使用，如果三聚氰胺不是被刑法特别规制为危险物质和违禁品，"使三聚氰胺更容易被使用"就无单独刑法评价意义。其道理犹如，五金店主为了使螺丝刀更容易撬自行车锁，而将刀柄加粗、变短，该行为单独也无刑法评价意义。

与三聚氰胺性质类似的是化肥（尿素）——化工产品、不可食用，而且，早期与三聚氰胺起同样作用的添加剂就是尿素，"以前原奶造假多加尿素，因为尿素便宜"①。那么，制造尿素（即使将其卖给食品厂）能否成立危害公共安全罪？可作对比的是，瘦肉精比三聚氰胺的危害性更重，但根据前引的司法解释，非法制造瘦肉精的行为并不是以危险方法危害公共安全罪。

3. 制售"蛋白粉"可成为他罪的共犯行为

在否定了张玉军前两个行为的单独评价意义之后，再来分析其第三个行为的性质。笔者认为，"将三聚氰胺卖给奶站"也无单独刑法评价意义，但可以成为他罪的帮助行为。

---

① 梁冬梅、刘京京、宫靖等：《奶业生死劫》，载《财经》2008年第20期。

首先，张玉军销售"蛋白粉"的行为，与销售三聚氰胺的行为没有本质区别。由于三聚氰胺不是危险物质，也没有像毒品那样被刑法单独规制，因此，单纯以销售故意卖出三聚氰胺的行为，如果没有其他主观内容[①]，也不构成犯罪。

其次，与制造不同，销售是直接将三聚氰胺转移给他人，与买入者的行为有了直接联系，在客观上可以按照共犯行为、与买入者的行为进行一体化评价。因此，虽然销售三聚氰胺的行为本身不会独立构成犯罪，但是，如果销售者明知买入者是用于犯罪，销售者就可能成为共犯（片面共犯）。[②] 由于"蛋白粉"的主要用途是掺入原奶，因此，张玉军和奶站经营者对于将"蛋白粉"掺入原奶的行为，均有共同认识，那么，销售"蛋白粉"的行为，就是奶站经营者犯罪的帮助行为；通过共犯理论，客观上不违反刑法的销售三聚氰胺行为，因买入者的造假行为而被评价为不法。

三聚氰胺的性质类似于菜刀（特定领域的违禁品、但不是危险物质、不会像爆炸物和放射物那样直接危害社会），系主要用于生产生活的物品，却也可以被他人用于犯罪。这样，提供违禁品的行为人，就可能成为帮助犯。其道理犹如，虽然菜刀会导致危害，但是，甲销售菜刀的行为不会独立构成犯罪，也不会危害公共安全；但是，如果甲明知乙要杀人而为其提供菜刀，那么，甲就是杀人罪的帮助犯；即使甲长期专门为杀手提供（便于杀人的）菜刀，甲仍然是数个杀人罪的帮助犯；无论甲出于什么目的，"制售菜刀"不可能被单独评价为犯罪，更不可能认定为以危险方法危害公共安全罪。同理，张玉军构成何罪，取决于买入"蛋白粉"的奶站经营者

[①] 对于买入、制造三聚氰胺的行为，笔者没有探讨其主观问题，是由于本案有最终的销售行为，即使考虑买入、制造行为的主观内容，也只是销售的预备，在评价销售行为时自然就包容性地评价了预备行为。

[②] 不能断言销售者一定属于共犯，在有些情况下，即使明知买入者将该物品用于犯罪，销售者也不构成犯罪。例如，纯净水商甲明知乙要造假酒，而把桶装水卖给乙，只要两人没有造假共谋或形成利益共同体，甲的行为就不构成犯罪。

的罪名。

再次,刑法条文和司法解释肯定了为罪犯提供原料、辅料的行为属于共犯行为。《刑法》第 350 条第 2 款规定:"明知他人制造毒品而为其生产、买卖、运输前款规定的物品(即醋酸酐、乙醚、三氯甲烷或者其他用于制造毒品的原料、配剂)的,以制造毒品罪的共犯论处。"2009 年《最高人民法院、最高人民检察院关于办理生产、销售假药、劣药刑事案件具体应用法律若干问题的解释》第 5 条规定:"知道或者应当知道他人生产、销售假药、劣药,而有下列情形之一的,以生产、销售假药罪或者生产、销售劣药罪等犯罪的共犯论处:……(三)提供生产技术,或者提供原料、辅料、包装材料的……"需要指出,该司法解释被 2014 年《最高人民法院、最高人民检察院关于办理危害药品安全刑事案件适用法律若干问题的解释》废止,但 2014 年司法解释也有类似规定。

最后,张玉军属于耿金平的帮助犯,而不是田文华的帮助犯。就三鹿奶粉案查证的事实来看,在检测以前,田文华不知道原奶中掺入了三聚氰胺,田文华没有主动添加的故意,与张玉军之间没有共同故意,张玉军也无法成为田文华的片面共犯。相反,在客观上,制售"蛋白粉"与"向原奶中掺入'蛋白粉'"具有直接联系性并紧密结合为一体,共犯理论要求优先评价客观上具有直接加功性的行为,因此,只有在耿金平不成立犯罪的情况下,才存在将张玉军和耿金平一起认定为田文华的帮助犯之余地。在耿金平的行为已经独立成立犯罪的情况下,张玉军只能成为耿金平的帮助犯。

4. 三聚氰胺无特许经营制度,制售"蛋白粉"不是非法经营罪

对制造、销售某些违禁品(如假币、毒品),刑法也在危害公共安全罪之外单独立法,但《刑法》没有单独立法规制三聚氰胺的制售。这样,在否定了成立危害公共安全罪之后,唯一要考虑的罪名是非法经营罪。司法解释也规定,制售某些非食品添加剂应按照非法经营罪论处。2002 年 8 月《最高人民法院、最高人民检察院关于办理非法生产、销售、使用禁止在饲料和动物饮用水中使用的药品等刑事案件具体应用法律若干问题的解释》第 1 条规定:"未取得药品生产、经营许可证件和批准文号,非法生产、销售盐酸克仑特罗等禁止在饲料和动物饮用水中使用的药品,扰乱药品市场秩序,情节严重的,依照刑法第二百二十五条第(一)项的规定,以非法经营罪追究刑事责任。"如果三聚氰胺属于特许经营的产品,制售三聚氰胺的行为,就可以被单独评价为非法经营罪。但是,由于毒性轻微且无特殊经济意义,三聚氰胺不是特许经营的产品,也不是药品。因此,张玉军的行为无法单独被评价为非法经营罪。

总之,以三聚氰胺为主的"蛋白粉"毒害性轻微,不会危害公共安全,不是刑法上的危险物质。制售"蛋白粉"不是任何罪名的实行行为,不符合任何犯罪构成,只有通过共同犯罪(片面共犯)理论,成为他罪的帮助行为,才能被评价为犯罪;张玉军也只能以帮助犯的角色被刑法评价。

5. 制售"蛋白粉"不可能构成以危险方法危害公共安全罪

张玉军制售"蛋白粉"的行为,无论如何都不可能构成以危险方法危害公共安全罪。可以作对比的案例是制售毒鼠强的行为,《最高人民法院、最高人民检察院关于办理非法制造、买卖、运输、储存毒鼠强等禁用剧毒化学品刑事案件具体应用法律若干问题的解释》规定:非法制造、买卖、运输、储存毒鼠强、氟乙酰胺、氟乙酸钠、毒鼠硅、甘氟等禁用剧毒化学品,危害公共安全,应当以"非法制造、买卖、运输、储存危险物质罪"[①] 论处。换言之,假设三聚氰胺的毒害性相当于毒鼠强等禁用剧毒化学品、是刑法意义上毒害性的危险物质,张玉军制售"蛋白粉"的行为,也只可能构

[①] 这是《刑法修正案(三)》确立的新罪名,即《刑法》第 125 条第 2 款规定:"非法制造、买卖、运输、储存毒害性、放射性、传染病病原体等物质,危害公共安全的,依照前款的规定处罚。"

成非法制造、买卖、运输、储存危险物质罪。当然，如前所述，三聚氰胺的毒害性轻微，与毒鼠强不可同日而语，不属于刑法意义上的危险物质，张玉军的行为，自然也不存在成立非法制造、买卖、运输、储存危险物质罪的余地。

或许，法院已经认识到，认定张玉军非法制造、买卖、运输、储存危险物质罪明显缺乏规范学的支持，而以危险方法危害公共安全罪的罪名及其犯罪构成具有模糊性、抽象性、宽泛性、口袋性，能够掩饰其结论与规范学的冲突。这涉及更深层的问题，通过模糊化的口袋罪名（以前是流氓罪、投机倒把罪，当今以危险方法危害公共安全罪、非法经营罪），突破规范学原理、掩饰重处罪犯根据的不足，进而扩张刑罚权，是罪刑法定原则在当下中国遭受的挑战之一。由于立法缺陷，在1997年之后的刑事司法实践中，以危险方法危害公共安全罪频频充当"救火员"和"遮羞布"，以大而化之的罪名屡屡在规范学上蒙混过关、掩饰刑罚权的滥用，三鹿奶粉案就是典型。笔者已经在《谨慎判定"以危险方法危害公共安全罪"的危险相当性——兼析具体危险犯的可罚性标准》[①]一文中反思了这一问题，此处不再赘述。

（二）将"蛋白粉"掺入原奶的定性：生产、销售伪劣产品罪

法院认定奶站经营者耿金平构成生产、销售有毒食品罪，该罪是故意犯，要求行为人对所掺入非食品性原料的"有毒、有害性"有明确认识，但耿金平尚未认识到"蛋白粉"的"有毒、有害性"，因此，不成立该罪。

1."有毒、有害性"属于构成要素，行为人必须明知

《刑法》第144条规定："在生产、销售的食品中掺入有毒、有

---

① 高艳东：《谨慎判定"以危险方法危害公共安全罪"的危险相当性——兼析具体危险犯的可罚性标准》，载《中国刑事法杂志》2006年第5期。

害的非食品原料的,或者销售明知掺有有毒、有害的非食品原料的食品的,处……"根据法条表述,"有毒、有害性"属于犯罪构成的内容,根据责任主义的要求,只有耿金平对"有毒、有害性"有认识时,才能够成立该罪。

有学者提出相反观点,认为"明知是对于原料性质的明知,而不是对于有毒有害性的明知。有毒性和有害性实际上是原料相对于人体的健康和生命而言的,其不仅包括对于人体机理和功能的认知,还包括对于原料本身的化学属性、含量成分的认知。如果要求生产、销售奶粉的人掌握以上两方面的知识,无疑对犯罪主体的主观认知提出了极高的要求,从而为认定犯罪带来极大困难,导致犯罪的认定失去了确定性,这显然不利于打击犯罪。所以,在认定生产、销售有毒、有害食品罪的主观方面时,只能要求行为人具有对于掺入非食品原料的明知,而不要求对于有毒有害性具有明知"①。基于认定"有毒、有害性"的困难性,而不要求行为人明知,这有悖于"规范要素同样要求行为人明知"的责任主义要求。

首先,规范性构成要素要求行为人明确认识。在刑法理论上,犯罪构成要素可以分为描述性因素和规范性因素,描述性因素是指那些简单地以人们的经验为基础来判断的因素,如妇女、枪支;而规范性因素是指必须根据某个特定的标准进行价值判断的因素,如猥亵、淫秽。②《刑法》第144条的"有毒、有害的非食品原料",包含着两种性质的犯罪构成要素:"非食品原料"属于描述性要素,只需要根据生活常识,进行事实性判断,即可认定行为人是否明知;相反,"有毒、有害性"属于规范性的犯罪构成要素,判断对其的明知,不仅要考虑社会评价和相关规定的内容,更

---

① 王玉珏:《刑法第144条中"有毒有害非食品原料"的合理定位——以近晚食品安全事件为例》,载《法学》2008年11期。

② 参见〔意〕杜里奥·帕多瓦尼:《意大利刑法学原理》,陈忠林译,法律出版社1998年版,第102页。

要考虑行为人的认知能力，既要进行事实判断，也要进行价值判断。显然，判断行为人对规范性要素的认识，相对复杂，如罗克辛教授所言：描述性的因素要求感性的表象，而规范性的因素需要精神上的理解。① 但是，不能因为对规范性要素认识的判断难度大，而认为可以脱离责任主义的控制。在故意犯中，"如果典型事实中包含规范性的因素，行为人必须对这种因素的法律或非法律价值有清楚的认识（即行为人必须对这些因素的性质有正确评价），因为按照法律规定，行为人的这种评价为犯罪构成的必要因素之一"②。无疑，"有毒、有害性"等规范性构成要素也要求行为人认识到。

其次，肯定了行为人应当认识到作为规范构成要素的"有毒、有害性"，并不等于说，行为人要完全了解"有毒、有害性"的具体内容。在认识程度上，对"有毒、有害性"的认识仅以犯罪构成要件事实为限，并非"其不仅包括对于人体机理和功能的认知，还包括对于原料本身的化学属性、含量成分的认知"，因为"原料本身的化学属性、含量成分"不是构成要件事实，不需要行为人认识到，如同在杀人罪中，行为人只要认识到自己射击的是"人"即可，而受害人的姓名、性别，均不是构成要件事实，不要求行为人认识到。从这个意义上讲，行为人对"有毒、有害性"的认识是"类别化的抽象认识"，不是"具体化的个别认识"。与三鹿奶粉案相关的是，即使田文华不知道三聚氰胺的化学名称、致害原理与产品中的含量，只要其知道三鹿奶粉导致了婴幼儿的伤亡，就可以肯定其已经认识到"有毒、有害性"。

2. 生产、销售有毒、有害食品罪不能引入严格责任

"有毒、有害性"也不能作为责任主义的例外。有学者认为：

---

① 参见〔德〕克劳斯·罗克辛：《德国刑法学 总论（第1卷）：犯罪原理的基础构造》，王世洲译，法律出版社2005年版，第201页。
② 〔意〕杜里奥·帕多瓦尼：《意大利刑法学原理》，陈忠林译，法律出版社1998年版，第208页。

"行为人实施的将三聚氰胺掺入食品,或销售明知被掺入三聚氰胺的食品的,即构成生产、销售有毒、有害食品罪。至于是否有毒、有害,只是鉴定问题,如果造成实际损害,则犯罪确定无疑。"① 认为"有毒、有害性"只是一个鉴定问题、而非认识内容,必导向严格责任与结果责任。例如,2005 年,生产商在食品中添加了当时被认为无害的防腐剂,2007 年,由于科技的进步,该防腐剂被鉴定出对人体有害并对某些特殊体质的人造成了损害,按照上述学者的观点以,生产商也构成生产、销售有毒、有害食品罪。这会过于扩大打击面,出现"科技进步产生罪犯"的不合理现象。虽然在食品卫生和环境等领域,严格责任有存在的合理性,我国亦有学者倡导"责任主义原则允许例外"②,但是,考虑到该罪的法定刑极重、"有毒、有害性"是犯罪构成要素、"有毒、有害性"的相对性与可变性,目前,对"有毒、有害性"尚不存在探讨责任主义原则例外的余地。

3. 在伤亡后果出现之前,耿金平未认识到"蛋白粉"的"有毒、有害性"

在婴幼儿伤亡的后果被曝光之前,与多数公众一样,张玉军、耿金平虽然明知"蛋白粉"是非食品原料,但无法认识到三聚氰胺的"有毒、有害性"。

首先,耿金平没有认识三聚氰胺有毒、有害性的能力,连专家都不明知三聚氰胺的有毒、有害性,耿金平更无从知道。三鹿奶粉案的特殊性在于,三聚氰胺是新型添加剂、之前没有造成过危害,与瘦肉精、苏丹红等已经被公众了解的添加剂不同,在耿金平向原奶中掺入"蛋白粉"时,公众还不知道三聚氰胺的危害性,

---

① 王玉珏:《刑法第 144 条中"有毒有害非食品原料"的合理定位——以近晚食品安全事件为例》,载《法学》2008 年 11 期。
② 梁根林:《责任主义原则及其例外——立足于客观处罚条件的考察》,载《清华法学》2009 年第 2 期。

"'毒奶粉'事件发生后不久,9月11日,中国卫生部就与世界卫生组织进行联系,希望其协助对三聚氰胺的毒性进行评估……但遗憾的是,目前所有的研究成果,都是基于三聚氰胺动物实验得到的。由于尚无三聚氰胺的直接人体试验数据,只能根据动物试验外推其影响"①。连相关领域的外国专家也不明知三聚氰胺的有毒、有害性,"美国公共健康协会的主任乔治·本杰明是该报告(即《三聚氰胺及类似物安全性与风险中期评估》)的六位评审专家之一。他在接受《财经》记者采访时就坦言,目前对三聚氰胺的人体毒性仍然知之甚少"②。显然,不能期待张玉军、耿金平具有超越专家的能力而认识到三聚氰胺的有毒、有害性。

其次,张玉军、耿金平缺乏认识到三聚氰胺有毒、有害性的途径。判断行为人是否明知添加物的有毒、有害性,应从以下途径入手:一是已有相关规定告知了该物质的有毒、有害性,且该规定能够被行为人了解,如瘦肉精;二是根据行为人的生活经验和常识能够判断是有毒、有害物质,如农药;三是行为人了解到该物质已经造成(过)危害;四是有其他证据证明行为人明知有毒、有害性。显然,耿金平没有判断"蛋白粉"有毒、有害的有效途径。三聚氰胺是新型添加剂,此前没有规定告知国民其有毒、有害;在长期、大规模的添加过程中,没有危害后果的报道;耿金平连添加剂的具体名称、性质都不知道,缺乏了解三聚氰胺的生活经验,例如,制售"蛋白粉"的另一被告人高俊杰"告诉法庭,他和女儿都喝三鹿奶",这说明了当时普通民众缺乏对三聚氰胺有毒、有害性的明确认识。

需要指出的是,不能从生活意义上理解该罪的"有害性",例如,不能把销售用阴沟的水熬成的粥也认定为销售**有害**食品罪。考虑到"有毒"与"有害"的并列关系、该罪极重的法定刑、"有害

---

① 徐超:《三聚氰胺溯源》,载《财经》2008年第20期。
② 徐超:《三聚氰胺溯源》,载《财经》2008年第20期。

性"的危害程度应高于"不符合卫生标准","有害"与"有毒"应相当——具有致人轻伤、重伤和死亡的抽象危险（下文对此有述）。因此，认为"耿金平虽然没有认识到'有毒性'、但能够认识到三聚氰胺作为化工产品的'有害性'"的观点，就无法成立。

最后，即使三鹿奶粉案后行为人对三聚氰胺有所了解，以三鹿奶粉案的剂量将其添加到成人食品中，也难以成立生产、销售有毒、有害食品罪。三聚氰胺的"有毒、有害性"主要是针对婴幼儿的，但是，张玉军、耿金平无法认识到添加了三聚氰胺的原奶会用于生产婴幼儿奶粉，因此，只能认定张玉军、耿金平制售、添加三聚氰胺的行为对象是非脆弱群体的普通人。而向成人食品中添加三聚氰胺，考虑到三聚氰胺的轻微毒性，一般不宜认定为生产、销售有毒、有害食品罪。否则，会把很多和三聚氰胺危害性一样的普通添加剂（洗衣粉、漂白粉等）都认定为"有毒、有害的非食品原料"，使生产、销售有毒、有害食品罪这一重罪的适用范围过度扩张，有可能导致生产、销售伪劣产品罪中"掺杂"概念的死亡。笔者认为，将来再发生将三聚氰胺添加到食品中的案件时（彼时行为人已经了解了三聚氰胺的性质），应分别处理：一是添加到成人食品中，添加剂量不大且未造成严重后果，应以生产、销售伪劣产品罪或生产、销售不符合卫生标准的食品罪论处；二是添加到婴幼儿等脆弱群体的食品中，无论添加多少，则又构成生产、销售有毒、有害食品罪；三是添加量极高或者明知产品已造成伤亡后果仍然销售的，应按照投放危险物质罪论处。

总之，张玉军、耿金平对于三聚氰胺的"有毒、有害性"缺乏认识。在刑法上只能认定，耿金平明知是"非食品原料"而添加到原奶中，这是生产销售伪劣产品罪中的掺杂行为。在法理上还要考虑到，三鹿奶粉案是新型添加剂三聚氰胺造成危害的"开山之作"，刑法以"下不为例"的态度对待普通国民，既是刑事政策的需要——刑法应进行必要的收缩以实现"刑新罪用轻典"；也是规范学的要求——国民对新型毒害物质的认识能力与程度较差、规范意识较弱、可谴责性较弱。

(三) 企业高管销售问题奶粉的定性：投放危险物质罪

法院认定田文华构成生产、销售伪劣产品罪，这没有考虑田文华具有专家般的认识能力、已经认识到了伤亡后果的罪过内容、具有制止损害蔓延的法定义务等情况。田文华的客观行为是"生产、销售含有三聚氰胺的婴幼儿奶粉和成人液态奶"，客观结果是造成"不特定多人伤亡"。与张玉军制售"蛋白粉"的行为缺乏构成要件符合性、无法被刑法独立评价不同，田文华的行为本身就具备构成要件符合性和违法性，可以被刑法独立评价。田文华实施了两个行为：生产、销售含有三聚氰胺的婴幼儿奶粉；生产、销售含有三聚氰胺的成人液态奶。由于这两个行为针对的对象不同，其性质完全不同：明知含有三聚氰胺而生产、销售成人液态奶，属于生产、销售伪劣产品罪；如果明知婴幼儿奶粉中含有三聚氰胺而生产、销售，属于生产、销售有毒、有害食品罪（为便于阅读，以下简称为"销售有毒食品罪"），但田文华明知婴幼儿奶粉含有三聚氰胺**且已经造成伤亡后果**而仍然销售，属于投放危险物质罪，应与生产、销售伪劣产品罪数罪并罚。

笔者重点分析田文华的第一个行为"生产、销售含三聚氰胺的婴幼儿奶粉"的性质。首先可以肯定，生产、销售伪劣产品罪无法全面评价田文华行为的危害性。生产、销售伪劣产品罪属于相对轻罪，以销售金额作为量刑情节，没有将伤害后果作为构成要素或量刑情节，无法评价行为人对轻伤、重伤、死亡后果有认识且对人身健康造成侵害的情形。因此，田文华明知已致人伤亡仍销售问题婴幼儿奶粉的行为，还同时触犯其他罪名。

1. 当以婴幼儿为对象时，三聚氰胺就是危险物质

三聚氰胺的刑法性质，会随行为对象和认识内容两变量的变化

而变化。有人会反问：张玉军不存在成立危害公共安全罪的余地，而田文华却成立投放危险物质罪；在判断张玉军的行为性质时，三聚氰胺不是刑法中的危险物质，只是普通化工产品；而在判断田文华的行为性质时，三聚氰胺却变成了危险物质，这岂不是自相矛盾？

这是因为根据行为对象、行为人的认识内容不同，三聚氰胺的刑法性质会有四种可能：

一是属于"伪劣产品"或"不符合卫生标准的食品"中的成分。张玉军的"蛋白粉"、耿金平奶站中的原奶并非专门用于婴幼儿奶粉、他们无法认识到其行为对象是婴幼儿，因此，只能认定其行为对象是普通消费者。这样，判断"蛋白粉"危害性的基准就是社会一般人，而三聚氰胺对于成人并非危险物质，在一般含量时也不是有毒、有害的非食品原料，只属于伪劣产品或不符合卫生标准的食品。

二是属于有毒、有害的非食品原料。如果生产商甲明知所销售的婴幼儿奶粉中含有三聚氰胺，即行为对象是脆弱群体（但尚不知道本人销售的问题奶粉已经导致具体的伤亡后果），此时，就要以该脆弱群体中的平均人为判断基准。由于婴幼儿的脆弱性，刑法须对其进行特殊保护，对常人无明显危害的添加物（如苏丹红、洗衣粉、石灰水），当用于婴幼儿食品时，都应当认定为具有抽象危险性的有毒、有害性非食品原料。那么，因三聚氰胺有致婴幼儿伤亡的危险性，甲能够认识到三聚氰胺对脆弱婴幼儿的抽象危险性，此时，三聚氰胺就是有毒、有害的非食品原料。

三是属于危险物质。田文华不仅明知行为对象是婴幼儿，而且明知问题奶粉已经致人伤亡，在这种情况下继续销售，就能够肯定其认识到本人销售的问题奶粉有致人重伤、死亡的具体、现实危险性，甚至存在认定其"明知伤亡结果必然发生"的余地。此时，三聚氰胺就转化成危害公共（脆弱群体）安全的危险物质。

四是属于故意伤害或杀人罪的犯罪工具。如果乙明知三鹿奶粉已致人伤亡,特地购买了大量三鹿婴幼儿奶粉,以杀人故意大量喂食给配偶与情人所生的婴儿。此时,乙成立故意杀人罪(未遂),三聚氰胺就变成了具有致死性质的杀人工具。

特别要注意的是,客观事物的刑法性质取决于主观内容。[①] 刑法的奥秘就在于,客观上相同的物质和行为,会随着行为人的认识内容、行为对象而发生质变。例如,"以40磅的力量打人胸部一拳"的行为,如果针对健壮的成年人,是无刑法意义的民事侵权行为;如果明知被害人是危重心脏病人,就是故意伤害乃至杀人行为;如果不知道被害人患有心脏病,该行为就不是伤害和杀人行为。同样,白糖在客观上是营养品,但如果行为人明知被害人是重度糖尿病患者而大量喂食之,则白糖就是具有致死性质的杀人工具;如果某厨师为报复社会,向多个糖尿病医院的饮用水、饭菜里大量加入白糖,则行为人成立投放危险物质罪,此时的白糖就变成危害特定群体公共安全的危险物质。同理,在三聚氰胺的性质尚未众所周知时,其在刑法上的性质,取决于行为对象和行为人的认识内容,正是"行为对象是否是婴幼儿"及"是否认识到具有致人伤亡的危险性"这两点差别,使三聚氰胺在张玉军和田文华的行为中成为性质迥异的物质。

2. 投放危险物质罪 vs 销售有毒食品罪:认识到伤亡的危险性程度不同[②]

由于生产、销售有毒、有害食品也可能危害到公共安全,因

[①] 对于幻觉犯(如误认为硫磺是剧毒物质)、迷信犯不适用这一结论。除此之外的认识错误,都适用该结论:误把白糖当成砒霜给仇人吃,客观上的白糖因杀人故意而具有了杀人工具的性质;误把砒霜当成白糖给亲人吃,客观上的剧毒物因缺乏杀人故意而不是杀人工具。虽然对第一个结论有争议,但是,在原则上,客观事物的刑法性质取决于主观内容、至少受其影响,是规范刑法学的不二法门。

[②] 区别投放危险物质罪和销售有毒食品罪的标准,也可以变通地适用于区别危害公共安全罪与生产、销售伪劣商品罪。

此,如何区分生产、销售有毒、有害食品罪和投放危险物质罪,是一个理论难题。传统理论主要是从发生领域和主观方面来区分两者:在行为条件上,前者是发生在生产、经营领域的,后者一般与生产、经营活动没有关系①;在主观方面,前者的目的是非法牟利,后者的目的是造成不特定多数人的伤亡,行为人在食品中掺入有毒、有害的非食品原料虽然是明知的,但并不希望致人伤亡的结果发生,如果行为人生产、销售有毒、有害食品,目的就是追求致人伤亡的结果发生,则应认定为投放危险物质罪。② 笔者不赞成这种理解:一是发生领域并非犯罪构成要素,人为限定发生领域于法无据;二是法条没有将"牟利"作为构成要素,是否牟利对该两罪来说只是动机,不能成为区别的标准;三是以"是否希望伤亡后果出现"作为区别标准没有真正解决难题,如果行为人希望、追求伤亡结果,即使该有毒食品致人伤亡的可能性很小,也应直接评价为投放危险物质罪或侵犯人身权利罪,但问题在于,刑法没有否认该两罪可由间接故意构成,当行为人不希望、不追求伤亡后果、但对伤亡后果有认识时,在放任心态下销售了有毒食品,如何定罪就是一个司法难题。显然,不能认为只要是由食品造成的伤亡后果,就应定为销售有毒食品罪;也不能认为只要造成了不特定多人伤亡的后果,就应定为投放危险物质罪,这都是客观归罪。

(1) 区别间接故意时两罪的标准。③ 笔者认为,在日益重视人身健康与食品安全、不良厂商与产品的危害性越来越严重背景下,社会对生产者的要求应越来越高,在刑法上,应逐渐加重对生产者的苛责,从"对致人伤亡危险性的认识程度"来区分两罪:

一是销售有毒食品罪的行为人对非食品原料的有毒、有害性有

---

① 参见张明楷:《刑法学》(第三版),法律出版社 2007 年版,第 557 页。
② 参见高铭暄、马克昌主编,赵秉志执行主编:《刑法学》,北京大学出版社 2000 年版,第 393 页。
③ 限于篇幅,本文没有详细讨论对伤亡后果仅有过失的情况。

认识，在有毒、有害性涉及生命健康时①，行为人只能认识到致人轻伤的具体危险性、致人重伤和死亡的抽象危险性，但是，没有认识到致人重伤、死亡的具体危险性。换言之，在认识内容上，占主导地位的认识内容是食品的"可食用性"，而不是非食品原料具有致人重伤、死亡现实危险性的"有毒、有害性"。

二是如果行为人认识到有毒食品有致人重伤、死亡的具体危险性，就成立投放危险物质罪。一旦行为人对有毒食品致人重伤、死亡的现实危险有明确认识，行为在刑法上的性质就完全改变了，就不能再按照《刑法》分则第三章"破坏社会主义市场经济秩序罪"论处了，此时行为人侵犯的法益已经发生了质变，应按照危害公共安全罪或侵犯公民人身权利罪论处。②

（2）以对危险的认识内容和程度来区分两罪，兼顾了法益与法定刑的差别。如果客观危害相同（两罪都可能造成不特定多人重伤、死亡的危害后果），就应对重罪要求更严重的主观恶性，才能罚当其罪。在认识内容上，投放危险物质者认识到的危害后果更严重，对同样危害后果的危险认识程度更高。

首先，销售有毒食品罪属于相对轻罪，法律和司法解释以轻伤、重伤、死亡作为法定刑升格的标准；因此，行为人应认识到"有毒、有害食品"有造成轻伤、重伤、死亡的危险性；如果认为行为人可以对伤亡后果完全无认识，显然与该罪极重的法定刑相悖，也与过失致人死亡罪的处罚失衡。换言之，行为人认识到《刑法》第144条中的"有毒、有害性"，就意味着认识到了致人伤亡

---

① 有毒、有害食品还可能造成中毒事故和严重食源性疾患，但造成这两种情形时与投放危险物质罪比较好区分，且三鹿奶粉案主要涉及的是生命健康损害，笔者就主要讨论这两个罪名与生命健康损害的关系。

② 当然，按照目前的理论，法益对犯罪构成的影响也不是绝对的，一是个别非侵犯人身权的罪名，因行为方式的特殊性，需要包容故意重伤乃至杀人行为，如抢劫罪；二是很多非侵犯人身权的罪名，也需要包括过失致人重伤、死亡的结果，如危害公共卫生罪。

的危险性。投放危险物质罪是相对重罪①,以重伤、死亡作为法定刑升格的标准,因此,行为人应认识到危险物质具有致人重伤、死亡的危险性。

其次,两罪的行为人都可能认识到致人重伤、死亡的危险性,但程度应有差别。针对同样的结果,轻重罪主观恶性的区别首先应体现在认识程度的差别——认识到的致人伤亡危险性的程度不同。这样,相对轻罪销售有毒食品罪在主观上只能认识到重伤、死亡的抽象危险性,或轻伤的具体危险性;而相对重罪投放危险物质罪在主观上应认识到重伤、死亡的具体危险性。②

最后,行为人仅有认识到致人轻伤的危险性(含具体和抽象),不宜认定为投放危险物质罪。这要考虑到与故意伤害罪的平衡,根据《刑法》的规定,故意伤害造成轻伤结果,处3年以下有期徒刑,致人重伤的,处3年以上10年以下有期徒刑;而投放危险物质致人轻伤或没有实害后果时,就要处3年以上10年以下有期徒刑,处罚极为严厉。如果把仅有致人轻伤危险、没有其他实害后果的行为也认定为投放危险物质罪,会使罪刑失衡。在解释论上只能认为,刑法对投放危险物质致人轻伤时,设置了相当于故意伤害罪致人重伤时的法定刑,原因在于,投放危险物质造成轻伤时,具有造成不特定多人重伤、死亡的具体危险性,这样,才能做到罪刑相适应。

(3)刺破经济犯罪的面纱,对(间接)故意侵犯生命健康的行为,应优先评价为侵犯人身权利罪、危害公共安全罪。

---

① 在立法上,投放危险物质罪要从14周岁开始负刑事责任,适用死刑的门槛更低,同样后果对应的法定刑更重。在观念中,投放危险物质罪带有暴力色彩,危及社会基本秩序,涉案罪犯的人身危险性极高。

② 认识到具体危险性,就不可能是过失。而认识到抽象危险性,可能是间接故意或过于自信的过失。例如,果农在苹果上喷洒了敌敌畏,次日有居民来购买苹果,果农盈利心切,把苹果摘下卖给居民但叮嘱到:"一定要削皮吃",后苹果被小孩啃食并造成伤亡;果农销售有毒食品的行为是故意的,也认识到了致人伤亡的抽象危险性,但对于伤亡后果是过失。

首先，在现代刑法中，生命健康是帝王法益，无论行为人实施的是食品犯罪还是环境犯罪，一旦认识到有致人伤亡的危险性，尤其是认识到具体危险性的（间接）故意侵犯人身权的行为，就应认为具有自然犯的性质，应按照以保护生命健康为己任的危害公共安全罪和侵犯人身权利罪论处，如此才能体现出刑法重在保护生命健康权的价值取向。需要指出的是，在我国刑法评价体系和国民观念中，轻伤尚没有压倒性地位，可以为经济、财产等犯罪包摄，因此，这里的侵犯生命健康权应限定为重伤、死亡的结果；同时，刑法的风向标取决于故意犯，因此，对重伤和死亡结果仅有过失的，仍可评价为不以保护生命健康为主旨的经济犯罪。

其次，由于立法缺陷，我国刑法在销售有毒食品等罪中以重伤、死亡后果作为适用重刑的条件，使部分经济犯罪在一定程度上可以包摄（间接）故意侵犯人身权利的行为。即便如此，在解释论上，对于故意侵犯人身权利的行为，应当优先、尽量评价为侵犯人身权利罪，以使经济犯罪与侵犯人身权利罪实至名归、各负其责。原因有三：一是这种立法模式导致非侵犯人身权利罪的法定刑过重，导致重刑罪名过多；二是若任由经济犯罪包摄评价故意侵犯人身权利的行为，会形成本末倒置，导致侵犯人身权利罪的萎缩，弱化刑法保护人身健康的核心任务；三是我国刑法分则以法益为标准对犯罪进行分类，各个罪名也根据法益内容确立构成要件，如果把实质上侵犯人身权的行为，纳入破坏社会主义市场经济秩序罪等罪名中评价，会颠倒《刑法》分则赖以存在的逻辑关系，使犯罪构成与法益理论陷于混乱。

最后，考虑到我国的立法现状，也不宜把所有（间接）故意侵犯人身权利的行为都按照侵犯人身权利罪论处。国外很多学者主张，只要对死伤结果有认识，就一律认为构成侵犯人身权利罪。如《日本刑法典》第142、143、144条分别规定了"污染净水""污染水道""将毒物等混入净水"三个罪，其中第142条规定："污染供人饮用的净水而导致不能饮用的,处六个月以下惩役或者十万元以下罚金。"第 145 条规定:"犯前三条之罪(净水污染罪·水道污染罪·净水毒物等混入罪),因而致人死伤的,与伤害罪比较,依照较重的刑罚处断。"按照大塚仁教授的解释,该条"是净水污染罪、水道污染罪、净水毒物等混入罪的结果加重犯。需要对死伤的结果没有表象·认容。对死伤的结果存在表象·认容时,成立杀人罪·伤害罪,构成与净水污染罪·水道污染罪·净水毒物等混入罪的观念的竞合"①。把间接故意致人伤亡的行为,都认定为也成立侵犯人身权利罪的主张,在理论上当然具有合理性。但如果将这一观点用到我国刑法的销售有毒食品罪中,会导致多数销售有毒食品的行为都要按照侵犯人身权利罪论处,同时会使该罪极重的法定刑显得过于苛刻——即对伤亡结果有过失时就可能适用死刑。因此,应折中解释,认为销售有毒食品罪也可以涵摄评价部分对伤亡后果有间接故意的行为,但只能以认识到致人重伤、死亡的抽象危险性为限,一旦对致人重伤、死亡的具体危险性有了认识,就应该按照投放危险物质罪论处。

3. 田文华认识到致人重伤、死亡的具体危险性,成立投放危险物质罪

(1)对危险性的认识程度决定了罪名不同。同样是含三聚氰胺奶粉的生产商,如果因行为对象、对三聚氰胺危害性的认识不同,导致对危险性的认识程度不同,罪名就不同:

一是对致人轻伤、重伤、死亡的危险性无认识。如奶粉商 A 明知全脂奶粉中掺有三聚氰胺而销售,但行为对象即奶粉的使用者是成年人,则无论 A 是否了解三聚氰胺,都可以肯定其没有认识到致人伤亡的危险性,应按照生产、销售伪劣产品罪或生产、销售不符合卫生标准的食品罪处理。

---

① 〔日〕大塚仁:《刑法概说(各论)》(第三版),冯军译,中国人民大学出版社 2003 年版,第 477 页。

二是认识到行为具有致人轻伤、重伤、伤亡的抽象危险性。如奶粉商 B 明知婴幼儿奶粉中掺有三聚氰胺，既了解三聚氰胺也明知行为对象是婴幼儿；但是，B 虽然认识到了该含量的三聚氰胺对婴幼儿有害，但不能肯定该含量的三聚氰胺致婴幼儿伤亡的现实性。如，同类产品尚没有造成伤亡后果，没有相应致婴幼儿伤亡的含量标准，没有专业人士或机构告知其产品致婴幼儿伤亡的危险性。这时，在认识程度上，B 只认识到了致人伤亡的抽象危险性——三聚氰胺是有轻微毒性的化工原料、可能对婴幼儿有严重损害，并没有认识到三聚氰胺致婴幼儿重伤、死亡的具体危险性。B 成立销售有毒食品罪。

三是认识到致人重伤、死亡的具体危险性。如奶粉商 C 明知婴幼儿奶粉中掺有三聚氰胺，既了解三聚氰胺，也明知行为对象是婴幼儿，且通过以下途径认识到致婴幼儿重伤、死亡的具体危险性：自己或他人的同类产品已经致人伤亡；有专业人士或机构告知产品致人伤亡的危险性；有规定明确说明了三聚氰胺的严重危险性，或告知了致人伤亡的含量标准而该产品超过了此标准；从生活常识或个人经验判断，明显具有致人伤亡的现实危险性，如三聚氰胺含量已经达到奶粉总重的 10%，已经失去了食用价值。此时，就应肯定 C 成立投放危险物质罪。

（2）田文华已经通过有效途径，肯定了问题奶粉致人伤亡的现实性，就认识到了具体危险性。在学理上，判断抽象危险性与具体危险性并没有绝对标准，只能进行个案判断。在多数情况下，通过客观方面能够推断行为人的认识程度。具体而言，能否通过有效途径或可靠证据，进一步明确或肯定了行为致人重伤、死亡的现实性、具体性，就是判断行为人认识到具体危险性的关键。如果判断认识程度有困难，就按照有利于被告人的原则处理。

首先，行为人认识到伤亡结果后，认识到的危险程度就从抽象危险转换为具体危险。有多种途径可以肯定行为人认识到具体危险性，其中结果发生是最可靠的证据，结果一发生、抽象变具体。例如，菜农张某为除虫而在空心菜上喷洒了正常浓度的敌敌畏，次日因菜市场缺少空心菜，张某求利心切将喷洒过敌敌畏的空心菜出售，引发中毒事故。作为菜农，张某显然知道敌敌畏的有毒性、禁用性，认识到了敌敌畏有致人伤亡的抽象危险性——致人伤亡的危险还没有现实化，成立销售有毒食品罪。反之，在张某知道自己出售的空心菜已经引发中毒的情况下，为减少损失，另换地方，将剩余空心菜出售，并再次引发中毒事故。张某在第二次卖菜时，通过第一次中毒事故，认识到危险程度提高了，已认识到了致人伤亡的现实性即具体危险性，就成立投放危险物质罪。

其次，在三鹿奶粉案中，三聚氰胺致婴幼儿伤亡的抽象危险性通过伤亡后果被具体化、现实化，在田文华知道了伤亡后果之后，就认识到了三聚氰胺致婴幼儿伤亡的具体危险性。如果田文华仅知道产品中含有三聚氰胺、但尚没有出现伤亡后果，在这种情况下销售问题婴幼儿奶粉，就是只认识到致人伤亡的抽象危险性，成立销售有毒食品罪。但田文华的认识程度因伤亡后果的出现而发生了质变，2007年12月以后，三鹿就收到了消费者反映奶粉致病的投诉，至2008年8月1日三聚氰胺检测报告出来时，全国已有众多患者住院、多人死亡，这时，田文华就认识到了问题奶粉致人重伤、死亡的具体危险性，而田文华直到2008年9月12日才停止生产、销售问题奶粉，这一阶段的行为属于投放危险物质罪。

总之，对致人伤亡后果的明知，决定了田文华认识程度上的升格，使其不仅有别于张玉军、耿金平，也有别于其他奶粉商（如同样含有三聚氰胺的雅士利、南山婴幼儿奶粉商）。

4. 在客观上，销售属于投放行为，不召回是不作为的投放

明知奶粉有毒而销售的行为是投毒行为，不召回产品是不作为的投放。田文华的"投放"行为表现在两方面：

（1）以销售的方式积极投放。首先，"销售"符合投放危险物

质罪的行为本质。由于实行行为是法益损害的直接原因，因此，只有根据法益内容来解释实行行为，才能更好地发挥刑法的保护（法益）机能。"投放"的本质是危害公共安全，刑法并不在乎投放的具体方式，使危险物质蔓延、扩散、传播的行为，都是危害公共安全的"投放"。在2008年8月1日之后，田文华明知奶粉含有三聚氰胺且已致害，仍然没有停止销售——"三聚氰胺含量在10mg/kg以下的可以销售"，就是以销售的方式，将毒奶粉"投放市场"，借助品牌效应和销售网络，这是扩散性更快的投放行为。需要指出，田文华向市场投放毒奶粉，伴有营利目的并借助了销售人员的经营行为，但刑法不注重行为动机和原因。如果非要从道德上评价，那么，是一种性质更恶劣（害人又营利）、危害更严重（庞大的销售网络使之扩散性更强）的投放行为。

其次，把销售解释为投放，没有任何障碍，有的国家就把销售有毒食品规定为投毒的行为方式。如德国刑法所规定的投毒罪，就包括明知为毒物而出卖等行为，《德国刑法典》在第二十八章"危害公共安全罪"第314条"危害公共安全的投毒"中规定："1. 在被控制的水源、水井、输水管道或饮用水器皿中的水中，或2. 被用于公共销售或消费的物品中，掺入危害健康的有毒物质，或销售、陈列待售或以其他方式将第2项被投毒或掺入危害健康的有毒物质的物品投入使用的，处1年以上10年以下自由刑。"可见，德国刑法关于投毒罪的规定，一方面不限于对饮用水中投放毒物或其他危险物品，而是包括对供公众消费的物品中投毒；另一方面还包括明知为有毒物品而使之流通市面的行为。德国刑法之所以如此规定，是考虑到一般所说的投毒，与明知为有毒物品而使之流通市面的行为，在性质与危害上并没有区别，故视为投毒罪。①

最后，许多国家和地区的刑法均规定，明知食品有毒而销

---

① 参见张明楷：《外国刑法纲要》，清华大学出版社1999年版，第690页。

售，就是危害公共安全罪。如《意大利刑法典》将"在水或食物中投毒罪"与"销售有毒食品罪"都规定在"危害公共安全罪"中；《丹麦刑法典》第187条规定的"在用于销售或者公众使用之产品中，添加毒物或其他物质，以便该产品被按照其设计目的使用时危及他人健康"，也是规定在"引致公共危险罪"中；《西班牙刑法典》第364条规定的"在食品饮料中掺杂对健康有害物质，以供销售……"，也是放在"危害公共安全罪"中；《瑞典刑法典》也都把销售有毒食品及类似行为规定在危害公共安全罪中。在理论上，必须考虑这一立法常识，通过合理解释来弥补我国刑法的立法缺陷。考虑到与其他国家和地区严厉的食品安全制度相比，我国的食品标准和卫生意识较落后，因此，笔者根据行为人的认识程度，只将部分销售有毒食品行为解释为投放危险物质罪。

（2）不召回产品属于不作为的投放。在2008年8月1日田文华知道三聚氰胺检测结论及危害后果时，就应立即将已售出的婴幼儿奶粉无条件召回，但田文华没有召回产品，就属于不作为犯罪。

首先，在作为义务的来源上，田文华具有无条件召回所有产品的法定义务。2007年8月27日的《食品召回管理规定》明确要求生产者应当主动召回不安全食品，该规定第20条规定，召回行为应是"一级召回应当在1日内，二级召回应当在2日内，三级召回应当在3日内，通知有关销售者停止销售，通知消费者停止消费"。

其次，田文华未实施召回行为，没有履行作为义务。田文华的行为是，用三聚氰胺含量低的奶粉调换三聚氰胺含量高的奶粉，"逐步将含三聚氰胺的产品通过调换撤出市场"[①]。在时间上，调换不属于即时而迅速的召回行为；在效果上，调换没有"通知消费者停止消费"，未消除危险状态。因此，在明知三鹿婴幼儿奶粉含有三聚氰胺并已致害的情况下，田文华没有实施召回行为，属于不作

---

① 王和岩、朱弢、叶逗逗：《"毒奶粉"审判》，载《财经》2009年第1期。

为的投放。

最后，即使田文华对奶粉中被掺入三聚氰胺没有过错，也不妨碍其成立不作为犯罪。类似的例子有，化工厂商店的甲误把氰化钠当成食盐卖给厨师乙，乙用其做好饭菜，此时，甲打电话告诉乙自己的失误，乙担心被责骂，未告知送饭的工作人员，导致多人死亡，乙的行为就属于不作为的投放危险物质罪。

四、刑法应然：价值立场的正确回归

笔者得出了与法院完全相反的结论：田文华成立投放危险物质罪和生产、销售伪劣产品罪，应数罪并罚，刑事责任最重；耿金平成立生产、销售伪劣产品罪，刑事责任居中；张玉军属于耿金平的帮助犯，刑事责任最轻。三鹿奶粉案在规范学上的迷失，源于其错误的价值立场。

（一）经济罪名不能成为恶意经营者的避风港

经济犯罪中经常存在身份与责任的倒金字塔结构，例如，司法机关常对底层的贫困型犯罪怒目相向，用以危险方法危害公共安全罪重罚菜农在蔬菜中喷洒敌敌畏、农民工盗窃井盖等行为，但对于导致重大伤亡事故的名企恶意经营或施工行为，却常常网开一面；司法解释也是厚此薄彼，对"蓝领型"的诈骗罪以3000元为追究门槛，而对白领型的保险诈骗、贷款诈骗罪以1万元为起步价（单位实施保险诈骗罪的起刑数额为5万元）。如果统计一下司法机关适用死刑、服刑10年以上的罪犯构成情况，不难发现，对名企高管的量刑及行刑总体相对宽和。

刑法在经济领域要张弛有度，对因经营风险、商业投机导致的侵犯财产权行为，应主要适用罚金刑以实现刑罚谦抑。但是，当逐利行为的背后是漠视生命健康时，软弱的刑罚措施无异于助纣为虐,当法官总以经济罪名庇护故意侵犯人身权的黑心商人时,生命神圣的人本主义立法基石就被经济利益集团玩弄于股掌之间。善于抽丝剥茧、在利益纠织的经济罪行中洞察出侵犯人身权的行为,并准确对之适用最能彰显刑法光芒的侵犯人身权利和危害公共安全罪名的法官,才是社会正义的仰赖。

(二) 对经济犯罪应差别对待:知识影响责任,利益对应刑罚

上文的规范学论证中,隐含着对田文华等优势地位者从严要求的观念。这并非无视刑法平等原则,平等的首要含义是哈特式规则——同样情况同样对待、不同情况不同对待。① 对于自然犯,成年健全人对杀人、盗窃的性质都有相同的理解,规范意识不会因身份而不同,刑法一般应进行无差别化定罪量刑。而在经济领域,身份往往意味着分工,决定着职责、义务和利益的差异;在白领犯罪中,不同身份者常因为知识与经历的差异而形成了不同的规范意识,同样罪行中的违法性认识也有差别;在规范学上,不同行为者的判断基准不同,因此,同样的行为或后果,身份越高可罚性越重。

在三鹿奶粉案中,法官遗忘了与基本正义观有关的身份因素:知识与义务对等,利益与责任同在。知识优势的形成,不仅取决于个人的努力,更源于其占用了更多的社会资源,这相对剥夺了他人的发展机会;即便由个人天赋决定的知识优势,社会也为其支付了很高的知识使用成本(给知识者利益),因此,知识优势者就应尽更多的义务来补偿社会和被剥夺者。刑法应体现"知识优势与社会责任成正比"的正义观,刑法当然不会仇恨优越的知识经验和管理水平,但是,如果知识优势决定了对应的社会义务、模范的管理角色与沉甸甸的个人利益时,那么,我们就能够确信,在违法行为相

---

① 参见〔英〕哈特:《法律的概念》,张文显、郑成良、杜景义等译,中国大百科全书出版社1996年版,第157页。

同时，知识优势者占用了更多的社会资源却没有履行对等的义务，因而反社会性更强。经济领域"知识越多越反动"的说法有其合理性，因为，名企高管的规范可呼吁性最强，对行为违法性的认识程度最高，同样经济罪行体现出其背离职业标准的程度更高、偏离社会要求更远。同时，让利益最大者承担最多的责任，这也是一条元规则。让个人的获利额与责任度对等，通过利益机制引导知识优势转化为生产力，能够最有效地实现个人与社会的双赢。

五、结语：身份、责任与可罚性的对应关系

一纸义正词严的判书，应是一把扭转时局的钥匙，刑事判决是衍生价值最大、附带功能最全的法律文书，亦是社会价值与观念的风向标。重大刑案中也蕴含着难得的政治与规范契机：立场鲜明的处罚能够矫正被扭曲的社会价值观念，正确的判决结论能够固定被追随的先进刑法理论。然而三鹿奶粉案的判决令人伤感，在价值立场上，刑法又一次对底层违规者剑拔弩张，与聂树斌式罪及无辜型"杀错"相比，张玉军、耿金平式轻罪重罚型"错杀"，更让法学家们颜面扫地，这是在事实清楚的前提下，用刑法理论的"暴政"把罪不至死者送上了断头台。在规范刑法上，三鹿奶粉案中令人费解的罪名认定缺乏技术含量，相较于循规蹈矩、警惕刑法作用放大的刑法自抑主义者，笔者虽然是一个刑法功能扩张主义者，但对规范学的政治意义忠贞不渝，因为，民事案件可以偏离规范去商量正确结果，而刑法再一次用生命的代价提醒我们，谁若无视规范原理，谁将酿造法治悲剧。错误无可挽回，希望寄托来日。正是：亲戚或余悲，他人亦已歌，三鹿何所道，四鹿可期待。

第六章
组织刷单案：刷单炒信者的刑事责任

案情：全国首例组织刷单入罪案

2013年，被告人李某某创建零距网商联盟网站，利用YY语音聊天工具建立刷单炒信平台，吸纳淘宝卖家注册账户成为会员，并收取300元至500元不等的保证金和40元至50元的平台管理维护费及体验费。李某某在网站平台上制定了刷单炒信规则与流程，组织会员通过该平台发布或接受刷单炒信任务。会员缴纳会费承接任务后，通过与发布任务的会员在淘宝网上进行虚假交易并给予虚假好评的方式赚取"任务点"，使自己能够采用悬赏"任务点"的方式吸引其他会员为自己刷单炒信，进而提升自己淘宝店铺的销量和信誉，欺骗淘宝买家。每单任务网站都要收取0.1个"任务点"，该"任务点"可以在网站内流通，也可以货币化。从2013年2月至2014年6月，被告人李某某共收取平台管理维护费、体验费及"任务点"销售收入至少人民币30万元，另收取保证金共计人民币50万余元。杭州市余杭区人民法院认为，被告人李某某违反国家规定，以营利为目的，明知是虚假的信息仍通过网络有偿提供发布信息等服务，扰乱市场秩序，情节特别严重，其行为已构成非法经营罪，判处有期徒刑5年6个月；犯侵犯公民个人信息罪，判处有期徒刑9个月，两罪并罚，决定执行有期徒刑

5年9个月,并处罚金92万元。①

争点:网络空间能否扩张适用非法经营罪

对刷单炒信能否适用非法经营罪,本质是传统罪名如何应对网络犯罪的问题。立法者设立法条时并没有想过互联网经济,如果恪守非法经营罪的立法原意,就只能"让子弹飞一会",坐视网络空间的乱象蔓延。但这是一种不负责任的理论,刑法解释应当随着经济发展而体现出弹性。事实上,只要本着客观解释的思路,就会发现,非法经营罪完全可以适用于网络空间,刷单炒信也是违反国家规定的虚假宣传行为。理论都有时空相对性,分析案例,笔者更愿意回看5 000年,遥想500年。只有将刑法置于人类历史、社会发展的宏大视野中,才能得出负责任的结论。在波澜壮阔的变革大时代,刑法理论必须有所突破,方能在互联网领域赋予传统法条新活力。这既是我们这一代学人的历史使命,也是网络治理的中国智慧。

提要:刑法应当保护数据信用

刷单炒信是互联网时代特有的造假方式,刑法必须直面中国式造假:在工业时代,市场迟迟走不出制售假货的困境;在数字经济时代,造假更是如鬼魅般粘附不灭,改头换面为更具隐蔽性的刷单炒信。但是,"换汤不换药",刷单行为的实质就是数据造假与经济诈骗。对于组织刷单是否构成犯罪的争论,表面上看是理论界及司法实践中关于形式解释论与实质解释论的冲突,但实质上是工业时代刑法观与信息时代刑法观的交锋。刑法解释必须面向未来,在非接触的网络空间,数据是判断产品优劣、决定消费选择的重要指标,更是国家判断经济

---

① 参见李某某非法经营案,杭州市余杭区人民法院(2016)浙0110刑初726号刑事判决书。

走向的晴雨表。刷单炒信是销量数据造假,在微观上它是欺骗消费者的钱财,在宏观上它是泡沫经济,是经济危机的导火索。打击刷单炒信、保护数据信用,就是保护未来经济。

刷单炒信是互联网经济中的特有现象,其实质是通过夸大卖家销量、虚构买家评价,提升网店知名度,进而增加真实销量。但是,这种数据注水的做法,既妨害了消费者的知情权,破坏了诚信制度,更危害了电商经济的基础。电商中的刷单炒信和"文革"中的"亩产万斤",没有本质区别。仓中空空如也,账上车载斗量,最终会形成泡沫经济,导致国家战略误判,引发经济危机。因此,保护数据信用就是保护未来经济。

一、组织刷单的定性争议

对于组织刷单是否成立非法经营罪,理论界仍存在分歧。一种观点认为,将组织刷单入罪,是基于社会危害性的考量而突破了构成要件的边界,与罪刑法定原则相悖。[①] 如陈兴良教授认为,刷单炒信行为为《反不正当竞争法》所禁止,不存在经营许可的问题,法律没有对刷单炒信作出规定,因此不符合"违反国家规定"要件。此外,组织刷单不符合《刑法》第225条所规定的前三种非法经营情形,而第(四)项"其他严重扰乱市场秩序的非法经营行为"的认定权归属于最高人民法院,在未请示的情况下不能认为组织刷单属于非法经营行为。由此,不可仅基于社会危害性而对其强行入罪。另一种观点认为,组织刷单符合非法经营罪的犯罪构成。如刘仁文研究员认为:"专业从事虚假交易服务的炒信平台,其发布的与虚假交易相关的信息与《最高人民法院、最高人民检察院关于办理利用信息网

---

① 参见陈兴良:《刑法阶层理论:三阶层与四要件的对比性考察》,载《清华法学》2017年第5期。

络实施诽谤等刑事案件适用法律若干问题的解释》（以下简称《网络诽谤解释》）中的'虚假信息'具有同质性，且主观方面也为'明知'。因此，可以直接适用《解释》第7条（非法经营罪），以实现对专业从事虚假交易服务的炒信平台的刑事规制。"①

判断组织刷单是否构成非法经营罪，需要探讨以下问题：一是该行为是否具备"应受刑法惩罚"的社会危害性；二是组织刷单是否"违反国家规定"；三是组织刷单可否被评价为"其他严重扰乱市场秩序的非法经营行为"。

二、社会危害性判断：互联网公害、行政法失灵

组织刷单存在社会危害性，学界没有争议。即便反对组织刷单入罪的学者也承认，组织他人刷单炒信的行为，社会危害性与单个的刷单炒信行为相比要更为严重，应当作为法律打击的重点。但是，判断组织刷单行为能否入刑，关键在于其是否符合非法经营罪的犯罪构成要件，而非对社会危害性的考量。② 进一步梳理组织刷单的严重社会危害性，对于解释非法经营罪的法条，仍然有价值导向和方向指引作用。刑法解释是有弹性的，危害性越严重的行为，越应当采用扩张解释的思路对之定罪。日本学者认为，解释的实质的允许范围是与实质的正当性（处罚必要性）成正比，即越是值得处罚的行为，越有可能被解释为符合刑法规定的犯罪行为。③ 充分理解组织刷单的社会危害性，有助于增加在网络空间客观、扩张解释非法经营罪的学术勇气。

---

① 刘仁文、杨学文：《用刑法规制电子商务失范行为》，载《检察日报》2015年8月26日，第3版。
② 参见陈兴良：《刑法阶层理论：三阶层与四要件的对比性考察》，载《清华法学》2017年第5期。
③ 参见〔日〕关哲夫：《论禁止类推解释与刑法解释的界限》，王充译，载陈兴良主编：《刑事法评论》（第20卷），北京大学出版社2007年版，第362页。

(一) 刑法干预的必要性：产业化、高收益

近些年，互联网经济快速发展，电商行业也逐渐壮大。然而，在这"繁荣"的背后隐藏着秘密，"十个买家九个刷，还有一个是傻瓜"，以此来形容目前行业刷单的常态并不夸张。据新华网报道，2014年以2.79亿元成交额高居天猫"双十一"成交额第六位的女装品牌韩都衣舍和男装品牌杰克琼斯，于"双十一"结束后的近一个月退货率高达64.09%和38.25%，如此高的退货率，主要是因为刷单冲销量。① 由于中国电子商务庞大的经济体量和极低的刷手成本，刷单逐渐成为一个庞大的灰色产业。"淘宝刷单，日赚300元""刷单赚佣金，日入50元到100元"，此类招聘淘宝信誉刷手的广告在网络上随处可见②，"淘刷刷""派代网""Apple刷单平台"等诸多刷单平台更是不计其数。据不完全统计，2014年全国服务于虚构交易的网站有680余家、聊天群等通讯群组500家以上，年资金流在2 000亿元以上，整个虚构交易产业链涉及人员达2 000万人，虚构交易的产品或服务价值更是高达6 000亿元以上。③ "安全"地进行淘宝刷钻、"有效"地提升店铺排名，刷单已经成为电商平台公开的潜规则，其肆无忌惮的发展，形成了"全网作假"的中国奇观。

违法行为的泛滥，势必增加动用刑罚处罚的必要性。组织刷单这一集体造假行为已经规模化、产业化，说明以下问题：一是刷单行为已严重危害了市场经济秩序。电子商务作为我国近些年来经济发展的引擎之一，在传统行业低迷的当下，电商经济是经济秩序的重要组成部分，刑法有义务维护电子商务秩序。二是组织刷单涉及

---

① 参见王晓映：《天猫发布服务细则剑指刷单，重拳打假欲重拾网购信心》，载《通信信息报》2015年1月14日，第9版。
② 参见刘琪：《揭秘灰色刷单大军利益链，淘宝沦为"重灾区"》，载《证券日报》2015年8月22日，第A1版。
③ 参见于潇：《刷单炒信：不是拿你没办法》，载《检察日报》2017年6月21日，第5版。

巨大利益，民事手段无效，行政处罚杯水车薪。当社会治理整体失效时，刑法干预就具有正当性。

(二) 行政治理无效：处罚力度低、地方利益大

首先，相比于刷单的巨大收益，行政制裁成为一种象征性制裁。无论是对于商家还是刷手，行政处罚都无法阻止刷单的巨大利益诱惑。对于商家来说，刷单可以快速提升店铺销量和信誉，有研究已经证明了这一点。据报道，美国研究人员随机采样超过4 000家拥有真实ID的淘宝网店，经过两个月的监控发现，存在虚假交易的网店提升店铺评级的速度比正常经营的网店至少快十倍，甚至能在一天内迅速达到正常卖家经营一年时间方能达到的"升级"效果。[①] 而对于组织刷单者而言，收益更是惊人，2014年号称"刷单第一人"的葛峰，在网络上公开宣称刷单是暴富行业，在微博上晒法拉利轿车，称"双十一"一天就刷出了一辆法拉利轿车。[②]

互联网放大了刷单的利益蛋糕，减少了刷单的分工成本。在巨大利益面前，行政处罚可以忽略不计了。据阿里巴巴专家分析，大型刷单平台的组织者普遍获利百万元以上，而法律设定的处罚金额上限仅为20万元，极低的违法成本与刷单平台获得的巨额违法所得以及对整个电商行业造成的损失相比，难以震慑刷单组织者。[③] 为解决该问题，2018年1月开始实施的《反不正当竞争法》对刷单罚款提高至200万元。但是，刷单一般都采用变换网名等方式逃避处罚，行政机关的取证成本很高、追究率很低。就像无法靠罚款根治假货一样，只靠高额罚款，在巨大的市场利益面前，无非

[①] 参见刘琪：《揭秘灰色刷单大军利益链，淘宝沦为"重灾区"》，载《证券日报》2015年8月22日，第A1版。

[②] 参见李立、吴文婷：《起底"刷单"利益链：一天刷出一台法拉利》，载《中国经营报》2016年3月19日，第15版。

[③] 参见闫岩：《刷单最多只罚20万元怎么破?》，载《国际商报》2016年12月12日，第C1版。

是增加了刷单的成本而已。

其次，行政机关的执法积极性，也会受到地方利益的影响。刷单和假货一样，损害的是国家形象、社会利益，对于地方经济没有直接损害。因刷单而增加销量的网店，会给地方增加收入、就业乃至税收。根据《税收征收管理法修订草案（征求意见稿）》，网店应该依法纳税。央广网曾报道，多地天猫店主被约谈补税；一些地方部门默许刷单行为，比如，桂林税务局工作人员向媒体表示，如果不想让刷单计入交易额，店主需提供证明，这意味着税务部门默许了刷单行为的存在。① 刷单所产生的虚假交易额，可以直接转化为地方税收；而行政处罚的罚款，最终要上缴国库。地方行政机关基于社会压力，会选择性地处罚刷单，但就业、税收等地方利益，会影响行政机关的执法动力。

有学者认为，如果严格执行税收制度，依据网店公布的销售额度来计算税收数额，即对刷单的虚假交易也进行征税，将有效遏制网店经营者的刷单行为。② 这想当然地扩大了税收的威慑力。事实上，我国政府一直致力于降低中小企业税率，尤其自2016年5月1日全面实行"营改增"后，中小企业的税负进一步降低。根据2017年修改的《增值税暂行条例》第12条，小规模纳税人增值税征收率为3%，国务院另有规定的除外。增值税不是简单地根据销售金额纳税，中小企业的实际纳税额远低于销售额的3%。显而易见，企图依靠税收阻止刷单，对利益巨大的刷单产业链而言，无异于扬汤止沸。

(三) 私法治理无力：手段缺乏、利益冲突

电商平台打击刷单行为，是私法治理的路径。阿里巴巴针对刷

---

① 参见刘宝、刘芳：《维护市场公平竞争，当割除电商刷单"毒瘤"》，载《中国商报》2015年9月29日，第10版。

② 参见刘宝、刘芳：《维护市场公平竞争，当割除电商刷单"毒瘤"》，载《中国商报》2015年9月29日，第10版。

单炒信行为成立了"炒信特战队",仅2015年关停的店铺就达2.9万个。① 2016年2月15日至3月15日,淘宝对22万多个刷单卖家、39万多个刷单作出"降权"处罚,有严重刷单行为的6 000多个卖家被封店,1万多个卖家被处以扣分处罚。2017年2月15日,阿里巴巴更是以不正当竞争为由对刷单平台"傻推网"提起诉讼,向其所属公司索赔216万元,被称为刷单平台不正当竞争第一案,体现了电商平台打击刷单行为的决心和信心。②

但是,电商企业没有执法权,缺乏制度保障,以民事手段治理刷单行为,不可能从根本上消除刷单行为。

首先,电商平台作为一个市场主体,与卖家之间是平等的经济合同关系,对刷单行为的处罚极其有限。一方面,电商没有执法权且缺乏制度保障,在取证和认定店家刷单行为的过程中需极为谨慎,稍有不慎,反而会成为被告。③ 另一方面,即使电商认定店家存在刷单行为,处罚也仅限于销量清零、店铺降权、封店等,而卖家可以通过更换身份证件、营业执照重新注册网店。显然,将电商作为打击刷单行为的主体,具有明显的局限性。

其次,依靠电商企业治理刷单行为,可能会形成劣币驱逐良币的效果。事实上,早在2016年,阿里巴巴曾呼吁QQ、YY共同治理刷单"毒瘤",但各大平台公司对此联手行动的态度颇为微妙,持保留态度的电商平台大有人在,有的平台甚至放纵刷单行为。④ 大型电商企业基于平台的生态环境、形象声誉等方面的考虑,会明确抵制、打击刷单行为;但对于小型电商平台而言,虽然

---

① 参见李立、吴文婷:《起底"刷单"利益链:一天刷出一台法拉利》,载《中国经营报》2016年3月19日,第15版。
② 参见于潇:《刷单炒信:不是拿你没办法》,载《检察日报》2017年6月21日,第5版。
③ 参见刘宝、刘芳:《维护市场公平竞争,当割除电商刷单"毒瘤"》,载《中国商报》2015年9月29日,第10版。
④ 参见李立、吴文婷:《起底"刷单"利益链:一天刷出一台法拉利》,载《中国经营报》2016年3月19日,第15版。

从长远看刷单行为会影响平台的可持续发展,但短期内刷单可以带来虚假的人气和繁荣,有利于平台的壮大和发展。长此以往,在大型平台不遗余力打击刷单的同时,小型平台通过默许刷单行为借机发展壮大,成了"刷单打击战"中的赢家,最终导致"鹬蚌相争、渔翁得利"的结局。

概而言之,刷单炒信行为所涉利益巨大,已趋向规模化、产业化,而民事、行政手段已集体失灵。此时,只有以刑法弥补法律漏洞、保护经济秩序,发挥其后盾法、救济法的功能,方能指引电商市场秩序从"刷单乱象"之中破局突围。

三、组织刷单违反"国家规定"

上文论述了刷单"应受刑罚处罚"的必要性,接下来笔者将从法条规范角度,论证组织刷单符合非法经营罪的犯罪构成。

根据《刑法》第225条的规定,成立非法经营罪第一个构成要件是"违反国家规定"。《刑法》第96条规定:"本法所称违反国家规定,是指违反全国人民代表大会及其常务委员会制定的法律和决定,国务院制定的行政法规、规定的行政措施、发布的决定和命令。"换言之,认为组织刷单成立非法经营罪,首先应有全国人大及其常委会、国务院出台的相关规定作为依据。余杭区人民法院认为,被告人李某某的行为违反全国人民代表大会常务委员会《关于维护互联网安全的决定》(以下简称《决定》)和国务院颁布的《互联网信息服务管理办法》(以下简称《办法》)。入罪所依据的法律效力位阶不存在争议,关键是对规定内容的理解。

(一)刷单是虚假宣传,违反《决定》

《决定》第3条规定,"利用互联网销售伪劣产品或者对商品、服务作虚假宣传","依照刑法有关规定追究刑事责任"。陈兴良教授认为,此处的"虚假宣传"特指利用互联网为伪劣产品作虚假宣传,而刷单行为不在第 3 条规范范围之内。而且,至今尚无法律对刷单炒信行为作出规制,因此不存在违反国家规定构成非法经营的问题。①

笔者不赞同这种理解。首先,认为虚假宣传的对象仅限于"伪劣产品",不符合语言逻辑。从字面含义来看,《决定》第 3 条是"利用互联网销售伪劣产品或者对商品、服务作虚假宣传",显然,立法者严格区分了"伪劣产品"与"商品",前半句特指"伪劣商品",而后半句则没有"伪劣"这一定语。如果"虚假宣传"的对象只能是"伪劣产品",立法者应当表述为:"利用互联网宣传、销售伪劣产品"。换言之,应当认为虚假宣传的对象除了"伪劣产品",还包括正常产品和服务。而刷单对店家的销量、信誉等附随情况造假,展示店铺、商品等不真实的信息,符合"虚假宣传"的内涵。

其次,从其他法律的表述来看,可推论刷单虚假交易属于对商品的"虚假宣传"。例如,《反不正当竞争法》第 8 条规定:"经营者不得对其商品的性能、功能、质量、销售状况、用户评价、曾获荣誉等作虚假或者引人误解的商业宣传,欺骗、误导消费者。经营者不得通过组织虚假交易等方式,帮助其他经营者进行虚假或者引人误解的商业宣传。"根据该条规定,"销售状况(销量)""用户评价"可以构成"对商品的虚假宣传";而刷单行为制造了虚假的销量(销售状况)和用户评价,符合第 8 条规定的情形,属于"虚假商业宣传"。据此,《决定》第 3 条第(一)项所说的"虚假宣传",应当包括"销售状况(销量)"和"用户评价"。因此,应当认为刷单属于"虚假宣传"。

最后,应当区分法律规定的抽象性与行为的具体性。有学者以

---

① 参见陈兴良:《刑法阶层理论:三阶层与四要件的对比性考察》,载《清华法学》2017 年第 5 期。

《决定》没有对刷单行为作出直接规定为由，否认刷单"违反国家规定"。① 笔者认为，《决定》第3条规定确未写明"刷单"，但刷单是一种具体行为方式，而立法表述采用的是一种抽象原则，解释者就是探讨具体行为是否符合原则规定。类似的逻辑是，法律条文禁止非法持有"枪支"，而行为人持有的是"机关炮"，解释者只要把机关炮解释为枪支即可，立法者不可能列举、穷尽枪支的种类。

如果以立法没有禁止刷单这一具体行为为由，否认刷单的可罚性，就会陷入"白马非马"的诡辩之中。历史上就曾经发生过类似情形，法学家盖尤斯提到，在当时，如果某人因为葡萄树被砍伐而提起诉讼，他很可能会败诉，因为《十二表法》中规定的是，"不法砍伐他人树木的，每棵处25亚士的罚金"，而原告起诉的却是葡萄树被砍伐。② 立法者无法列举所有树木的名称，而解释者要把葡萄树解释为树木，才能把法律条文应用到生活场景。刷单的核心是虚构商品的销量和用户评价，只要把刷单解释为"对商品销量、评价的虚假宣传"，便可将《决定》第3条适用于组织刷单的情形。

(二) 组织刷单违反许可制度，违反《互联网信息服务管理办法》

根据刑法学界的主流观点，非法经营罪的法益是整体的市场秩序（市场秩序说）或者市场准入秩序（市场准入秩序说）。市场秩序说脱离了具体罪名的罪刑规范，将市场秩序这一同类法益视作非法经营罪的特定法益，应当予以摒弃。与之相比，市场准入秩序说基于对罪刑规范的推导，得出非法经营罪的本质是侵害市场准入秩

---

① 参见周立波：《网络交易信用炒作行为的刑法规制》，载《天津法学》2016年第4期。
② 参见沈宗灵：《现代西方法律哲学》，法律出版社1983年版，第89页。

序这一法益,更值得采纳。① 因此,在论证了组织刷单行为"违反国家规定"之后,还要进一步讨论组织刷单是否违反特许经营、市场准入制度,即是否违反了《办法》第 4 条的规定:"国家对经营性互联网信息服务实行许可制度;对非经营性互联网信息服务实行备案制度。未取得许可或者未履行备案手续的,不得从事互联网信息服务。"

法院认为,被告人李某某创建并经营的零距网商联盟以收取平台维护管理费、体验费、销售"任务点"等方式牟利,属于提供经营性互联网信息服务,根据《办法》的相关规定,应当取得互联网信息服务增值电信业务经营许可证,无证经营则构成非法经营罪。

反对者认为,刷单行为本身为《反不正当竞争法》所禁止,不可能申请颁发经营许可证,因此便不存在违反《办法》第 4 条关于经营许可规定的问题。"正如卖淫是法律所禁止的,因此不存在违反经营许可的问题一样。对于法律禁止的活动是不存在经营许可的,这是行政许可的基本原理。"② 然而,在笔者看来,以没有经营许可证为由而否认刷单行为违反许可证制度的观点,是把法律原则与具体行为、经营资格与经营内容混淆,与墨家"杀盗非杀人"的诡辩命题如出一辙。 例如,开设收费网站宣扬封建迷信(邪教),当然违反了《办法》第 4 条第 1 款"国家对经营性互联网信息服务实行许可制度"的规定,可以构成非法经营罪。不能认为,行政部门不会颁发合法的宣传封建迷信许可证,所以开设宣传封建迷信(邪教)的网站不存在违反行政许可的问题。换言之,正确的论证逻辑是:首先要将"宣传封建迷信网站"抽象为"信息服务",再进行推论:"信息服务"需要许可证,而网站开设者没

---

① 参见陈超然:《论非法经营罪的法益》,载《江南大学学报(人文社会科学版)》2013 年第 1 期。
② 陈兴良:《刑法阶层理论:三阶层与四要件的对比性考察》,载《清华法学》2017 年第 5 期。

有许可证，因而构成非法经营罪。同理，开设刷单平台是一种有偿的信息服务，而经营性互联网信息服务需要有许可证，而行为人没有许可证，因此构成非法经营罪。

四、组织刷单可以适用《网络诽谤解释》

如前文所述，组织刷单行为存在应受刑罚惩罚的社会危害性，且违反了国家规定，损害了非法经营罪所保护的市场准入秩序法益。接下来，笔者将进一步讨论，组织刷单行为具体违反了非法经营罪的哪一种行为方式。

根据《刑法》第225条的规定，非法经营罪包括四种行为方式："（一）未经许可经营法律、行政法规规定的专营、专卖物品或者其他限制买卖的物品的；（二）买卖进出口许可证、进出口原产地证明以及其他法律、行政法规规定的经营许可证或者批准文件的；（三）未经国家有关主管部门批准非法经营证券、期货、保险业务的，或者非法从事资金支付结算业务的；（四）其他严重扰乱市场秩序的非法经营行为。"组织刷单行为明显不属于前三种，只可能属于第（四）项"其他严重扰乱市场秩序的非法经营行为"的情形。

那么，"其他严重扰乱市场秩序的非法经营行为"的范围如何界定？事实上，理论界多有学者批判非法经营罪是口袋罪，原因便在于"其他扰乱市场秩序的非法经营行为"缺乏明确范围。而在司法实务中，该兜底条款因界定不清，多遭遇行政化、地方化等扩张性适用，违背了罪刑法定原则。针对该问题，《最高人民法院关于准确理解和适用刑法中"国家规定"的有关问题的通知》规定："对被告人的行为是否属于刑法第二百二十五条第（四）规定的'其他严重扰乱市场秩序的非法经营行为'，有关司法解释未作明确规定的，应当作为法律适用问题，逐级向最高人民法院请示。"由此可见，最高人民法院通过规定"其他严重扰乱市场秩序的非法经营行为"认定权的归属，来对非法经营罪的兜底条款予以严格限制。换言之，如果司法解释已有规定的，受理法院可以直接根据司法解释判决。

余杭区人民法院认为，组织刷单行为符合《网络诽谤解释》第7条第1款的规定："违反国家规定，以营利为目的，通过信息网络有偿提供删除信息服务，或者明知是虚假信息，通过信息网络有偿提供发布信息等服务，扰乱市场秩序，具有下列情形之一的……以非法经营罪定罪处罚……"然而，司法解释并未就"虚假信息""扰乱市场秩序"进行具体界定，因此理论界对该解释的适用多有质疑。换言之，判断组织刷单是否符合"明知是虚假信息，通过信息网络有偿提供发布信息等服务，扰乱市场秩序"，关键在于准确理解"虚假信息"和"扰乱市场秩序"。

首先，刷单必然产生"虚假信息"。事实上，"刷单"与"虚假信息"的必然关系很容易理解：刷单者通过虚假交易增加商品销量，并在网店上编造好评，而这种虚假的店铺销量、商品的好评信息缺乏真实交易基础，本身便是一种影响顾客判断的"虚假信息"。而组织刷单行为是在电商平台上批量发布虚假信息，具有组织化、专业化的行为特性，较单个刷单者而言危害更加严重。

需要指出的是，"虚假信息"既包括"虚假社会信息"，也包括"虚假经济信息"。2014年北京市朝阳区人民法院公开宣判被告人杨秀宇（网名"立二拆四"）等网络推手非法经营罪一案，是《网络诽谤解释》出台后适用的第一案。受其影响，很多学者将《网络诽谤解释》中的"虚假信息"等同于"虚假社会信息"（如新闻、事件、明星资讯）。笔者认为，这是对"虚假信息"的狭隘理解。刷单者在电商平台上发布的虚假好评、虚假销量和虚假物流信息，当然也属于"虚假信息"。简言之，"虚假信息"应当包括"虚假经济信息"，这是简单的平义解释。

其次，刷单的结果是"扰乱市场秩序"。相比网络推手发布虚假的社会新闻，刷单发布了虚假的经济信息，更明显地扰乱了市场秩序。显然，刷单是虚假交易，本身就是市场交易的一部分，是典型的扰乱市场秩序。有学者可能会认为，刷单只是侵犯了电商的私人利益，私企平台秩序并非"（公共）市场秩序"。这是对电商平台的误解，今天，淘宝已经有近5亿的注册用户，日活跃用户超1.2亿，超过绝大多数国家的人口总量。如果这么大规模的交易市场，都不是（公共）市场秩序，那还有什么样的市场、平台，可以成为"（公共）市场秩序"？退一步讲，如果网络推手在注册用户只有几百万的网站上发布虚假社会新闻都是"扰乱市场秩序"，那么在数亿用户的网站上发布虚假交易、评论信息，更是"扰乱市场秩序"。

五、死与生：工业与信息时代非法经营罪的不同命运

组织刷单行为如何入罪、当入何罪，是互联网时代如何解释传统罪名的一个缩影。非法经营罪源于1979年《刑法》所规定的投机倒把罪，1997年《刑法》修改取消了投机倒把罪，并将其分解为非法经营罪。由此可见，这是一个拖着计划经济"辫子"的罪名，在市场经济时代广受诟病。刑法界通说认为，非法经营罪是一个口袋罪，应对其适用范围严格限制，更有甚者建议废除该罪名。[①] 再看司法实践，非法经营罪的适用范围被不断扩大，按常理或法理不属于犯罪的违法行为或违规行为，但只要不符合法律或文件规定，都能以非法经营罪入罪。例如，非法从事高利贷业务、违法建房并出售、自办网站推荐股票、买卖人体器官等，都曾被按照非法经营罪定罪处罚。

---

① 参见徐松林：《我国刑法应取消"非法经营罪"》，载《法学家》2003年第6期。

在笔者看来,这一由司法机关长期"非法经营"的罪名,在互联网时代可以"改恶从良"。一方面,在传统经济领域应限缩非法经营罪的适用范围。"法不禁止即自由"是市场经济的必然要求,为了确保自由交易,许可证、专营专卖的领域应限于涉及公共安全的领域(如枪支、精神药品等),否则将导致国家对市场干预过度、垄断经济利益的现象出现。例如,倒卖粮食、违法建房并出售等仅属于违法行为或违规行为,但没有危及公共安全,未达到科处刑罚的程度,不应作为非法经营罪处理。因此,在判断行为人符合违反国家规定、违反专营专卖、扰乱市场秩序等法定条件之外,还必须判断行为是否具有实质危害性。只有当行为损害了他人利益和公共安全时,才能以非法经营罪入罪。

另一方面,在互联网领域,非法经营罪应当适度扩张,为网络空间设立行为法则。互联网的发展速度大大超过了立法速度,面对激增的新型网络犯罪,法律不能无所作为。中国互联网的现状,是繁荣与乱象并存,创业与投机共生。电信诈骗泛滥成灾,地下产业恣意蔓延,据官方公布,目前我国网络黑色产业链从业人员已超过150万人,市场规模更是达到了千亿元级别。① 在网络空间乱象频发的背景之下,刑法应当扩张干预的范围,这是社会的需要,也是刑法的责任。

笔者认为,刑法应当坚持"老问题老办法、新问题新办法"的立场,不能一刀切地只求理论完美,而无视社会现实。对于反向刷单、组织刷单、"黄牛"软件、微信抢红包软件等新型网络案件,论证其无罪很容易,笔者本人也完全可以写出体系严密的论文,论证这些行为无罪。因为立法者创设破坏生产经营罪、非法经营罪的时候,完全没有想到互联网问题,网络犯罪不在传统罪名的立法射程内。

---

① 参见余瀛波:《网络黑灰产从业者超150万,市场规模达到千亿级别》,载《法治周末》2016年9月28日,第6版。

然而，学者的任务是用昨天的法条书写"今天的故事"。《美国宪法》保持几百年不变，不是当年的圣贤有超然的预见力，而是后辈们有强大的解释力。对互联网新问题，美国学者坦然："假如我们问费城制宪会议代表他们是否特别倾向于禁止政府机构进行电子窃听，他们的回答极可能是，'不，我们压根儿没听说过什么电子窃听器'……但是，如果我们留意细节背后的基本精神，那就能断定'原意'本意欲保障我们的文件和我们在家里、办公室里的谈话不受所有未经授权的政府侵扰——而不仅仅是反对政府部门的破门而入和隐藏于储藏室。"① 法律不是文字游戏，而是价值判断，完全恪守立法者原意，我们只能坐等"黑客帝国"，对新时期的新问题、新现象束手无措。

六、结语：互联网是中国刑法学换道超车的机会

中国刑法学正在迎来近百年来最好的机会。经济基础决定法律理论，中国第一次有了创造理论的实践条件，当今互联网产业发展的现状是中美竞争，欧洲和日本整体上慢一拍。技术水平美国领先，应用规模中国第一。互联网经济在中国的蓬勃发展为法律人带来了换道超车的契机，中国的很多互联网法律案例，如组织刷单案、"黄牛"软件案、微信抢红包软件案、人工智能打码案等，不仅是中国的新型案件，也是全球的新型案件。刑法理论从工业时代转向信息时代，不会以学者的意志为转移。诞生于工业社会、以保护生命与财产为核心的刑法理论，会逐渐衰落，杀人罪、强奸罪、抢劫罪，都在稳步下降乃至趋零，笔者所在的杭州市区，抢劫罪已经是新型犯罪了，很多年轻警察从来没有办理过抢劫案件，未来的人脸识别、生物信息识别及追踪系统会让街头犯罪消失。随着信

---

① 〔美〕阿奇博尔德·考克斯：《最高法院的职分：积极还是自制？》，刘练军译，载《比较法研究》2007年第3期。

息、数据、智能成为人类发展的重心,传统刑法理论的适用空间会越来越小,虽然这一过程会很漫长。在互联网法学领域,中国法律人正站在理论与实践的最前沿。德日刑法是为了解决工业时代的犯罪问题而建立的,今天,中国刑法正在独自解决信息时代的犯罪问题。各国都有网络犯罪,但中国千奇百怪、花样百出的网络犯罪,令人惊叹。数字经济扩大了人类的活动领域,刑法干预的范围越来越大,在传统领域的"篮下进攻"已经人满为患,中国刑法学更需要"三分投手"。

第七章
许霆案：占便宜者的刑事责任

案情：利用取款机错误获财被判盗窃罪

2006年4月21日，被告人许霆来到广州市某银行的ATM取款机取款。取出1 000元后，他惊讶地发现银行卡账户里只被扣了1元，当晚，许霆回到住处，将此事告诉了同伴郭安山。两人随即再次前往取款，之后反复操作多次。后经警方查实，许霆先后取款171笔，合计17.5万元；郭安山则取款1.8万元。事后，二人各携赃款潜逃，许霆的17.5万元赃款因投资失败而挥霍一空。广州市中级人民法院审理后认为，许霆以非法侵占为目的，采用秘密手段，盗窃金融机构，数额特别巨大，行为构成盗窃罪，判处无期徒刑，剥夺政治权利终身，并处没收个人全部财产。许霆提起上诉，2008年3月31日，广州市中级人民法院重审时仍认定许霆犯盗窃罪（盗窃金融机构），但将无期徒刑改为有期徒刑5年、并处罚金2万元。

争点：定罪标准：法官逻辑 or 民众直觉

许霆案是法官判断与国民判断的交锋。对于许霆占便宜的人性贪念，一审法院选择了无期徒刑，与民众朴素的正义观形成了尖锐冲突。学者应当关注法治社会的价值立场。本来，法官作出与国民意见相左的判断乃司空见惯之事，这符合司法独立的内在逻辑，对很多专业问题，民众欠缺深邃的思考，往往在偏见、狂热之中表达意见。但是,盗窃罪是人类社会最传统、最原始的犯罪之一,涉及社会的最基本规则;在根基性的社会价值判断上,法官与国民激烈交锋,并不多见。这种对抗所传达的信息,已超越了简单的专业术语之争(如金融机构、窃取的刑法含义),而悄然跃升至"谁拥有底线价值和规则的判断权"的法治命题,更涉及法条主义司法体制中实质正义的处境。

提要:我在仰望法律之上

在评价标准上,许霆案是形式正义与实质正义的交锋,学者应关注刑法规范的解释标准。在颇有市场的观念中,一审判决无可厚非,立法上的不合理只能通过修法解决。单从犯罪构成看,认定许霆盗窃金融机构,并非完全失当,判处无期徒刑更是法律的明文规定。但是,这种"只见法条、不见法理"的形式判断,忽视了更高的实质正义。每一个具体刑法条文,都蕴含着实质正义的要求。我始终坚信,如果认为个案不公正是维护罪刑法定原则的必要代价,不在刑事个案中奋力追求实质正义,那么,罪刑法定原则实现的就是一种随风飘荡的纸面正义;如果不对刑法作实质解释,制定刑法的人类就无异于作茧自缚。就许霆案而言,如果认定为盗窃罪会使量刑明显过重,那么,应允许法官通过实质解释、选择其他罪名(如侵占罪),实现刑法的终极目的——公正量刑。

许霆案的一审判决结果令天下哗然,"遗憾的是,巨大的震撼力带给我们的不是对法律的肃然起敬,而是蜂起的争论和质疑"[①]。很多法学家也不得其解,贺卫方等法律人认为许霆的行为不构成盗

---

① 令狐补充:《法律要神圣不要神经》,载《南方周末》2007年12月20日,第E29版。

窃罪。① 民众更倍感困惑，"九成网友及多数专家一样，认为对许霆加以无期徒刑显属过重"②。许霆案重审判决结果部分地符合了国民的期待，但在不改变罪名的情况下，通过引用《刑法》第63条第2款来降低量刑，不仅没有解决全部问题，反而会引发第63条第2款是否赋予法院如此大的量刑裁量权、日后遇到类似案例是否都需要经最高人民法院核准等争议。笔者认为，许霆案中的罪名直接认定为侵占罪，既符合该行为的法律性质，又可实现公正量刑，且不会产生其他副作用。

一、引言：许霆案中的法治信息与专业要求

对许霆案的分析可以从法理和规范两个层面展开：本章的前半部分着重分析许霆案中的抽象法理问题，笔者以引发巨大争议的一审判决（定盗窃罪判无期徒刑）为契机来讨论许霆案中的法治问题，通过解读个案背后的刑法理念而为将来的法官抉择提供观念性指导；本章的后半部分着重分析许霆案中的犯罪构成问题，笔者着眼于两次判决的共同点（均定盗窃罪）来探讨许霆案中的罪名认定问题，为日后对类似行为准确定性提供规范学上的帮助。

在评价结论上，许霆案是盗窃要件与侵占要件的交锋，笔者关注实行行为的司法判断。坊间判断许霆案时的最大误区是：跟着感觉走，没有抓住实行行为的核心。对许霆案的分析多是一种笼统而模糊的直觉判断、缺乏手术刀般的解剖式分析，其结果是陷入了谁也无法说服谁的混乱局面，让观者惑、论者急。欲在犯罪构成上得出准确结论，必须抽丝剥茧：在犯罪构成四要件中，许霆的主观、客体、主体三方面都无大争议，定性就只能取决于客观方面；许霆

---

① 参见杨晓红、周皓：《恶意取款无期引争论，专家直指银行滥用公众权力》，载《南方都市报》2007年12月24日，第4版。
② 王琳：《许霆案背后的司法悖论》，载《广州日报》2007年12月25日，第7版。

案的客观结果无疑义,所以,定性唯一可以依赖的因素就是实行行为,在许霆案中我们忽视了刑法常识——根据行为判断罪名;许霆实施了两个积极行为——插真卡输密码、从出款口拿钱,如果看清这两个行为的性质,许霆案就"柳暗花明又一村"了。

二、许霆案偏差的根源:形式犯罪论固有的罪名优于刑事责任的思维①

(一)许霆案中的两种思维:刑法学思维已偏离了民众思维

对许霆案判决的争议,是两种思维方式(民众常识与专业判断)的典型冲突。民众关注许霆案的核心是量刑,并不关心定性为盗窃罪准确与否,只是感觉刑事责任太重,"随后爆发的舆论潮也集中在量刑上"②,民众是"先看量刑、再看罪名"。相反,刑法专业人士把本案的重心放在罪名认定上,是先认定许霆的行为属于盗窃金融机构,这样,按照法条只能处以无期徒刑。法官的思路是"先定性、再量刑";有刑法学者也默认了许霆案的判决,阮齐林教授就认为"(一审)法院的定罪是完全没问题的"③。这种专业判断的思路是:定性为盗窃罪更符合犯罪构成理论;至于量刑是否过重,属于立法层面上的问题,与个案无关。

这其中蕴含的问题是大陆法系刑法理论固有的缺陷:重定性、轻量刑,不能为了量刑公正而变换罪名;重视罪名的形式判断,忽视刑事责任的实质判断。笔者认为,刑事责任才是具有实质意义的刑法结论,也是被告人和民众关注的核心;如果根据犯罪构成判断

---

① 笔者要感谢梁根林教授提出的宝贵意见,这一部分深受其"以刑罚反制罪名"观点的启发。
② 何海宁:《许霆 ATM 机案等待重审判决》,载《南方周末》2008 年 1 月 17 日,第 A4 版。
③ 李凌鹏:《许霆案类似司法考试真题,题目答案为盗窃罪》,载《成都商报》2008 年 1 月 15 日,第 5 版。

出的罪名会使量刑明显失衡,就应适度变换罪名以实现量刑公正,让罪名为公正的刑事责任让路,不能把准确判断罪名作为优于量刑的司法重心。笔者的思路偏离了大陆法系"先定性、再量刑"的刑法公理,触及了理论的禁区,这里只稍作阐述。

(二) 把判断刑事责任的手段当成刑法核心是大陆法系犯罪论的缺陷

大陆法系刑法学的通病是:立法上重视犯罪构成的设计,追求法条的扩张、严密、细化,较少推敲不同行为的法定刑是否轻重相称;司法中强调具体犯罪构成适用上的严密性,忽视刑事责任程度的严格性;理论上推崇犯罪论、轻视刑罚论。

这种刑法思维导致的直接后果是,司法者常把定性和犯罪构成之认定(而不是刑事责任程度),当成司法工作的核心。从职业入门开始,司法者就形成了思维定式,在国家统一法律职业资格考试中,命题者常以区分此罪与彼罪、未遂与中止、牵连犯与想象竞合犯等"定性问题"设题,如果考生将一个诈骗的案例定性为盗窃罪则不得分;该考试不测试量刑水准、也不据此检验考生是否具有正常的法意识和公正观。笔者认为,负责任的司法能力考试中,最有社会意义的正义准则在于考生能判断出行为人应该负什么程度的刑事责任;至于符合此罪还是他罪的犯罪构成,更多是一种文字游戏。与不能准确区分盗窃与诈骗罪、但量刑公正的法官相比,一个能够区分诈骗罪与盗窃罪、但量刑畸轻畸重的法官,对社会正义的破坏性更大。①

笔者认为,在以经验主义和习惯法为根基的刑法学中,对罪

---

① 笔者曾经给某法院的优秀判决书评选活动当评委,如果采用严格的犯罪构成理论,很多案件适用的犯罪构成都是错误的,这在财产犯罪和经济犯罪中表现得很明显,如把票据诈骗罪定为信用证诈骗罪。但只要量刑符合根据危害性判断出的可罚性、不违背行为可罚性之间的轻重比较,笔者认为都是优秀判决书。

犯、受害人、社会公众而言，最根本的问题是：到底对罪犯进行了什么程度的评价（刑罚量）、而非适用了什么犯罪构成（罪名）。除了法学家之外，无人关注行为的定性即罪名正确与否，国民只是根据案情实质地直接判断出被告人应当承担的刑罚量。普通人不会因为大义灭亲的父亲被定性为杀人罪、但被判处了1年有期徒刑而感到激愤，即便这样的处罚缺乏明确的刑法分则条文依据；任何正常人都会因为某黑社会"老大"未被执行死刑而倍感失望，即便他被定性为杀人罪等10个罪名数罪并罚。

（三）预设的犯罪构成之形式内容应为准确量刑让路

笔者认为，判断刑事责任是刑法的核心，这绝不能因形式犯罪论标准而让步。相反，犯罪构成的形式内容，是方便人们以符号方式进行认知的需要，为实现实质公正，其界限均可突破。

首先，只能通过刑事责任的有无和程度认识行为的实质，是刑法的基本逻辑。在法律上，判断一个行为是否是犯罪，其标准是对之是否规定了刑事责任，即"应受刑罚惩罚性"才是犯罪的本质特征[①]；在价值多元化的时代，判断一个行为的危害性程度，最合理的标准是该行为所对应的法定刑；判断一个罪犯的恶性与受社会否定性评价的程度，最可取的依据是该罪犯被处以何种刑罚、多重的刑罚，"不论这些危害行为的其他特征如何，凡被判同样刑罚的就可归于一类。这是一个逻辑过程。如果两种犯罪受到同样程度的反击，那么，无论其形式有何不同，均应被视为侵害了政治集团判定为具有同等意义的社会价值"[②]。例如，不能说杀人犯的主观恶性和受到否定性评价的程度就高于盗窃犯。与因盗窃银行而被判处无期徒刑的盗窃犯相比，因大义灭亲被判处3年有期徒刑的杀人犯的

---

① 参见陈忠林：《刑法散得集》，法律出版社2003年版，第342页。
② 〔英〕罗布尼斯拉夫·马林诺夫斯基、〔美〕索尔斯坦·塞林：《犯罪：社会与文化》，许章润、么志龙译，广西师范大学出版社2003年版，第112页。

主观恶性就轻得多。一言以蔽之,根据行为所对应的刑事责任轻重,才能准确评价出该行为的根本属性和危害程度;刑事责任也是刑法评价的核心和说明行为实质内容的根本特征。

其次,"犯罪论定性,刑罚论定量;先定性,后定量"推导不出正确定性(罪名)是刑法的实质。对行为定性包括两个层面:行为是否成立犯罪、行为构成何种犯罪。犯罪构成的首要任务是认定某行为是否构成犯罪,这当然居于首要的地位。但是,在行为已经成立犯罪的情况下,对属于何罪的行为性质之认定,却不是刑法的核心任务,在人类学家马林诺夫斯基看来,"如盗窃、逃学、破门而入,等等——对行为的描述丝毫也不能反映侵害者在违法行为中表现出来的特征。当似乎必须给这种类型的行为贴上标签时,也必须意识到,就任何一般意义而言,给侵犯行为命名根本不可能揭示出行为的任何决定性要素"①。

最后,正确认定罪名、判断具体犯罪构成的形式差异性只有手段性意义,最终目的是以恰当的方式和形式评价犯罪的危害性、服务于刑事责任的量定。刑法是解决行为人刑事责任有无和大小的法律,其他所有中间过程,都服务于这一终极目的。我国立法者在《刑法》分则中设计了各种犯罪构成,司法解释把犯罪构成不断细化、分解,扩充犯罪构成的个数,立法者和最高司法机关所做的这一切努力,都是为了在一个对法官持不信任态度的当下国情中更好地评价犯罪危害性、进而决定罪犯的刑事责任,避免刑罚适用中的恣意裁量权。当明白了定性与定量的关系之后,如果发现根据既有理论得出了显失公正的刑事责任结论时,就必须放弃形式犯罪论的严格性,实现实质(即刑事责任)公正。

---

① 〔英〕罗布尼斯拉夫·马林诺夫斯基、〔美〕索尔斯坦·塞林:《犯罪:社会与文化》,许章润、么志龙译,广西师范大学出版社2003年版,第118页。

(四）弱化罪名的重要性：许霆案判决的信服力来自于公正量刑

1. 弱化许霆案罪名的重要性

在笔者看来，刑法理论尤其是犯罪论的特殊性恰在于要不遗余力地获得个案公正，犯罪论解决的是和平状态下对个人而言最严厉的责任，刑法不是过程最精确、而是结论最精确的科学。为了得出公正的、对个人具有最严重影响性的精确刑事责任结论，形式犯罪论理当为实质可罚性让路。如果牺牲了个案公正，犯罪论应面带愧色。就许霆案而言，无论是法官认定为侵占罪、诈骗罪还是盗窃罪，只要最终的刑罚量控制在3年左右，相信除了忠诚于犯罪构成形式理论的法学家们，多数民众不会去斟酌罪名妥当与否，更能信服判决结果。如果认定为盗窃罪并判处3年有期徒刑于法无据，那么，就可以认定为侵占罪，名正言顺地实现公正量刑。

需要指出的是，笔者的这一思路也有限制。为了防止这一思路被滥用、加重被告人的刑事责任，应采用有利于被告人的原则，以符合罪刑法定原则的价值取向。只有正常定性后发现量刑明显过重时，才能够通过实质解释而变换罪名；如果正常定性后发现量刑过轻时，就不能变换罪名。

2. 许霆案的量刑标准——轻于信用卡诈骗罪

笔者反复强调量刑公正，但这似乎是个见仁见智的问题。在探讨定性问题之前，笔者有责任给出公正的量刑标准。我们应该在个罪比较中看待许霆行为的危害程度，例如，庚使用伪造的信用卡骗取17万元，根据我国《刑法》第196条，"使用伪造的信用卡……的"属于信用卡诈骗罪；根据司法解释，信用卡诈骗罪数额巨大的（17万元属于数额巨大），处5年以上10年以下有期徒刑。在这一过程中，庚有伪造、使用假信用卡、使机器出错等侵害行为。与信用卡诈骗罪相比，许霆的占有故意与客观结果相同，但许霆行为的侵害性与违法程度更低,他使用的是真实银行卡、无伪造行为、没有主动让机器出错,却要按照更重的盗窃罪定性、判处无期徒刑,这违反了罪刑均衡的原则。因此,许霆案的量刑应当低于同数额的信用卡诈骗罪,应该在5年以下,起码要低于10年,我们所选择的罪名必须考虑这一量刑范围。

许霆案不仅可以通过适度变换罪名来克服量刑失当的问题,而且,认真审查许霆案,其量刑失当恰来源于定性错误。我将在下文从法理和规范两个层面论证,许霆的行为不成立盗窃罪。

三、价值判断中谁主沉浮:回归法的正当性来审视官民分歧

(一) 对于源头规范,民众的判断就是上帝的裁断

1. 区别对待刑事判决中法官与民众的分歧

首先,政治性犯罪、伦理性犯罪(如淫秽犯罪)等超个人法益型犯罪和法定犯,国家立法更具前瞻性、目的性,不可能谋求与国民观念完全一致。在立法上,国家意志往往对设置法条起决定性作用,因意识形态的差异,各国立法也千姿百态。在司法实践中,对于这些犯罪,国民与法官的判断有所出入,不足为怪。不过,稍加解释,多数国民也能够理解打击这些犯罪的无奈性和必要性。

其次,盗窃、杀人罪等原始、自然犯罪,与个人利益、人类生活休戚相关,国家立法和司法必须赢得国民的价值认同感。盗窃罪等法条,是最原始和最传统的社会规范,"在中国刑法史中,最古老的罪名当属奸淫、盗窃和杀人"[①]。法国前总检察长皮埃尔·特律什和巴黎第一大学教授戴尔玛斯—玛蒂也表达了同样的观点:"在刑法典中,有些条文每天都在适用,因为这些条文适用于大量

---

① 宁汉林、魏克家:《中国刑法简史》,中国检察出版社1999年版,第9页。

的普通犯罪，如盗窃，暴力等。"① 从盗窃、杀人罪等刑法规范中，流淌出人类的各种法律观念，"历史研究告诉我们，刑罚史的起始点与人类社会共同生活的起始点是一致的……我们将刑法视为法律发展的最初和最原始的层次，将不法视为法及风俗的杠杆，无疑是正确的"②。盗窃等罪名承载着人类最核心的伦理规范和价值观念，作为刑法的核心，盗窃罪等刑法规范因人类社会的共同性而超越了国家政治理念，在此我们可以细品帕多瓦尼的名言："除了国际法外，刑法是法律科学中对各国具体政治和社会文化特征方面的差别最不敏感的法律科学。"③ 只要生之于人类社会，就必然受到大致相同的核心规则约束，它们不以立法者的意志为转移，更遑论法官。

2. 人类赋予了盗窃罪等源头规范以约定俗成的含义

在几千年的文化积累中，盗窃、杀人等源头规范已经根深蒂固地成为人类所信奉的准则。由于价值的共通和文化的传承，人类有了稳定的延续性；也因文化价值的差异，人类又分出不同的民族、国度。换言之，历史文化和价值观念，是人类社会的生命线。这其中最稳定的文化价值，又是作为伦理规范核心的刑法规范，而盗窃罪等源头规范所代表的价值更是刑法制度的核心。君不见，几千年来的不同国度中，世事俱变，而有关盗窃、杀人罪的规范及其价值却未曾发生本质变化。不夸张地说，人类文化和社会制度，就是被有关盗窃、杀人罪这些源头规范串起来的。

生活在社会中的个体，因文化的浸染而具备了法意识，即便他不懂刑法条文，也自然知道"盗窃"的含义与可罚性。刑法更不需要去严格界定什么是盗窃、杀人，包括我国在内的各国刑法对于杀

---

① 《法国新刑法典》，罗结珍译，中国法制出版社2003年版，第10页。
② 〔德〕弗兰茨·冯·李斯特：《德国刑法教科书》，徐久生译，法律出版社2000年版，第29页。
③ 〔意〕杜里奥·帕多瓦尼：《意大利刑法学原理》，陈忠林译，法律出版社1998年版，第1页。

人、盗窃的界定都很简单，但这不妨碍人们对盗窃罪、杀人罪的准确理解。刘邦入关时约法三章："杀人者死，伤人及盗抵罪。"无需繁琐的宣告，对"杀人"及"盗"的含义，国民自然心知肚明。借用考夫曼的理论，这些规则的含义属于"日常语言上的给定"，"社会共同生活的规则，并不是透过法律来告诉国家的人民。人民学会这些规则，是在日常生活的沟通里，并且在相互间操作。市民对于合法与不法的想象并不是在法律语言的范畴内进行，他是透过日常语言而被给定的。"① 通俗地讲，人们通过日常生活、经由文化习俗形成了最基本的法意识和价值观，据此，在观念中对杀人与盗窃行为可罚性有所认识，这一过程，基本与刑法条文无关。

因此，对这些深深嵌在文化、价值观念中的源头规范，对那些以日常生活为发生背景的原始重罪，国民判断不可能集体出错。② 因为，作为文化价值观念之载体的国民，本身就是判断源头规范含义的主体。若国民需要借刑法条文咬文嚼字地来解释盗窃罪的含义，是一种"骑马找马"的荒唐逻辑；如果法官、教科书的结论与国民的结论尖锐对立，必须及时修正这种"立场无价值"的判断。盗窃罪、杀人罪等规范必须保持含义的连续性和稳定性，"法律规范如同其他社会规范一样，是选择的产物。它同样要承受建立在各自社会公规的指导原则对其连续性的考验"③。否则，迷信法条和法理，削足适履式地判案，对此等源头规范作出偏离公意的解释，是人为切断刑法的历史稳定性，是把刑法从民族习俗、人类文化的根基中剥离出来，否认刑法的文化规范性。当人人需要手捧刑法典来确认盗窃、杀人的含义时，刑法就已经脱离了孕育其生命的

---

① 〔德〕考夫曼：《法律哲学》，刘幸义等译，法律出版社2004年版，第178页。
② 当然，在原始犯罪的边缘地带，如大义灭亲等轻刑案件，法官与国民发生分歧，也属正常；但对于应受无期徒刑的盗窃罪、杀人罪，法官与国民的原则性分歧，则隐喻了刑法理念的迷失。
③ 〔美〕霍贝尔：《原始人的法：法律的动态比较研究》（修订译本），严存生等译，法律出版社2006年版，第15—16页。

土壤，这是国家刑法的"自杀"。

3. 许霆案中的民意没有偏激因素

首先，许霆案件中的民意基本是理性的。如果国民基于非理性因素而表达判断，例如在贪污案件中表达出的痛恨性情绪，那么，民众判断的合理性就应该大打折扣。许霆案涉及的法外因素很少，多数国民是根据类似情况的诱惑性而判断可非难性，"我们都怀有'可能是下一个许霆'的惶恐感。芸芸众生，谁没有人性弱点，面对银行 ATM 机出现故障，一般人很难心如止水"①。这其中并没有涉及政治性、伦理性、狂热性的因素，仅是因为这一行为不符合多数国民观念中对盗窃罪的预设形象。

其次，如果民众是呼吁严厉处罚，如常见的死刑迷信情节，则要谨慎看待民意。出于可以理解的原因，民众对于犯罪现象的仇恨感总是容易被汇集在某个具体罪犯身上，而且，作为世界潮流的刑法轻缓化动向，多少都违背当下的国民意愿。但是，许霆案中的民意是要求从轻处理，不存在重刑化的倾向。因此，在许霆案中，适度遵从理性的民意是唯一选择。

（二）欲令法律制度获得正当性，需使基本规则为民众认可

1. 基本规则应顺从民意

刑事责任是和平秩序中最严厉的措施，要维持刑罚的严厉性，需要极大的法力量源泉，合理顺从民意可以获取更大的"法效力性"和"法正当性"。虽然表面上来自于国家权力，但"国民的欲求"（西原春夫语）、国民的支持才是刑法力量的实质源泉。某些法定犯、政治犯的立法虽然不完全符合民众意愿，却能够长久维持，其原因就是，在杀人、盗窃罪等基本规则中，刑法反映了国民欲求、吻合了国民判断、获得了民众支持，据此产生的国民认同感

---

① 王石川：《许霆案背后公众的被剥夺感》，载《燕赵都市报》2007年12月25日，第8版。

使刑法获得了力量源泉,而这种力量源泉附带地使政治犯等立法也获得效力保证。通俗地讲,因为在事关最基本的规则、与个人生活最密切的领域中(盗窃、杀人),刑法体现了国民的欲求,作为交换,(部分)国民也接受了某些与其欲求相反的规则,这是国民"忍小谋大"、认可"刑法总体上还是好的"。换言之,对于国家最基本的规则、与人类生活最密切的制度,必须吻合于民意,这样,在其他次要领域就可以适度制定一些暂时"违反"民意的规则,且在整体性上能被国民忍受,这是权力的必要技巧。

一言以蔽之,国家设定盗窃罪、杀人罪这些最传统规则、解释其含义时,必须被人们认可,"设定关于法共同体的规范,其目的在于根据全体成员的共同意志维持法共同体的秩序。其内容为共同体的成员一般都能够遵守的规范。也就是说,规范的内容对于一般的共同体成员来讲,都能够接受,并作为当为命题的内容而被命令。规范的本质的性格就是这种当为命题"①。在涉及最基本社会规范时,国家若完全偏离了民众的判断,不仅会引发被告人与民众对"盗窃罪法条"的质疑和抵触,还会潜在地弱化刑法的力量后盾、消解法秩序的效力源泉,最终使法秩序的正当性因国民不服而被动摇。

2.基本规则型法条应让路于民

许霆案中的盗窃罪涉及最基本的价值观念,国家必须顺从民意、"忍小谋大",以换得人们对其他国家制度的支持。推行法治必然会遇到阻力,但是,国家必须防止在重大社会价值、基本行为规则上与国民正面交锋;如果在最基本价值问题上,民众都无法把握法治的脉搏,守法民众对刑法产生的,不是信服感,而是恐惧感。在现代社会,有些传统的观念需要改变,盗窃罪也有一些新形式,盗窃罪的含义也应与时俱进。但是,国家主导规范含义变迁时

---

① 〔日〕野村稔:《刑法总论》,全理其、何力译,法律出版社2001年版,第88—89页。

要谋求"和平演变";以重刑来强行推行这种演变时,会剥夺国民的法主体意识,形成巨大的民间阻力,导致欲速则不达的尴尬。即使需要改变国民观念,也要循序渐进,突兀地以"革命式"的判决去推行制度,虽然能够很快地确立规范,却是建立了没有土壤的浮萍式规则——易建也易塌。

四、从危害性看是轻罪重罚:寻找决定财产罪法定刑的根据

(一)财产罪的社会危害性不取决于法益侵害和主观罪过

在进入犯罪构成判断之前,必须先在社会危害性的层面上,审视许霆行为是否达到了重罪型盗窃罪的可罚程度。传统理论或偏重于客观危害(法益)、或倚重于主观恶性(罪过),来考察行为的社会危害性。但是,决定行为社会危害性的因素很多,仅从这两个方面难以解释个罪间法定刑的差异。决定行为的社会危害性,即某种犯罪的可罚根据,有诸多因素,这里当然无法一一探讨。但是,就财产犯罪而言,法益损害和主观罪过既不是决定社会危害性的因素、也不是决定法定刑的因素。笔者拟通过比较盗窃罪、故意毁坏财物罪、诈骗罪、侵占罪来说明问题。

从法益侵害角度看,故意毁坏财物罪的危害性最重,毁坏罪使财产法益彻底丧失,损害无法挽回;侵占罪与盗窃罪相同,仅是财物的拥有者发生了变化。从主观罪过角度看,故意毁坏财物罪的主观恶性最重,它让任何人都无法使用该财物,系损人不利己;盗窃罪和侵占罪相同,都是以非法占有为目的,是损人利己;与损人利己相比,损人不利己更违背人性、更具有社会无价值性。换言之,如果从法益侵害和主观罪过的角度看,故意毁坏财物罪的法定刑应该最高,侵占罪和盗窃罪的法定刑应当相同。

但是,立法上,盗窃罪的法定刑却最高,远远高于侵占罪和故意毁坏财物罪。在很多国家的刑法中,盗窃罪的法定刑重于毁弃财

物罪，毁弃财物罪的法定刑重于侵占罪。如在日本刑法中，盗窃罪的最高刑是10年惩役；而毁弃罪的最高刑是5年惩役；侵占自己占有的他人财物的最高刑是5年惩役，侵占遗失物等的最高刑是1年惩役。在中国，盗窃罪的最高刑为无期徒刑（2011年之前为死刑），故意毁坏财物罪的最高刑是7年，侵占罪的最高刑是5年。显然，就财产犯罪而言，立法者考量行为的社会危害性、设置法定刑时，起决定性作用的不是法益侵害和主观罪过，而是其他因素。刑法学者有义务解读这些其他因素，进而使司法者明确：许霆行为的社会危害性远低于同数额的盗窃罪，按照盗窃罪处罚是轻罪重罚。

（二）决定财产罪法定刑的因素：受害预测性、侵害程度、依赖刑法救济的程度

笔者认为，仅就上述提及的财产罪而言，立法者考量社会危害性、设置法定刑时主要考虑了国民的受害预测性、行为的侵害程度、损害需依赖刑法救济的程度。

1. 国民受害预测性背后的报复欲影响了法定刑

对于个人性法益的犯罪，立法基本是当下国民欲求的反映。盗窃罪法定刑更重的原因在于，与故意毁坏财物罪和侵占罪相比，盗窃罪发生的概率更高、破案率更低、更难防范，国民具有更强烈的受害预测性，由此产生的对盗窃罪的报复欲更强。首先，国民总是要求刑法最先解决常发型犯罪，立法者自然明白"抓大放小"的立法效益问题。因此，发案率就成为设置法定刑的重要指标，盗窃罪是最常发的犯罪类型，高发案率使盗窃罪的法定刑提高。其次，用经济学的观念来看，如欲收到同样效果，惩罚的力度应该与破案率成反比。这虽然不合理——是把对全体盗窃犯的仇恨发泄到某个具体的盗窃犯身上，但是，我们无法否认，这种"成本—收益理论"在立法上有所反映。盗窃罪的破案率最低，就需要更重的法定刑。

最后，与侵占、诈骗等罪相比，盗窃罪最难防范，国民对刑法的欲求必然增大。在盗窃案中，起决定作用的是罪犯，虽然受害人能够进行一些防范，但最终对盗窃结果起决定性作用的是罪犯的行为。无论国民怎么防范，受害可能性都会存在。

相反，许霆获财行为的发生概率极低，如网民戏言——"尚不及中500万元彩票的概率"。许霆案也不存在破案率低的问题，许霆没有隐瞒自己的身份。许霆案也不存在难防范的问题，银行只要认真履行注意义务，很难再次受损，其他银行的受害概率也微乎其微；这种行为是否会再次发生，起决定作用的是银行，而不是取款人。总之，许霆案与盗窃罪完全不同，国民基本没有受害预测性，报复欲也很低，其社会危害性大大低于同额盗窃罪。

2. 行为的侵害程度、违法程度也影响着可罚性

人类毕竟是情感动物，即便造成同样的损害，因行为方式对社会秩序的破坏程度、对人们平稳生活的影响程度、在伦理道德上的非难程度等差异，国民所评价的社会危害性也有差别。首先，在财产犯罪中，占有同样数额财物时，侵占罪的处罚最轻，就是因为侵占行为的侵害性最小、对人类平稳生活的震荡性最小，在日本学者看来，"之所以占有脱离物侵占罪的法定刑要低，是因为缺少占有侵害这一意义上的违法性，以及其诱惑性更大，因而责任更轻"[①]。在日本，与侵占自己占有的他人财物相比，侵占遗失物等法定刑更低，因为后者行为的侵害性更弱，对法秩序几乎无影响。其次，同是杀人，不作为的杀人、用安眠药杀人、用爆炸方式杀人，对法秩序的破坏性依次升高，可罚程度也逐渐加重。同是盗窃罪，也会因窃取行为的侵害程度而体现出危害性上的差别，例如，《德国刑法典》第243条规定，"从封闭的容器或者其他防盗设备中盗窃物品；从教堂或其他宗教场所内窃取礼拜用或宗教敬奉用物品的"等情

[①]〔日〕西田典之：《日本刑法各论》（第三版），刘明祥、王昭武译，中国人民大学出版社2007年版，第124页。

况,就属于"盗窃罪之特别严重情形"。从防盗设备中取财不会加重财产法益的损害,但是,类似行为的侵害性更强、对人类平稳生活的影响性更大,可罚性更重。

相反,就许霆案而言,许霆获财行为是"插真卡输密码、从出款口拿钱",这一行为几乎无侵害性和违法性。许霆没有采用破坏取款机、修改电磁信息等侵害性方法;其行为过程对人类平稳的生活秩序几无影响。

3. 损害依赖刑法救济的程度也影响了法定刑

危害越难以通过私力救济,就越需要刑法介入,国民诉求刑法救济的欲求就越强,立法者必然考虑国民对刑法的"渴求"程度而设置法定刑。

首先,同数额的盗窃与侵占,造成的法益损害相同,但侵占罪法定刑低,就是考虑了依赖刑法救济程度的差异。在侵占代为保管物中,侵占人与受害人多具有某种关系,所有人有更多机会不借助刑法而挽回自己的损失,对刑法的依赖程度较低;而盗窃罪的可救济性几乎不存在,必须依赖国家司法机关介入抓获罪犯,国民对刑法的依赖性更强。

其次,依赖刑法救济程度影响法定刑的背后是"刑法最后性"的理念。生活中随处可见这种刑法理念的影子,如店主在店面里明知是假货而当成名牌高价卖给他人,游贩上门推销、把假货当成名牌高价卖出。从犯罪构成看,两人都是虚构事实、使他人产生错误认识并处分财物的诈骗罪。但是,如果不是大规模销售,对店主一般不按犯罪处理,仅对游贩按诈骗罪论处。其原因在于,店主造成的损害,国民可以通过民事手段救济,无须依赖刑法即可实现权利保护;而且,国家采用双倍赔偿、行政处罚等手段,足以遏制店主的行为,应本着"刑法谦抑性、最后性"的要求而尽量减少刑法的副作用。

相反,就许霆案而言,许霆使用的是真实银行卡,曾打过银行电话，银行也有监控录像，受害人很容易通过民事途径救济，依赖刑法救济损害的需求性极低；这与普通盗窃罪中无私力救济可能性、必须依赖刑法保护的情形截然不同。

五、罪刑法定与犯罪类型说：许霆的行为方式不属于"盗窃类型"

上面的论述是从法理的角度展开，这给人隔靴搔痒之感，笔者用"法言法语"、从规范学上来进一步论证许霆不构成盗窃罪。判断许霆行为的性质，容易犯两种形式主义的错误：一是受法益论的影响，认为只要客观上有财产损害、主观上有占有故意，就成立盗窃罪。这忽视了刑法特有的"行为方式决定可罚性"的原理。二是受形式犯罪论的影响，认为只要触犯了《刑法》分则条文、形式上符合盗窃罪的构成要件，就应当认定为盗窃罪。这忽视了"构成要件是犯罪类型"①的理论立场。

（一）重提罪刑法定原则的本义：法益受损不意味着成立犯罪

把犯罪的本质理解为侵害法益，是目前学界的通说。按照法益论，许霆侵犯了银行的财产法益，成立盗窃罪似乎顺理成章。这种有点结果责任的思路，在司法实践中占有极大"市场"。但是，完全以法益论来解释犯罪，难以区分侵权与犯罪，显然，一个民事侵权造成的损害可能要高于盗窃罪。更重要的问题是，这容易忽视刑法另一个重要的可罚根据——行为方式和类型。

与民法重视损害结果相比，刑法更重视造成损害的行为方式，《刑法》分则规定了各种罪名，其实质就是：犯罪成立和责任

---

① 对于犯罪类型（定型）说的很多观点，笔者也持保留态度。但用之分析本案中的盗窃行为，是恰当的。

程度取决于行为方式,这在民法中是不存在的。换言之,法益侵害背后的行为方式,才是决定是否成立犯罪、区别此罪与彼罪的根据。按照意大利学者的看法,刑法调整的对象具有"分散性","刑法规范的制裁对象,并不是所有侵害刑法保护法益的行为,而只是以某些特定方式侵犯该法益的行为"①。即便法益损害相同,也可能因为行为方式的不同而体现出巨大差异,日本学者指出,"刑罚法规中不少并非仅仅根据对法益的侵害性结果定立着犯罪,而是同时也重视对法益的侵害、威胁的形式这一方面……必须包括侵害、威胁的方法和种类等来理解作为犯罪本质的法益的侵害、威胁"②。因此,在刑法上,行为类型和方式是决定可罚性的因素(至少能够与法益一样,影响行为的可罚性)。

从罪刑法定原则出发,也容易明白法益损害与犯罪并无必然联系的结论。我国持法益论的学者也认为,"刑法并非处罚所有侵害法益的行为,只是将社会生活中经常发生的、类型化的行为挑选出来规定为犯罪"③。换言之,即便造成了法益损害,只要没有实施刑法所规定的行为方式,同样不构成犯罪(或不成立此罪)。这就是刑法与民法在保护财产权上的重大区别,日本学者指出,与民法保护相比,刑法对财产权的保护仅仅是"断片性"的。④ 因此,认为只要客观上有法益损害、主观上有罪过就成立犯罪(此罪)的观念,是与刑法的基本原理相违背的。

(二) 构成要件中的行为是一种"类型化行为"

现代的犯罪类型说理论源于贝林,贝林在 1906 年的《犯罪

---

① 〔意〕杜里奥·帕多瓦尼:《意大利刑法学原理》,陈忠林译,法律出版社 1998 版,第 4 页。
② 〔日〕大塚仁:《刑法概说(总论)》(第三版),冯军译,中国人民大学出版社 2003 年版,第 91 页。
③ 张明楷:《法益初论》,中国政法大学出版社 2000 年版,第 335 页。
④ 参见〔日〕西田典之:《日本刑法各论》(第三版),刘明祥、王昭武译,中国人民大学出版社 2007 年版,第 106 页。

的理论》一书中提出了类型说,认为构成要件是犯罪类型的轮廓。① 这种理论不断修正后被学者们继承。在立法上,构成要件的设计就是把生活中的犯罪行为在法律上加以类型化,形成构成要件。大谷实教授指出:"在社会中,存在许多实质上违法、应当追究责任的当罚行为,但是,国家没有必要将其都作为犯罪加以处罚,而是从一定政策的角度出发,从当罚行为中选择一些应当处罚的行为,将其类型化,并用显示其法律特征的形式,规定为犯罪类型。"② 而且,构成要件作为犯罪类型,并非完全由立法者天马行空地设计,而是对犯罪事实的归纳,是对社会生活现象的类型化,如小野清一郎所言,"构成要件,是一种将社会生活中出现的事实加以类型化的观念形象,进而将其抽象为法律上的概念"③。

把构成要件作为犯罪类型,就要判断:行为人的行为是否是立法观念上的犯罪类型。这就必然会得出:即便客观上有法益损害、主观上有罪过,只要该行为方式不符合刑法预定的观念上的犯罪类型,仍然不是犯罪(或不是此罪)。德国学者经常举的例子是,侄子说服叔叔在雨中散步,希望叔叔被雷电击中,而事实上恰恰发生了,也不成立杀人罪。④ 如果脱离构成要件预定的犯罪类型,那么,侄子造成了法益损害、也有杀人故意,就应该成立杀人罪。我国台湾地区学者在评析此案例时指出,鼓励他人去外面散步,致他人被雷电击死,这不是一个杀人行为的类型,刑法规定的"杀人者,处……"指的是杀人行为。行为是否是杀人

---

① 参见〔日〕大塚仁:《刑法概说(总论)》(第三版),冯军译,中国人民大学出版社 2003 年版,第 111 页。
② 〔日〕大谷实:《刑法总论》,黎宏译,法律出版社 2003 年版,第 80 页。
③ 〔日〕小野清一郎:《犯罪构成要件理论》,王泰译,中国人民公安大学出版社 1991 年版,第 6—7 页。
④ 参见〔德〕克劳斯·罗克辛:《德国刑法学 总论(第 1 卷):犯罪原理的基础构造》,王世洲译,法律出版社 2005 年版,第 194 页。

行为,应该用一般人的观点来判断,一般人都认为这个是侵害生命法益的行为,那么就具备构成要件该当性,否则,就缺乏构成要件该当性。①

总之,就许霆案而言,客观上造成了财产法益损害、主观上有占有故意,并不意味着成立盗窃罪,还需要审查其行为方式和行为类型是否属于立法上的盗窃类型、是否是一般人观念中的盗窃行为。

(三) 判断"行为类型"应当站在社会一般人的立场上

如何理解杀人罪、盗窃罪的行为类型,并没有绝对客观的标准,只能站在一般人的立场上,以生活观念中人们对杀人、盗窃的理解,来判断法律上的杀人类型、盗窃类型。这也是德日刑法理论的通说:"构成要件,是在社会一般观念看来,具有侵害法益的危险、并且值得处罚的行为的类型。因此,在刑罚法规的解释上,应当以法条为基础,从是否具有社会一般观念上的危险的角度来说明构成要件的内容。"②

盗窃罪的行为类型,也只能站在社会一般人的立场上判断。这要求法官在解释刑法时,应本着"法官是'社会观念'的诠释者"③的原则,要"得出和具有通常的判断能力的一般人的理解即和社会常识或一般观念相一致的结论。即必须具有,一般的国民对刑罚法规的意义能够正确理解的话,就会知道该行为是犯罪这种程度的客观性"④。法官要按照社会一般人的观念来判断"利用取款机出错而获财"的行为是否是盗窃。用社会一般人的观念来判断盗

---

① 参见梁根林主编:《犯罪论体系》,北京大学出版社2007年版,第429页。
② 〔日〕大谷实:《刑法总论》,黎宏译,法律出版社2003年版,第82页。
③ 〔美〕本杰明·N.卡多佐:《法律的成长·法律科学的悖论》,董炯、彭冰译,中国法制出版社2002年版,第120页。
④ 〔日〕大谷实:《刑法各论》,黎宏译,法律出版社2003年版,第3页。

窃罪类型时，在其他案例中也许会产生一些争议①，但是，在许霆案中结论明确。许霆实施的全部行为是"插真卡、输密码、取款"，在公众观念中，这当然不是盗窃罪的行为类型，"盗窃罪是采用一种非常隐蔽的手段，在别人并不知情的情况下，非法占有人家财物，是有特定内涵的犯罪行为。但这个案件中，当事人跟所有普通人一样，是大摇大摆进去取款。在银行全面掌握取款人资料的情形下，这是一种不可思议的'盗窃'"②。

六、实行行为辨析："插真卡输密码"无评价意义

在犯罪构成层面上，根据许霆的占有故意无法定性。因为，一是盗窃、侵占等财产罪都具有占有故意；二是仅有占有故意，但行为不是构成要件中的定型行为，也不成立犯罪（或此罪）。因此，必须找到能够评价为实行行为的举动，并据此来定性。在许霆案中，能够成为实行行为的举动包括两个方面：一是许霆（仅）实施了两个积极举动——插真卡输密码、从出款口拿钱。如果要评价为盗窃罪，其实行行为只能根据这两个举动。二是许霆还（可能）有事后的消极行为：拒不返还从出款口拿的钱、拒不偿还少扣余额。显然，"拒不返还、拒不偿还"只能成为侵占罪的评价内容。至于许霆逃跑、用17万元去投资等行动已是实行行为之外的事后情节，无定性意义。概言之，判断许霆是否成立盗窃罪的关键是，"插真卡输密码、从出款口拿钱"能否成为盗窃罪的实行行为。笔者认为，"插真卡输密码"无刑法评价意义，"从出款口拿钱"属于侵占脱离银行占有的遗忘物。

---

① 如果一般人的观念对某种行为是否属于"盗窃类型"产生严重分歧，按照刑法"有利于被告人"的基本理念，应该否认成立盗窃罪。另外，在出罪或按轻罪处理时，运用一般人观念中的犯罪类型，没有太大问题；但在入罪或按重罪处理时，却要严格把握一般人观念中的犯罪类型。

② 王琳：《许霆案背后的司法悖论》，载《广州日报》2007年12月25日，第7版。

（一）"插真卡输密码"无法决定取财结果、与 17 万元无因果关系

盗窃罪是结果犯，这要求在结果出现时，实行行为是导致、决定危害结果发生的原因，即财产损失与盗窃罪实行行为间应具有必然因果关系，这是根据实行行为定性的唯一原因。例如，在扒手偷钱包时，其实行行为是"伸入他人口袋、拿走钱包"，这一行为对危害结果有决定作用；通过"伸入他人口袋、拿走钱包"，扒手能够决定、控制危害结果的发生。

1. 许霆无法控制危害结果是否出现

在账户无余额（或余额不足）的前提下，"插真卡输密码"无法决定危害结果发生。"插真卡输密码"能否取得财物，全依赖于取款机是否继续出错，虽然许霆"希望"取款机继续出错，但是，仅凭"插真卡输密码"这一行为，许霆无法控制、甚至无法影响取款机继续出错，他只是"极其偶然地"遇到了取款机连续出错。如果要控制取款机继续出错，许霆还要实施破坏取款机、修改磁条信息等行为。简言之，许霆取财源于取款机出错、取款机出错又不在"插真卡输密码"这一行为控制之下，即"插真卡输密码"与取财成功没有必然因果关系。无论是第一次取财、还是第一百次取财，仅凭"插真卡输密码"的行为，许霆无法控制危害结果出现，也许下一次取款机就正常了。一个无法决定危害结果发生的行为，不可能是该罪的实行行为。

刑法中的因果关系，是一种评价性的因果关系，而非自然意义的因果关系。[①] 虽然从表面看来，许霆凭"插真卡输密码"而获

[①] 如果采用自然因果关系，青霉素过敏者死亡的决定性原因是患者体质的特殊性，儿童落水的死亡原因是被水淹死；而刑法上的因果关系是评价性的，要超越自然因果关系而评价这种"自然事件"中是否有人的义务因素、是否能够因特定人的努力而避免，进而才对医生和监护人归责。

财,插卡与取财具有自然联系,但是,在刑法上,不可能把"插真卡输密码"评价为非法获财的决定性原因。其道理犹如,希望贪吃的仇人吃饭噎死,而请仇人吃山珍海味,即使仇人偶然地被噎死,人们也不会把请人吃饭评价为死亡的决定性原因。吃饭与"插真卡输密码"都不可能控制、决定结果发生,即使偶然地发生了危害结果,人们也会把结果归属于吃饭者的大意、取款机管理者的疏忽,而不会归罪于请客者和取款者,在进入刑法评价之前,这种"社会相当性观念"就切断了请客者、取款者与损害间的因果联系。

2. 对低概率事件许霆仅有犯意而无故意

当"插真卡输密码"无法决定危害结果时,依据该行为实现"占有故意"就是一种妄想,无刑法意义。许霆知道并希望取款机会继续出错,仅是一种犯意,不是刑法上的罪过。类似案例有:希望贪吃的仇人被噎死而请其吃山珍海味、希望仇人遭遇飞机失事而让其乘坐飞机,这种"希望"他人死亡的心态,仅是无刑法意义的犯意,与希望取款机出错而获财一样,都是具有幻觉性质的心态。虽然许霆"希望"取款机继续出错,但是,他这种希望并无合理根据,是一种想当然,即便真的取款机出错,其背后的犯意也不能上升为罪过。

有人会反驳:许霆明知道取款机已经出错,取款机出错是事实,且已经被多次取款成功而验证。但是,"知道取款机会出错"与"知道飞机会失事"一样,都是一种"撞大运"式、缺乏合理根据、不被刑法承认的认识;在极其偶然的情况下,两种行为所产生的危害后果,在社会观念中也被认为与先前的"故意"无关。其道理犹如,甲让5个仇人依次乘坐5架飞机,恰巧5架飞机均失事致使仇人都死亡,甲也不成立杀人罪。严格讲,"飞机总有失事的可能性"有统计学上的根据、"让人乘坐飞机"有致人死亡的可能性,但是,在社会观念中,利用飞机失事的概率去杀人时,这种致人死亡的概率已经被忽略,不会再进入刑法评价;在因果关系评价上,人们不会把死亡原因归属于买票者(让人乘坐飞机者),而是归属于天气意外或机械事故;人们也不会理会"让人乘坐飞机"背后的"杀人故意",这种"杀人故意"在进入刑法评价前就因无社会意义而被排除。同样的道理,虽然"取款机会出错"有统计学上的根据,但是,在社会观念中,利用取款机出错而获财的想法,也因其无社会意义而仅是一种犯意。①

3. 试错行为无可罚性

如果认为"插真卡输密码"是盗窃罪实行行为、"希望取款机出错而获财"是占有故意,就会得出荒唐的结论。例如,在许霆案件发生后,丙觉得有机可乘,到数个银行办卡(每个卡上仅存10元),以占有故意到多个取款机上输入2 000元的取款额,希望取款机出错而获得财物;按照日本刑法理论,这是典型的不可罚的不能犯,在任何国家的刑法中,丙都无可罚性。如果认为"插真卡输密码"是盗窃罪的实行行为,那么,在理论上,丙的每一次取款行为都是盗窃(金融机构)罪未遂。同理,丁希望妻子死亡,不断让妻子乘坐(曾经发生过空难的航空公司的)飞机,丁每次送妻子上飞机就都构成杀人罪未遂。这无疑是说,无论行为是否是构成要件中的定型行为,只要有犯意即可罚;按照这种根据犯意定罪的思路,包括迷信犯在内的任何不良企图者都应被定罪。

(二)"插真卡输密码"成为盗窃罪实行行为需具备特别前提

在特殊情况下,"插真卡输密码"这种正常行为也能够成为盗窃罪的实行行为,但是,许霆案缺乏这样的前提。只有在许霆通过其他途径肯定了取款机(必然)出错的情况下,如先破坏取款机、

---

① 当然,如果许霆的占有犯意依附于"从出款口拿钱"的行为,就有了刑法意义,能够成为侵占故意;换言之,仅凭"插真卡输密码",无法使占有犯意现实化,无法使占有犯意成为一种罪过。

知道他人改动了取款机程序,在这种前提下,"插真卡输密码"才成为取款机不允许的行为,才能转化为盗窃行为。例如,精通电脑的保安在夜间值班时潜入银行机房,修改了取款机的程序,使某台取款机在取 2 000 元时只扣除 1 元,然后白天到该取款机上不停操作,获利 10 万元。当实施了"改动取款机程序"后,保安"插真卡输密码"的举动就与违法举动结合在一起而发生了质变,可评价的行为就变成"改动取款机程序+插真卡输密码",这就满足了评价为盗窃罪实行行为的条件;在"改动取款机程序"之后,保安可以通过"插真卡输密码"来控制危害结果发生;在每一次取 2 000 元时,保安都有根据地认识到"插真卡输密码"必然会产生危害结果。但是,许霆仅通过"插真卡输密码"无法控制结果发生、希望结果发生的心态也缺乏合理凭据。

我们可以把保安、许霆的行为与丈夫希望妻子死而令其乘坐飞机的案例作一比较:

首先,许霆不知道取款机被他人破坏、改动,无法控制取款机出错,只是正常"插真卡输密码"的操作连续偶然地遇到机器错误而实现了结果,"插真卡输密码"不能成为盗窃行为。[①] 其道理犹如,丈夫想通过乘坐飞机的方式杀害妻子全家,周一,先送妻子上飞机,希望飞机失事,但恰巧妻子乘坐的飞机被恐怖分子安装了炸弹(甲事前并不知道)而坠毁;周二,又送岳父上飞机,同样碰巧被恐怖分子安装了炸弹而坠毁。丈夫希望妻子全家死亡、也造成了死亡结果;但是,有两点原因使丈夫的行为不构成犯罪:一是丈夫实施的是合法行为——让人乘飞机,这一行为是社会允许的行为、没有刑法意义,更不是杀人罪中的定型行为;二是丈夫无法控制飞机失事、决定结果发生,虽然丈夫在周二让岳父乘坐飞机时"坚

---

① 需要指出,即使取款机的程序被其他罪犯改动过,但许霆不知道这一情况而取出 17 万元,也不成立盗窃罪。其道理犹如,丈夫不知道飞机被恐怖分子安装了炸弹,以杀人故意希望飞机失事而令妻子乘坐飞机,妻子因飞机爆炸而死亡,丈夫也不成立杀人罪。

信"该航班会失事,但这种没有根据的认识无刑法意义。同样,许霆实施的"插真卡输密码"的合法行为没有刑法意义,也不是人们观念中盗窃罪的定型行为;许霆也无法控制机器出错、决定获利结果,许霆相信下一次取款机仍会出错也是没有根据的认识。

其次,在具备特殊前提下,保安有根据地认识到了取款机出错,通过"插真卡输密码",能够控制行为过程、决定结果发生,"插真卡输密码"就可以成为盗窃行为。其道理犹如,A知道飞机被恐怖分子安装了炸弹,而让仇人B乘坐飞机致其死亡。A的行为也是"让仇人乘坐飞机",似乎也不是杀人罪的定型行为,但是,两点原因使A成立杀人罪:一是所乘坐的飞机是充满危险的飞机且A对此有认识,A的行为就是"让仇人B乘坐安装了炸弹的飞机"——这一行为就是杀人罪的定型行为了;二是A能够控制危害结果的发生,利用他人的行为实现自己的目的,与片面共犯类似,A认识到飞机失事是有根据、被刑法承认的认识。同样,保安成立盗窃罪的原因是,保安知道取款机已经被改动,是"在被改动的取款机中插卡取款"——这一行为就是盗窃罪的定型行为;保安通过"插真卡输密码"能够控制结果发生,希望结果出现的意志是有根据、能被刑法承认的罪过。

(三)作为行为类型,"插真卡输密码"未创设"法所不允许的危险"

与以杀人故意让妻子乘坐飞机而失事一样,"插真卡输密码"虽然在极为偶然的情况下导致了危害,但是,作为一种行为类型,这两种行为都是正常的社会行为,不会创设"法所不允许的危险"。罗克辛教授没有用犯罪定型理论来解释"让仇人乘坐飞机"的不可罚性,而是认为,类似行为没有创设"法所不允许的危险"。罗克辛教授指出,当行为人虽然没有减少一个法益损害的风险,但是也没有以在法律上值得关注的方式提高这个风险时,也应当拒绝归责于客观行为构成。暴风雨案件（让他人在暴风雨中散步希望其被雷电击死），还有促使他人进行各种正常的、在法律上没有重要意义的生活性活动的，例如在大城市中散步、登台阶、洗澡、山中漫步等，都属于这一类情况。即使这种行为方式在罕见的例外情况下能够导致一场不幸，然而，与这种行为方式相联系的在社会适当性方面的那种最小风险，将为法律所忽略，因此，通过这种行为方式来查明造成结果的原因，从一开始就是不可归责的。因为促使一种正常的并且一般没有危险的社会性举止行为的产生，是不能加以禁止的，因此，当这样一种做法例外地成为一种法益损害的原因时，也就缺乏了一种符合犯罪类型的杀人行为。①

如果仍要追本溯源的话，"让仇人乘坐飞机"等正常社会行为无可罚性的原因在于：飞机失事的极低概率被人们接受，即使偶然地发生损害，也不会改变人类对"乘坐飞机"行为的正面评价；作为一种行为类型，"乘坐飞机"不会对法秩序和人类生活产生影响。同理，作为一种行为类型，"插真卡输密码"导致危害的概率要低于飞机失事的概率，在经验和技术上，这是无可质疑的事实，因为飞机的部件更复杂、要面对无法预知的天气因素。在没有介入其他因素的情况下，"插真卡输密码"的行为，是社会允许的行为，没有任何侵害性，对法秩序和人类生活没有任何影响。如果"让仇人乘坐飞机"没有创设"法所不允许的危险"，那么，"插真卡输密码"就更没有创设"法所不允许的危险"。

总之，由于"插真卡输密码"的行为没有刑法意义，所以，就可以忽略这一行为；许霆案就可以简化为：许霆看到取款机无故吐钱，遂拿走，共计17万元。其情形犹如：何某系商场清洁人员，发现晚上10时左右，商场旁的取款机因失灵会自动吐出2 000元，遂每晚在取款机旁边等候，共获取2万元。抽掉无意义的"插

---

① 参见〔德〕克劳斯·罗克辛：《德国刑法 总论（第1卷）：犯罪原理的基础构造》，王世洲译，法律出版社2005年版，第194页。

真卡输密码"环节后,能够评价许霆与何某的基准行为就只有:在取款机出错时,从出款口拿钱。下文将分析该行为的性质。

七、实行行为的基准:"从出款口拿钱"只能评价为侵占行为

在论证了"插真卡输密码"无评价意义之后,可评价的行为只有许霆的第二个举动:在取款机出错时,从出款口拿钱。但是,这一行为也无法评价为盗窃罪的实行行为。对"从出款口拿钱"定性的关键问题是:当取款机出错而自动出款时,银行是否还占有出款口的资金。如果认为出款口资金的占有者是银行,那么,"从出款口拿钱"就是违反占有者意思的秘密窃取。有学者认为类似机器的出货(款)口的物品仍然归管理人员占有,认为"在没有投入货币的情况下,自动贩卖机取货处的商品,属于自动贩卖机的管理者占有,而不是无主物或遗忘物。行为人要非法占有商品,必须另实施'取得'(盗窃)行为"[①]。按照这种观点,他人拿走因贩卖机失灵而自动吐出的商品,就属于盗窃;同理,取款机出错时,出款口的资金仍应归银行占有,许霆拿走该资金的行为,就是盗窃行为。但是,笔者认为,该观点混淆了民法上的所有权和刑法上占有的区别,在取款机出错时,出款口资金的所有者是银行,但银行已无法占有,该资金是脱离所有人(银行)占有的遗忘物。

(一) 出款口的资金是脱离银行占有的遗忘物

1. 出款口资金属于占有脱离型的遗忘物

对于出款口的资金,银行在事实上缺乏物理性支配、无法控制,缺乏占有的基础。刑法极为重视财物在事实上的存在状态,刑

[①] 张明楷:《诈骗罪与金融诈骗罪研究》,清华大学出版社2006年版,第91页。

法上的占有也具有不同于民法上的含义；占有总得有某种凭借，当资金位于出款口时，银行已经没有占有的技术和物理条件了。① 银行对资金的占有、控制仅限于资金仍在取款机内部时，当资金被置于出款口时，属于占有脱离物。因此，出款口是银行占有的分界点，无论是取款机错误还是正常出款，出款口的资金已经脱离了银行占有和控制的范围。

需要指出，在是否需要物理性控制力问题上，凭借机器占有和由人直接占有是有差别的。凭借机器占有只能以"有形占有"为前提，而由人直接占有则存在"无形占有"的情况。由于人的灵活应变性和意志能动性，即便财物偶尔脱离了人手的控制范围，也不一定是"占有的脱离"。例如，乘客看报纸时把提包放在邻座上，该提包虽然没有乘客的有形控制力，但仍然没有脱离乘客的占有，因为该乘客能够随时根据具体情况的变化而控制提包，人直接占有的能力具有极强的应变性。因此，如果行为人拿走银行管理人员放在取款机旁边的现金（工作人员准备依次往取款机里放），就可以成立盗窃罪。反之，取款机等机器，缺乏灵活应变性，无法根据突发情况调整占有的方式，因此，凭借机器占有只限于"有形的占有"。所以，根据"财物偶尔脱离人手控制范围并非占有的脱离"的前提，不能得出"出款口的资金也没有脱离银行的占有"的结论。

2. 认定遗忘物的条件

在肯定了出款口资金已脱离银行占有之后，要认定其属于遗忘物还要具备两个条件。

其一，资金脱离银行占有不是由于行为人的违法行为导致的。

---

① 有些取款机采取了技术手段——出款口钞票在 30 秒内未被人取走则由取款机自动收回；但是，在这 30 秒之内，银行也无法控制和占有出款口的钞票，出款口的资金仍然脱离了银行占有。而且，对于没有设置此类程序的机器、自动收回程序出错的机器，则在出钞后的任何时间内，管理者（银行）都缺乏占有的基础。

如果行为人采用插入假卡等违法行为"使取款机出错",进而使资金脱离了银行的占有而被置于出款口,那么,资金脱离银行占有是其违法行为的后果,要评价的是行为人所实施的"使资金脱离银行占有"的行为;此时,资金脱离银行占有是"完全违反被害者的意思",出款口的资金就不可能是占有者(银行)的遗忘物。例如,向售货机内投入铁板而使售货机吐出商品,虽然取货口的商品也脱离了管理者占有,但是,这不是售货机管理者的遗忘物,而是行为人采用欺骗、盗窃等手段使管理者(售货机)丧失了占有,刑法应评价使管理者丧失占有的欺骗、盗窃行为(即投入铁板)的性质。因此,从取货口拿走商品的事后行为就没有定性上的意义;换言之,无论行为人是否最终拿走商品,都侵犯了管理者的财产法益,如果采用失控说,行为人都成立盗窃罪既遂。

其二,资金脱离银行占有又不是占有者的本意。遗忘物的特征是,脱离占有的状态本非基于占有人的意思,"占有脱离物,是指并非基于占有人的意思而脱离其占有、尚不属于任何人占有的物"[1]。在取款机出错吐出资金时,该资金脱离银行的占有本非占有者的意思,就属于遗忘物。相反,如果资金是基于占有人(银行)的本意而被置于出款口,虽然脱离了银行占有,但不是遗忘物,例如,在正常操作时,当资金位于出款口时,银行的本意就是放弃占有、把占有转移给客户,客户的拿钱行为也不会侵犯任何人的占有。

总之,在取款机出错时,银行虽然没有放弃所有权,但事实上无法占有出款口的资金,且该资金并非基于银行本意而脱离其占有,属于遗忘物。因此,"从出款口拿钱"就只能评价为侵占行为。

---

[1] 〔日〕大塚仁:《刑法概说(各论)》(第三版),冯军译,中国人民大学出版社2003年版,第301页。

(二) 认为出款口的资金属于银行占有,会得出不合理结论

在银行无法对资金进行"有形控制"的情况下,如果还认为出款口的资金属于银行占有,会产生诸多问题。

首先,这会加重银行的责任。当他人拿走取款客户忘记在出款口的资金时,如果认为出款口的资金属于银行占有,银行就要承担占有者的保管义务,那么,客户就可以要求占有者(银行)返还资金,这对银行不公平。反之,认为出款口的资金脱离了银行占有,那么,忘记拿钱的客户只能要求拾钱者返还。事实上,很多银行也通过明文告示的方式肯定了银行不占有出款口的资金,以弱化银行的保管责任,以杭州市的农业银行自动取款机上的告示为例,"ATM 自动取款机使用提示"的"注意事项"中的第 1 条就是:"持卡人应在半分钟内将现金取出,遗留在出钞口的钱本行不能保证发还持卡人,由持卡人自行负责。"

其次,这会导致重罪轻罚。如果认为出款口资金的占有者是银行,那么,抢劫该资金的行为就只能成立盗窃。例如,当 D 去取款时,2 000 元刚从出款口出来时,F 就棒击 D,从出款口拿走 2 000 元,如果认为 2 000 元仍然归银行占有,那么,F 没有对占有者使用暴力,仅成立盗窃罪;如果 2 000 元不归银行占有,那么,F 就成立抢劫罪。显然,认为银行已经不占有出款口的 2 000 元、认定 F 成立抢劫罪的观点,才不会放纵罪犯。

最后,会因本不影响社会危害性的因素——取款机正常出款还是错误出款而影响定性,导致"一行为二罪名"。在取款机正常出款时,出款口的钱不再归银行占有,而转移给客户占有,这一点不会有争议。如王某看到某客户取款时因接电话而忘记了拿钱,遂把该客户遗忘在出款口的钱拿走,王某就是拾得本属某客户占有的遗忘物的侵占行为(只要返还即无罪)。相反,在取款机失灵自动吐出资金时,如刘某路过取款机时,发现出款口有 2 000 元,遂拿走。

若认为该资金的占有者是银行,就要定刘某更重的盗窃罪。但是,在危害性和主观恶性上,刘某与王某的行为没有本质区别,不能把定性取决于是否看到客户遗忘的过程。

(三)备用性解释:"应扣而不扣"是遗忘物的现代表现

当肯定了出款口的资金属于脱离银行占有的遗忘物之后,要认定侵占罪还需要考虑"拒不交出",这是简单的问题,无须赘述。有研究价值的是,"拒不交出"也可以表现为"拒不返还应扣账户额"。

取款机自动出错包括两种情况,两种情况下认定侵占罪的复杂性不同。

一是取款机出款错误——不该出款而出款。即账户余额不足,如账户只有10元,行为人输入10元额度后却取出1 000元。这是取款机把不该吐出的1 000元吐出来了,对银行而言,该资金是实物型遗忘物,不会引发"是否属于遗忘物"的争议;此时,行为人没有合理理由拿走这1 000元,"从出款口拿钱"的行为就成为可被刑法评价的侵占行为。许霆的账户总额较少,无法扣除17万元,因此,许霆属于侵占实物型遗忘物。换言之,在许霆案中,刑法直接评价"从出款口拿走银行遗忘的17万元"这一积极举动,并能够把这一行为作为侵占罪的实行行为。

二是取款机扣除错误——应扣而不扣。即行为人账户余额充足,但取钱后取款机没有作相应扣除。如卡上有3 000元,在输入2 000元额度成功取款后只扣除了2元。这种情况下,取款机应该吐出2 000元,取款人也应该拿走这2 000元。因此,"插真卡输密码"没有评价意义;行为人有合理理由从"出款口拿走2 000元",该行为是合法行为,刑法也无法评价。这样,刑法只能再退一步,去评价"拒不返还应扣余额"。在这种情况下,把少扣余额解释成遗忘物,有一定难度。笔者认为,可以把遗忘分为积极的遗忘和消极的遗忘，积极遗忘是传统观念中遗忘实物的情况，消极遗忘是现代电子商务中"应扣而不扣"的情况。在电子化设备中，遗忘扣钱而出款，与遗忘实物型钱币没有本质区别，应把"应扣而不扣"解释为遗忘物的特殊表现。如果许霆卡上本有17.6万元，只是由于取款机的扣除错误，在许霆取出17.5万元后，取款机仅扣除了171元，在银行发现时，许霆因购买股票已把卡上的17万元消费掉。在这种假设情况下，许霆能否成立侵占罪，问题更加复杂，笔者的看法是仍然可以成立侵占罪。只是，由于许霆卡上余额很少，故不属于"应扣而不扣"的情况，对此不展开。

八、取款机出错的性质分析：智能型机器出错与人出错无异

在论证了"插真卡输密码"无评价意义、"从出款口拿钱"不是盗窃行为之后，定性已经明朗了。此外，许霆案的特殊之处在于，它涉及一个困惑国人的技术问题：取款机自动出错。笔者将在下文阐述：许霆利用机器出错而获财，与利用人出错而获财，实质是相同的；如果利用人出错而获财不是盗窃，那么，利用机器出错而获财也不是盗窃。需要指出的是，由于已经清楚地分析了许霆的实行行为，所以，无论取款机出错的性质如何，都不会影响"许霆不成立盗窃罪"的结论。

（一）"机器自动出错"不同于"使机器出错"

机器出错分为两类：一是在没有外人干预下，机器自己出错，行为人利用机器自动出错而获财，许霆案是其典型；二是机器没有自动出错，而是行为人等使机器出错，进而利用出错的机器获财，将硬币的类似物投入自动售货机取出财物（以下简称"硬币案"）是其典型。对于"使机器出错"的案例，日本通说认为机械不是意思主体，硬币案是盗窃罪；个别学者则认为机械能够成为

意思主体，主张程序是"人的意思、心理的代行物"，硬币案就是诈骗罪。①

需要强调，许霆案不属于"使机器出错"；而且，许霆行为的危害性比"使机器出错"要轻。硬币案中"向售货机投入铁板"的行为具有侵害性和违法性，是售货机禁止的行为，应该被刑法评价；许霆案中"插真卡输密码"没有侵害性、违法性，是取款机允许的行为，无法被刑法评价。许霆的行为类似于：戊向售货机投入2枚硬币，本应掉出一罐可乐而掉出了10罐，戊随后反复操作。戊投入了真币，与投入铁板的盗窃（诈骗）行为在构造上、危害性上完全不同。

（二）"利用智能机器出错获财"与"利用人出错获财"具有同质性

1. 确立前提

利用人出错而获财不成立盗窃，在法理上成立侵占。例如：赵某在商场买1元的商品付款时，给营业员10元，营业员找给其90元，赵某觉得有机可乘，遂让家人再去购买，成功数次。利用他人错误而获财的行为性质，有三种观点：一是认为成立不作为的诈骗罪，这是多数德日学者的观点。二是认为无罪，我国有学者认为，"纯粹利用对方的错误占有其财物的事例，一般不宜当犯罪来处理"②。卡多佐法官也认为，"某人因疏忽大意付错了款，即便数目过大，也只能自己承担这一困境。所有权会因令人同情的疏忽大意或者错误而遭剥夺"③。三是认为成立侵占罪，许多国家把利用他人错误而获得财物的情况规定为侵占罪。《意大利刑法典》第

---

① 参见刘明祥：《财产罪比较研究》，中国政法大学出版社2001年版，第220页。
② 刘明祥：《财产罪比较研究》，中国政法大学出版社2001年版，第218页。
③ 〔美〕本杰明·N.卡多佐：《法律的成长·法律科学的悖论》，董炯、彭冰译，中国法制出版社2007年版，第113页。

647条"侵占遗失物、埋藏物和因错误或意外事件而得到的物品"规定,"3)将因他人的错误或者意外事件而获得占有的物品据为己有的"。在《西班牙刑法典》中,"不法侵占"包括第252、253、254条三条,其中第252、253条相当于我国《刑法》中的侵占罪(侵占委托保管物、侵占遗失物),第254条则规定了特殊的侵占:"因他人失误,不法接收50 000比塞塔以上物品。他人认识到失误,但不法接受人否认接受事实或者不予以归还的,处3个月到6个月的罚金。"《丹麦刑法典》第277条规定:"以自己或者他人非法获得占有为目的,盗用不处于他人保管之下之有形物品,或者盗用由于所有人一方之疏忽或类似原因而落入行为人手中之有形物品的,构成侵占遗失财物罪。"在日本判例中,被错误移交的物、被错误送达的邮件等,都是侵占罪的客体。[①]

笔者同意侵占罪的观点。可以肯定的是,赵某利用了被害者的瑕疵意思获得的数百元,是营业员"自愿"给予,不是完全违反占有者意思的盗窃,不会有学者主张赵某成立盗窃罪。赵某也没有虚构事实、隐瞒真相的行为,不成立诈骗罪。第一次多找零钱,属于民事性的不当得利;对赵某随后的数次操作,即便要动用刑法,也只能考虑侵占罪。

2. 前提推演

以人为中介利用机器出错获财不是盗窃,许霆案也不是盗窃。赵某完全利用人出错而获财,表面上看与根本没有介入人的因素的许霆案尚有差别,但是,如果人的错误系机器出错而引起,就与许霆案有了可比性。例如,申去银行柜台通过工作人员用银行卡取款,他取了2万元后在取款机上查余额时发现卡上只扣了2元,遂觉得有机可乘,随后连续到该柜台取款10次,获利近20万元。申没有秘密窃取,工作人员明知是20万元而自愿交付给申;申与赵

[①] 参见〔日〕大塚仁:《刑法概说(各论)》(第三版),冯军译,中国人民大学出版社2003年版,第301页。

某的取财行为具有同质性——都是被害人（占有者）把钱给了行为人，申获取的20万元当然不是完全违反占有者意思的盗窃罪。

后查明，申获利20万元的原因是工作人员所用的电脑出错，电脑把2万元的扣除额记录成2元。这种情形与许霆案有同质性，都是因机器出错而获财。从道理上讲，许霆案与去柜台取款时工作人员连续失误没有本质区别。如果申不构成盗窃罪，却认为许霆构成盗窃罪，则其逻辑是：有人操作的机器出错，不成立盗窃罪；无人操作的机器出错，就构成盗窃罪。这一逻辑无法成立，因为：

其一，智能型机器控制了人的意思。财产犯罪中对定性起决定作用的是取财行为，而申案和许霆案中对取财起决定作用的都是机器出错，与人无关。在类似智能化机器面前，工作人员依赖机器，操作者无关紧要，申案中给款的工作人员也无须负任何责任。换言之，在申案中，工作人员已经丧失了"独立意思"，人的意思被机器决定了，在整个操作过程中，"人的意思"已被忽略。

其二，对于某些智能型机器，是否有工作人员操作，是极为偶然的事情，与危害后果和行为性质没有关系。例如，某银行首次到乡村安设取款机，为了使农民熟悉取款机，派了工作人员在现场帮助农民操作。农民周某取完2 000元后发现只扣除了2元（因涉及账户隐私，工作人员没有看周某的余额），遂在工作人员的帮助下连续操作，取出1万元（工作人员从出款口拿出后再交给周），账户仅扣10元。申、周某、许霆的行为本质是相同的：在智能机器面前，即使有人操作，也无法避免损害发生。在许霆案中，即使取款机旁边有工作人员监督也无法改变错误结果。如果取款机旁边有工作人员时就认为不成立盗窃罪，而无工作人员时就认定成立盗窃，就是因与案件无关的因素而改变了定性。

其三，任何机器都是由人操作和设计的，任何机器出错也都可以归为设计者和管理者的错误。申案和许霆案本质相同，都是机器的设计者、管理者的错误。人总会出错,在人操作时机器出错(申案),与人所设计的机器自动出错(许霆案),没有本质差异,都是人的错误通过机器体现出来。因此,如果认为申的行为不构成盗窃罪,许霆的行为同样无法成立盗窃罪。

简言之,笔者的推理是:完全利用人出错而获财(赵某),与利用以人为中介的机器出错而获财(申),具有同质性;利用以人为中介的机器出错而获财(申),与完全利用机器出错而获财(许霆),又具有同质性;那么,完全利用人出错而获财(赵某),与完全利用机器出错而获财(许霆),就有了同质性。既然赵某的行为不是盗窃,许霆的行为也就不成立盗窃。

(三) 智能型机器是意思主体:取款机出错就是人出错

除了上述类比论证之外,下文还将直接论证智能型机器出错就是人出错。这需要论证取款机是与人一样的独立意思主体,至少要论证取款机的错误意思就是人的错误意思。另外,如果论证了机器是意思主体,又由于盗窃罪是典型的违反占有者意思的取得罪,那么,许霆拿走取款机出错时自愿吐出的17万元,与接受营业员出错而多找的零钱一样,都不是完全违反占有者意思的盗窃罪。

在前述的硬币案中,日本学者多奉行"机器不能被骗",从而间接地认为机器无法成为意思主体。笔者认为,首先,机器是否能够成为意思主体,必须考虑机器的性质、现代人工智能的发展趋势,刑法不应墨守成规,应根据时代步伐调整其立场。对于机器应当区别对待:在机械工业时代,缺乏智能性的简单机械(如投币型售货机),只是人的辅助性工具,与人的意思有本质差别,不宜认定为意思主体。反之,在电脑信息时代,许霆案中的自动取款机等现代化智能型机器,具有复杂的电子信息和严密的程序设计,已经代替了人的意思在工作;其行为的效力与人工作的效力相同,与人的意思行为已无本质差别；甚至，未来的机器人可能会产生一些"意思"。类似机器在按照预定方式工作时①，应当认定为意思主体。我国刑法也在相关条款中肯定了智能型机器是具有意思的占有者，如使用伪造的信用卡在取款机上取款成立信用卡诈骗罪，就是把取款机作为产生错误认识的意思主体。②

其次，否认智能型机器是意思主体的观念，会使刑法在科技进步潮流中落伍，在未来各种新型犯罪面前手忙脚乱，在解释论上顾此失彼，并产生保护漏洞。科技的发展，使更多的交易、财产处分在"无人化"的情况下进行。例如，未来可能发生这样的情况：F在网上向某公司预定昂贵衣物，公司派智能机器人来送货，F收到后在签字时故意在机器人出示的单据上签上"货物已损坏"企图白白占有衣物。F肯定不是盗窃，公司经理没有产生认识错误；只有把机器人视为意思主体和占有者，认为F是使占有者的机器人产生了错误认识，才能够对F的诈骗行为定罪。

最后，退一步讲，即便有人不同意取款机能够成为意思主体，也应当承认基本事实：取款机的意思就是人的意思。因为，取款机的行为效力与人的行为效力无异，在取款机上打印的凭条与工作人员出具的凭条具有同等效力。既然出错率低于人的取款机是代替银行工作人员在工作，那么，取款机出错就等于人出错。如果取款机出错不是人出错，那么，谁来承担取款机出错的后果呢？

---

① 没有按照预定方式工作的智能型机器，仍然不是意思主体。例如，行为人撬开取款机取钱时，取款机不是在按照预定方式工作，没有发挥智能性功能，不是意思主体，与简单机械无异，撬开行为就属于盗窃。

② 否认机器能够成为意思主体的观念必然认为，使用伪造信用卡在取款机上取款是盗窃、在柜台上通过工作人员取款是诈骗。这种观念看不到两种行为的本质相同点——在电脑化服务中，在柜台取款可能仅是通过工作人员操作另外的取款机；同时，无法解释这样的情况：银行工作人员仅是辅助伪造信用卡持有者在取款机上取款，是盗窃还是诈骗？这种观念也没有注意到：我国盗窃罪的处罚重于诈骗罪，如果把取款机解释为金融机构，那么，按照这种观点，"使用伪造信用卡在取款机上取款"就是可适用死刑的盗窃罪，其处罚的严厉性远重于"在柜台上通过工作人员取款"的诈骗罪。而实际上，在银行的法定办公场所（柜台）使用伪造信用卡的危害性要重于在取款机上使用伪造信用卡。

如果取款机能够成为意思主体，还可以推出另一个结论：取款机内资金的占有者就是取款机本身，而不是管理人员。民法上不存在机器成为占有权主体的现象，但是，取款机事实上占有了资金，并相对独立于管理人员工作时就受到刑法保护。这样就更容易论证许霆不属于盗窃，在按照取款机预定的智能方式取款时，对取款机这一占有者而言，许霆没有实施（秘密）窃取行为；17万元是取款机这一意思主体自愿给予（有瑕疵的意思），许霆不是"完全违反占有者的意思"的盗窃行为。

九、结语：聪明的法官不嘲笑民意

法官不识人间情，便称正义也枉然。民众重视的是刑事责任准确（因为刑事责任太重，所以许霆案认定为盗窃罪不妥）、法律人重视的是罪名正确（因为成立盗窃罪，只能判处无期徒刑）。在很多时候，一纸刑事判决的意义高于一部法典；相对于抽象的法条而言，刑事判决是鲜活的法典。立法者应关注许霆案中的价值涌动：民众讨论这样的判决，既是民间释法的途径，也是立法者"发现法"的契机；民众关注这样的判决，既是关心法治框架中的个人命运，也是法律制度借此汲取人民力量的契机。法律人应关注许霆案中的规范判断：学者研究这样的案例，既可借机检验理论的实践价值，又应据此反思刑法的思维方式；如果在方法论上，学说不能为案例直接提供分析框架和思路，那么，面对下一个许霆案时，学者与法官仍将面面相觑。这种宏大解读或许放大了许霆案所隐含的信息，但是，以许霆案为契机，认真整理一下刑事司法中的根基性问题，仍是法治中国前进路途上本非多余的停顿。

第八章
吴英案：投机商人的刑事责任

案情：民间融资被认定为集资诈骗罪

法院查明：从 2003 年起，吴英在浙江省东阳市开办了美体沙龙等企业，2006 年注资 5 000 万元人民币（以下币种相同）设立了本色控股集团有限公司（以下简称"本色集团"）。2005 年起，吴英以合伙和投资为名高息集资，本色集团成立时，已经负债 1 400 万元，为能继续集资，吴英用集资款注册了多家本色系公司，这些公司成立后大都未实际经营或亏损经营。吴英采用虚假宣传等方法，给公众造成其公司有雄厚经济实力的假象，以高额利息为诱饵，以投资、借款、资金周转等名义，截至 2007 年，先后从林卫平等 11 人处集资 7 亿余元，用于偿还本金、支付利息、购买房产、汽车、珠宝、公司运营及个人挥霍等，至案发时尚有 3.8 亿余元无法归还。2009 年 12 月 18 日，金华市中院作出一审判决，以集资诈骗罪判处吴英死刑，剥夺政治权利终身，并处没收其个人全部财产。吴英不服一审判决，以主观上无非法占有目的、客观上未实施欺诈行为、债权人不属于社会公众、借款系单位行为等理由，提起上诉，要求宣告无罪。2012 年 1 月 18 日，浙江省高院二审认为一审法院定罪准确、量刑适当，裁定驳回吴英的上诉，维持死刑判决。2012 年 5 月 21 日，吴英案终审改判死缓。2014 年 7 月 11 日，吴英从死缓减刑至无期徒刑。

争点:对民间融资能否适用重刑

吴英案不是我们印象中鸡飞蛋打、民怨沸腾的典型集资诈骗案,但判决是典型的结果责任——以结果倒推故意、以巨额款项证明诈骗。一审判决书对涉案数额娓娓道来,但却对诈骗方法一笔带过。二审维持死刑的判决引发了汹涌民意,广大网民黯然神伤,一干学者慷慨激昂。民众惑于重刑:无涉人身,何以至死?专家争于罪名:非法吸收公众存款罪岂不比集资诈骗罪更"可爱"?案件延伸出的宏大主题——私企命运、金融垄断、公权腐败,也无比揪心。吴英案凸显了经济体制的弊端,但更讽刺了法学知识的苍白,笔者曾嘲笑判决书流水账式的叙事、理屈词穷的论证,后来却倍感汗颜,因为用现有刑法知识,根本无法在吴英案中划出刑罚和私权的界限。国民渴求法下留人,力保吴英不死,更应被注解为一个开放时代中公民要求持续改革、分解资本垄断的期盼,更反映了在一个公权渐受制约的国度内民众希望影响权力决定、参与利益博弈的诉求。

提要:别用诈骗罪"诈骗"民众

吴英案是一个疯狂的故事,主角、配角以及观众,都有些癫狂,若非亲历,恕难相信。我们并非因案论事,人们总是基于当下的生活状态而表达己见,那些看似激愤的舆情,都裹挟着对制度的感受和对生活的体会,更关键的是,充满着对美好未来的想象。吴英案的核心问题是:是否成立集资诈骗罪,应否判处死刑?成立集资诈骗罪的核心要素是"使用诈骗方法","诈骗方法"既要考虑诈骗罪的基本原理进行一般性理解,也要考虑融资领域的殊异性进行特别限制。不宜将教义学设计的诈骗罪构造要件绝对化;应当与时俱进地对诈骗罪的"欺骗行为"进行缩限性解释;必须对集资诈骗罪中的"诈骗方法"进行二次缩减;生活、市场、投资和投机四领域的欺诈标准各有千秋。在动用死刑时,既要从危害性、罪名关系等角度检讨集资诈骗罪死刑的立法正当性,更要从被告人过错、行为人罪责等角度考量集资行为的可谴责性。

吴英案给了民众足够的期待空间。在定罪上,判处吴英有罪或无罪;在罪名上,选择非法吸收公众存款罪或集资诈骗罪;在量刑上,裁量死刑或无期徒刑,诸多结局均可依法而为,很多学者亦有能力就这数种宣判写出推理严密的学术论文。无疑,我们终究生活在一个人法而非神法的时代,法律必然带着价值判断,在类似经济纷争中,法律人也难以直接将事实与法律对应,得出绝无二异的共识。

一、引言:一个女孩如何触痛了大众的神经

吴英案终归是价值选择的结果,向左是走向带有计划经济色彩的金融体制,广受诟病却坚如磐石;向右是走向暗潮涌动的民间资本市场,夹缝偷生却充满生机。而我们注定要向前看,一个利益与风险同在、开放而自由的市场体制,才是我们心向往之的地方。你们曾经憎恨"吴英们",无商不奸、为富不仁;我们也曾经同情"吴英们",命如蝼蚁、韧如草芥。这种爱与恨,即便出于直觉,想来也有正当理由。当三鹿集团董事长田文华被判重刑时,无人惋惜她因疏致罪的悲惨,同为经济越轨却形象殊异,因为人类的直觉判断源于基因中对危险的精准嗅觉:如果危及生存,我们自然深感恐惧;如果只是资本玩家的冒险游戏,尚与世俗生活间隔万水千山。将吴英定性为罪大恶极,总让观者的心里隐隐作痛。

吴英案是刑法规范判断与民众价值判断的冲突。刑法学至今仍然左右为难:一收就死,一旦提高专业门槛,痴迷于搭建规范学、教义学,就变成了书斋中的文字游戏,在案件推理中经常黔驴技

穷；一放就乱，一旦放低专业门槛，注重考察危害性、伦理性，又变成自毁长城的政治哲学，只能在案件结论上以德服人。笔者一直渴望，刑法学能够仰望星空、脚踏乡土，把价值构造和规范教义合二为一，成为社会科学中的良心。本文就以"忧国忧民"的壮志，从诈骗罪着手，开始刑法学的自救之路。

二、从口袋罪状到后盾罪名：诈骗罪的教义扩张与法理限缩

（一）教义学不能与生活脱节：让法条活在当下

1. 教义学趋于条理化而诈骗罪需要生活化

教义学缺乏价值判断和现实关怀。在历史中穿梭就会发现，教义学的繁荣与刑法学的贡献是呈反比关系的。教义学对刑法分则罪名的含义进行了过于自信的归纳，注重逻辑推导，形成了一个封闭的体系，在定义罪名时不仅撇开了刑法总则的基本原理，更把一些法律价值排斥在外。耶赛克教授就曾经批评了这种过于机械的教义学思路，"人们也不能忽视完全按照抽象规则建立起来的刑法教义学所带来的危险，这种危险存在于：法官机械地依赖于理论上的概念，从而忽视了具体个案的特殊性。这时，决定性的首要任务总是解决案件问题，而对体系的需要则必须退居第二位"[①]。也正是基于教义学结论的武断性，罗克辛教授也主张在教义学中注入刑事政策的考量。如果在定罪时无法体现有关社会正义、法律哲学的基本理念，只能说，我们的定罪过程过于草率。

我国学者"西天取经"之后力图把德日的教义学摆渡到我国，学其结论而未领会其精神，至少就诈骗罪而言这是对象错误的"不能犯"。德日刑法中那些陈年旧案多已脱离了中国现实，当学者

[①] 〔德〕克劳斯·罗克辛：《刑事政策与刑法体系》（第二版），蔡桂生译，中国人民大学出版社2011年版，第7页。

还在讨论机械诈骗时,浙江省的阿里巴巴集团已经开创了淘宝时代;在学说还在争论三角诈骗时,浙江省的犯罪类型早就变成了"棋局诈骗"①。在社会背景上,当下中国之多彩的社会生活、复杂的经济形势、玄妙的公私态势,已经超出了德日学者构筑古典规范学理论时能遥想的极限,就本文主题而言,如果德日学者面对浙江省的集资纷争,定会出现"老虎吃天无从下口"的焦虑;在文化观念上,植根于习惯含蓄、隐喻和灵柔文化中的诈骗概念,被浸淫了五千年民族意识形态后,更无法用西方理论实现精雕细琢的解剖。"用传统理论解决现代问题"听起来很哲学,却是一种"骑车上月球"的欺人逻辑,中国学者不能"陷入错误认识","自愿交出"话语权,用西方的理论"欺诈"中国的现实,造成思想与经济的"双重损害"。若被教义学束缚,刑法学将一事无成。

教义学标准是一种历史归纳,教义学的核心是把个案中的规律提炼为教义,可以适用于传统罪名而难以套用于新型犯罪。在解释自然犯、分析传统行为时,由于有历史检验,或者说,这些罪名的教义学标准本身就发轫于对传统罪行的认识,因而,以教义学理论解决典型案例偏差无几。然而,在解释法定犯、分析新型犯罪时,在历史线索中摸索出来的教义学理论就经常显示出对现代行为的迷惑,会出现"愈精细愈混乱、愈深入愈无用"的局面。就本文主题而言,教义学理论的机械化表现在:一是把诈骗罪的构造静态化、恒定化,没有将其向社会生活和其他法律开放;二是把诈骗罪的逻辑构造普适化,直接套用于包括集资诈骗罪在内的所有特殊诈骗罪类型。

想从规范学上界定诈骗罪的内涵,尤其是刑事诈骗与民事欺诈

---

① 这是笔者对浙江省民间融资领域的一种类型分析,很多融资案早脱离了"一个人向社会公众集资"的初始阶段,而进入了角色极为复杂的共同参与、互相博弈的过程。小资金者犹如"卒",既是"车"手中的工具,也常常以一博十;那些有公权背景的持资者犹如"炮",可以隔山取利;卒可以将军,帅可能是傀儡。其中,实业经营与非法占有是两可的,受害人和加害人身份是模糊的,错误认识与嫁祸意识是混同的,因果关系与危害后果是隐形的。

的界限,既不可能,也无必要。多数国家诈骗罪的规定比较简单,需要以学理阐述条文。在规范学上,大陆法系刑法理论和判例认为,如果行为人在非法占有目的之下,实施了欺骗行为——对方陷入或者继续维持错误认识——对方基于认识错误处分(或者交付)财产——行为人取得或者使第三人取得财产——被害人遭受财产损失,则成立诈骗罪。① 然而,任何预设的理论构造都不是立法规定,并无法律正确性可言。立法者之所以轻描淡写,恰是因为诈骗罪难以明确描述——任何先验的抽象刻画都不能适用于所有的欺诈个案。就诈骗罪的范围而言,教义学理论与社会实践之间的错位日益明显。

2. 愈文明愈虚伪:诈骗罪应当进行缩限解释

按照"五阶段构造论",很多本属于民事欺诈的行为,都可以被认定为诈骗罪。如严格坚守诈骗罪规范构造的日本判例认为:"只要是自己一方有瑕疵,而隐瞒该种事实进行交易,一般都构成作为形式的欺骗。"② 如果推行这一标准,可以对我国市场进行扫荡性打击。刑法中的诈骗不同于民法中的欺诈,更不是生活意义上的欺骗。如何区分民事欺诈和刑事诈骗,历来是理论难题,很多学者主张以"以非法占有为目的"作为区别点。③ 然而,很多民事欺诈同样以非法占有为目的,例如,商场经理售卖价格为人民币4 000元的假包、教授虚报年龄获取青年科研基金人民币5万元、画家隐瞒收入情况骗领经济适用房、模特隐瞒婚史和取财意图与富商结婚后迅速离婚而分割财产,这些行为人均具有非法占有目的,也符合诈骗罪的逻辑构造。然而,类似行为不构成诈骗罪,既是我国司法的基本态度,也是国民的主流判断。

---

① 参见〔日〕西田典之:《日本刑法各论》(第三版),刘明祥、王昭武译,中国人民大学出版社2007年版,第185页。
② 〔日〕大谷实:《刑法讲义各论》(新版第二版),黎宏译,中国人民大学出版社2008年版,第238页。
③ 参见刘明祥:《论诈骗罪的主客观特征》,载《中南政法学院学报》1986年第2期。

与其他财产犯罪不同,人类社会对诈骗行为的容忍度逐渐升高。同为财产犯罪,盗窃、抢劫等是生活之外的罪行,是非分明;而诈骗罪是生活之中的罪行,"善意的谎言、浪漫的欺骗"难言褒贬。文明教会了人类笑看欺诈,善解谎言。从伦理角度看,诈骗是一种与道德变迁息息相关的规范判断,随着道德的宽松化而逐渐萎缩。一个原始部落视为欺诈的卑鄙行为,在现代社会却可能是司空见惯的交往必需。从社会角度看,欺诈是人类交往中的润滑剂,无谎言不文明,不掩饰无礼仪。文明社会对个人的社会化,就是不断虚构事实(伪装外在身份)、掩盖真相(隐藏真实本我)的过程,"随着逐渐长大成人,……他必定具有强烈的欲望,积极进取且机灵警觉,但同时又必须尽可能地掩饰这种欲望。他对真理肯定怀有深深的崇敬,但他必须学会在许多场合抑制、否定或歪曲真理。我们的文明正是以这些为基础的"①。从经济角度看,市场经济不断溶解着诈骗罪,交易行为由简至繁,就是新型欺诈方法不断出现、对旧欺诈行为不断容忍、诈骗罪范围不断从传统欺诈移向新型欺诈的过程。随着经济的繁荣,原本曾被视为诈骗的行为,逐渐被踢出犯罪圈乃至被当作创意之举。放在几百年以前,"1 片顶 5 片""1 个月增高 5 厘米"的夸张很可能会被认定为诈骗,而今天,只有更夸大其词的宣传才能成为营销的法宝。因此,虽然诈骗的方式日新月异,诈骗罪却步步后退。

(二)教义学如何压缩诈骗罪:理念前奏与程序钳制

1. 缩限解释的总原则:有救济无刑法

越简单越复杂,在理论上,"诈骗"一词可作边界无限的扩张解释;在实践中,"诈骗罪"已成为弹性无穷的口袋罪名。刑法学者的任务,是总结出能够适用于规范学的诈骗罪缩限原则。与盗

---

① 〔英〕罗布尼斯拉夫·马林诺夫斯基、〔美〕索尔斯坦·塞林:《犯罪:社会与文化》,许章润、么志龙译,广西师范大学出版社 2003 年版,第 131 页。

窃、抢劫行为只规定在刑法中不同,诈骗罪的组成部分——欺诈行为,同样规定在民法等其他法律中,而且欺诈总是与经济活动、民事纠纷交织在一起。因此,欲把诈骗罪从经济、民事欺诈中剥离出来,其第一要义,是考虑刑法与民法、经济法之间的关系。刑法与其他法律的基本关系是刑法的最后性(也称为刑法必要性、辅助性、不得已原则),"刑法文本对于民法文本能够有效调整、规制和制裁的民事不法行为包括民事侵权行为,不得予以犯罪化"①。在财产犯罪甚至所有罪名中,诈骗罪最需要考虑并依赖"刑法必要性原则"界定其外延②,如果在其他领域已经被视为正常的行为,即便符合诈骗罪的行为构造,也无须进行构成要件符合性的评价;对于其他法律已经能够有效处理的欺诈行为,就不应作为诈骗罪处理。这样,诈骗罪就有了第一层缩限原则。

上述例子中的经理、模特等虽然具有非法占有目的,也控制了财物,但是,由于他们公开了身份、不回避责任追究,通过民事法律救济或者依据行政法处罚,此类行为即可受到有效规制。相反,如果甲冒充 LV 的销售员上门推销价格为人民币 4 000 元的假包、乙用化名在网上以恋爱为名索要贵重礼物等,这些行为具有秘密性,受害人凭借己力无从知悉(或难度很大)行为人的身份情况、身在何处,无法以起诉等私法方式救济权利,因而要求刑法介入、需要借助警察力量寻找行为人,类似行为就应认定为诈骗罪。

2. 缩限解释的具体标准:身份公开难言诈骗

"可救济无刑法"作为抽象原则毕竟难以把握,学者还需要推导出能够用于司法的具体标准。通过前述几个案例,可以归纳出"身份公开难言诈骗"的具体标准。欺诈的完成是行为人与受害人互动的过程,在这一过程中,双方在形式上以平等主体身份参与其

---

① 梁根林:《刑事法网:扩张与限缩》,法律出版社 2005 年版,第 50 页。
② 相反,根据行为本身,就可以直接认定盗窃罪、抢劫罪,很少需要考虑其他法律的钳制。

中,在地位上并不存在盗窃、抢劫那样实力失衡、需要外力介入之情况;如果行为人在实施欺诈行为时又公开身份,表明其愿意通过民事法律解决责任纷争的态度,至少说明了具有民事诉讼的可能性,如无特殊情况,完全可以通过柔和的私法手段由第三方居中裁决。就此可以得出,"身份公开难言诈骗"的实质内容是"具有(民事)诉讼和(私法)救济可能性"。

首先,"身份公开难言诈骗"是指"具有(民事)诉讼可能性"。对于身份公开的诈骗,因其可通过民事诉讼解决,虽然在法理上将其认定为诈骗罪并无问题,但在实践中,很多国家的法官不自觉地坚持了刑法的最后性,将公开诈骗除罪化。如在日本司法实践中,对于欺瞒交易诈骗案,从客观来看,虽然交易伴随风险,但属于公开的交易,所以即使将与顾客的交易以诈骗罪起诉,但一般很难判处有罪。[1] 我国司法者也下意识地采用了这一标准,如诉讼诈骗是一种身份公开的诈骗,《最高人民检察院法律政策研究室关于通过伪造证据骗取法院民事裁判占有他人财物的行为如何适用法律问题的答复》指出:"以非法占有为目的,通过伪造证据骗取法院民事裁判占有他人财物的行为所侵害的主要是人民法院正常的审判活动可以由人民法院依照民事诉讼法的有关规定作出处理,不宜以诈骗罪追究行为人的刑事责任。"

我国学者对这一司法意见多持否定态度,认为诉讼诈骗属于典型三角诈骗,应当作为诈骗罪处理,"在司法实务中,很多法院对诉讼诈骗行为正确地定性为诈骗罪,而并没有根据最高人民检察院法律政策研究室的'答复'这种并非司法解释、效力也值得怀疑的文件处理案件,这是应当加以肯定的做法"[2]。这是对诈骗罪进行形式理解,注重教义学的逻辑构造,忽视了从社会生活、法律价值

---

[1] 参见〔日〕京藤哲久:《欺瞒交易与刑事责任》,载〔日〕西原春夫主编:《日本刑事法的重要问题》(第二卷),金光旭、冯军、张凌等译,法律出版社、成文堂2000年版,第42页。

[2] 陈兴良、周光权:《刑法学的现代展开》,中国人民大学出版社2006年版,第652页。

层面进行实质判断。如果严格遵循这种思路,很多经济、侵权案件中的原、被告双方都可能构成诈骗罪(未遂),如 A 明知因 B 违约造成损失 100 万元人民币,却提出证据夸大损失,主张 200 万元人民币的赔偿金,如果最终法院判决 B 赔偿 120 万元人民币,是否要对 A 处以诈骗罪?如果法院正确下判,A 是否构成诈骗罪未遂呢?这种"只见教义不见法理"的理解思路,有可能导致诈骗罪泛滥成灾,形成人人皆有罪的局面,最终为司法机关的选择性执法提供了理论支持。

诉讼诈骗之所以没有必要按照诈骗罪处理,正是因为在诉讼中,双方当事人都留有真实姓名、公开了各自的身份。受害人遭受的财产和其他损失都可以再次通过诉讼方式得到有效救济,无须刑法介入。当然,如果在诉讼中,行为人虚构身份或者获得财物后潜逃,由于缺乏"(民事)诉讼可能性",就难以适用"身份公开难言诈骗"的原理,可以认定为诈骗罪。

其次,"身份公开难言诈骗"还指"具有(私法)救济可能性"。在判断欺诈和诈骗时,要考虑总原则"可救济无刑法",也同时要考虑"无救济要刑法"。如果其他法律无法救济,即使公开了身份、具有诉讼可能性,也可认定为犯罪。按照经济学的激励效应,"如果一种行为可能导致非常严重的后果,在这种后果发生的情况下,加害人并没有能力承担相应的责任,那么,民法规定的责任就是不可信的"[①]。例如,在无锡新兴实业总公司原总经理邓斌集资诈骗案中,非法集资额达 32 亿余元人民币,造成经济损失达 12 亿余元人民币。由于邓斌一开始就有非法占有目的且损失过于巨大,已经超出了民事救济的极限,私法已经无法救济受害人的权利了,即便其公开了身份,也应考虑认定为犯罪。但是,适用这一标准必须考虑下文确立的"先民后刑"的程序要求。

---

① 张维迎:《信息、信任与法律》,生活·读书·新知三联书店 2003 年版,第 134 页。

3. 身份公开型诈骗的合理程序：先民后刑

首先，对经济案件实现"先刑后民"是我国司法机关的习惯做法。1987 年《最高人民法院、最高人民检察院、公安部关于在审理经济纠纷案件中发现经济犯罪必须及时移送的通知》中指出："人民法院在审理经济纠纷案件中发现经济犯罪时，一般应将经济犯罪与经济纠纷全案移送，依照刑事诉讼法第五十三条和第五十四条的规定办理。……对于经公安、检察机关侦察，犯罪事实清楚后，仍需分案审理的，经济纠纷部分退回人民法院继续审理。"这种"先审理犯罪再处理纠纷"的思路被各地法院贯彻，2009 年《浙江省高级人民法院关于审理民间借贷纠纷案件若干问题的指导意见》规定："自然人与非金融企业之间的借贷中，企业将借贷资金用于合法生产经营活动，**不构成**集资诈骗、非法吸收公众存款等金融**犯罪**活动的，不宜认定借贷合同无效。"而在吴英等案件中，浙江省市两级法院均实行"先刑法判断再民法判断"的思路，直接把大量本可认定为民间借贷的行为认定为了犯罪。

但是，对于仅涉及欺诈与诈骗之争而不涉及其他犯罪的案件，"先刑后民"不符合刑法介入经济领域的有限性、最后性原则；这种强制入罪的思路会导致民事欺诈失去存在的余地，因为一旦进入刑事审判，按照现有教义学诈骗罪的构造标准，多数民事欺诈也具有非法占有目的，完全符合诈骗罪的逻辑构造。

其次，对于身份公开的欺诈案，考虑到"可救济无刑法"的刑法最后性原则，应当"先民后刑"。即便行为人有非法占有目的，但因其身份公开、双方可以平等地位通过民事诉讼救济损失，没有必要动用刑法。只有在缺乏"（民事）诉讼和（私法）救济可能性"时，才有启动刑法的必要性。在英美法系，为了防止诈骗罪成为商业领域的绊脚石，一般不把符合诈骗罪的欺诈行为作为犯罪处理。例如，D 签了分期付款协议买车，但没有付款；或者取得贷款后没有履行偿还义务，如果他签协议时就没有支付债务的想法,学者认为从概念上说,D成立诈骗罪,"但是,普通法院不愿意基于诈骗罪起诉来处理债务人的违约行为。传统解释是,应受指责的行为……作为普通商事行为上不履行义务和作为刑法上的行为其实是一样的……如果曾经存在的债务人可能被判处刑罚的威胁,商业事务将会受到实质性的阻碍"[①]。对于集资诈骗罪,我国司法解释实质是采用了这一思路。

《最高人民法院关于审理诈骗案件具体应用法律的若干问题的解释》(以下简称《诈骗案件解释》)曾规定:"行为人……具有下列情形之一的,应当认定其行为属于'以非法占有为目的,使用诈骗方法非法集资':(1)携带集资款逃跑的;(2)挥霍集资款,致使集资款无法返还的;(3)使用集资款进行违法犯罪活动,致使集资款无法返还的;(4)具有其他欺诈行为,拒不返还集资款,或者致使集资款无法返还的。"

通观该解释,"携带集资款逃跑"当然说明行为人否定了"(民事)诉讼和(私法)救济可能性",受害人无法通过民事诉讼挽回损失,因此必须通过刑法介入、启动公权力帮助弱势一方。除此之外的其他情形,司法解释均强调"拒不返还或无法返还集资款"是定罪的前提,这实质上是肯定了对于身份公开的集资诈骗,应实行"先民后刑"的思路,只有通过民事诉讼无法救济损失的,才能够启动刑法、认定为犯罪。

4. 应给吴英"以赔消罪"的机会

在吴英案中,如果对诈骗罪作形式理解、对欺诈行为作泛化解释,同时强推"先刑后民"的思路,当然可以认定吴英成立集资诈骗罪。但是,按照上文所述,吴英的身份是公开、真实的,吴英与林卫平等放贷者也不存在实力失衡而需要公权力介入的情形,放贷者通过民事追偿在责任主体上不存在困难,应当考虑"身份公开难

[①] 〔美〕约书亚·德雷斯勒:《美国刑法精解》(第四版),王秀梅译,北京大学出版社2009年版,第528—529页。

言诈骗"的基本规则。即使要认定吴英构成集资诈骗罪,也要本着"先民后刑"的思路,只有通过民事法律无法救济时,刑法才可介入。合理的程序是,如果认为吴英的融资行为涉嫌犯罪,政府应责令停止借贷,告知出资者通过民事诉讼救济权利;在通过民事诉讼无法救济受害人权利,或者吴英否定了民事救济的意愿(如像温州老板一样"跑路"或者掩饰财产)时,才可以启动刑事诉讼,将其认定为犯罪。

(三) 化解诈骗罪的原罪性:政治责任与学术贡献

1. 学者立场:防公权甚于防诈骗

如果不曲解"政治"一词的本来意义,则应强调,作为国之利器、民之要事的刑法,其政治正确远比规范准确更为重要。对经济领域的欺诈案采用"先民后刑"的意义不仅是法律上的,更是转型期羼弱私权与贪婪公权之争中,私有财产为数不多的屏障。在现阶段,民营企业常面临"民事纠纷刑事化"的困境:一些地方的司法机关以企业经营中存在虚构事实、隐瞒真相等情形为由,无论企业经营状况如何,在当事人尚未通过民事诉讼渠道解决纠纷时就对其直接进行刑事立案并定罪,其中不乏选择性执法的现象。如果采用"先民后刑"的原则,先由被害人和经营者进行民事诉讼或和解,只有在矛盾无法化解、权利无法救济时,才能进入刑事诉讼,而即便进入定罪程序,私产已经在第一阶段的民事程序中实现了价值最大化。

由于诈骗罪条文和教义的扩张性,目前在我国经济领域,很多本属民事欺诈的虚假行为都可以被认定为诈骗罪,而是否受到追究往往取决于人为选择,公权以"欲加其罪,何患无辞"的傲慢在步步惊心的私企周围"闲庭信步",导致经营者战战兢兢、亦步亦趋,畏惧公权、仰赖官员,形成公权绑架、挟持私企的局面。对此,刑法学者应当自责:多数民营企业家都置身于犯罪的陷阱中,这不是资本的原罪,而是刑法的原罪;历史上大量利国利民的经济行为被治罪,即便有体制和时代的托词,但责无旁贷的刑法学有愧于中国私营经济。学之大者,经世济民,刑法学者应当用深邃的历史目光,穿透吴英案及诸多民营企业罪案,看到诈骗罪背后的市场困局。与非法经营罪相似,诈骗类罪名日益成为一个口袋罪名,逐渐成为悬在私企屋顶上的达摩克利斯之剑,成为公权任意干涉私域的利器。缩限诈骗罪的适用范围,就是规制国家权力在市场领域的恣意性,这固然会放纵一些罪犯,但是,限缩诈骗罪的适用范围是保护民营经济的不二法门。市场当然需要国家介入,但目前我们需要的,是先将公权力逐出民间市场,然后再将其请回。

2. 立法保障:增设"拒不返还"的消极构成要件

理念正确显然不足以防止诈骗罪成为公权拿捏私企、与民争利的大棒。只有在立法上设置阻遏条件,才能消除"以公犯私"的隐患。事实上,我国立法者已经对很多罪名设置了客观处罚条件,究其原因有二:一是限制刑罚权触角,防止地方政府以治罪为由侵犯私权。例如,为防止地方政府用偷税罪掌控民营企业,法条增设了"经税务机关通知申报而拒不申报"的处罚条件。二是本为民事纠纷但因政策考虑被犯罪化。如拒不支付劳动报酬罪中"经政府有关部门责令支付仍不支付的"、恶意透支型信用卡诈骗罪中"经发卡银行催收后仍不归还",通过增加犯罪条件,表达了民事优先的态度。诈骗罪兼具这两方面的特征,应当在条文中体现出"限权缩罪"的立法取向。

有些国家对诈骗罪设立了定罪缓冲带,如《意大利刑法典》第640条"诈骗"规定:"……除出现前款列举的情节或其他加重情节外,上述犯罪经被害人告诉才予处理。"第640条—3"信息欺诈"也规定:"……除出现第二款规定的某一情节或其他加重情节外,上述犯罪经被害人告诉才予处理。"第641条"欺诈性支付不能"规定:"隐瞒自己的无支付能力状态,缔结债契约并且意图不予履行的,如果该债契约未得到履行,**经被害人告诉**,处……在处罚之前对债契约的履行使犯罪消灭。"

这种将诈骗罪定位于"私法解决不能之后的选择"之思路值得中国借鉴。未来,在所有的诈骗类罪名中,都应当增设"拒不返还"的消极构成要件。

三、诈骗的层级化标准:生活、市场、投资与投机领域各行其是

发轫于生活的诈骗罪教义学理论,在适用于不同案例时常常陷入矛盾,在传统案例中要坚持标准、在新型案例中要修正理论,左支右绌。其核心原因就是把生活领域的诈骗标准一刀切地运用于市场、投资与投机领域,造成理论水土不服的现象。

(一)以政策学的分类弥补教义学的僵化

教义学理论所犯的重大错误在于:只见教义不见生活,预设了一个可以适用于所有领域的诈骗罪构造,而没有看到现代社会分工复杂、领域多元,刑法无法对所有领域实行无差别保护;随着社会的发展,不同领域的价值理念渐趋不同,对诚信的要求渐有差别,应当采用不同的欺诈标准。笔者认为,应当对生活、市场、投资和投机等领域分别适用不同的欺诈标准①,离基本生活越远的领域,就越不需要刑法的介入。如果根据犯罪学规律把诈骗罪的要素分为主体、行为、结果三大要素,则可以肯定,生活、市场、投资和投机领域中诈骗罪的范围呈现不断缩小的状态,简言之,生活与刑法同在、市场进诈骗退、投资抵触刑罚、有投机无诈骗。

就主体而言,在生活领域中,只要部分身份信息虚假就可以成

---

① 对所有经济犯罪、法定犯都应当进行层级分类,采用不同于自然犯的定罪标准。

立诈骗罪（如姓名信息真实但虚构职业）；在市场领域中，只有核心身份信息虚假才可能成立诈骗（如"冒用他人的名义"）；在投资领域中，所有身份信息虚假都不一定成立诈骗罪；而在投机领域中，基本不需要考虑身份信息。就欺诈程度而言，生活领域需要平稳和诚信，对欺诈程度要求最低；市场领域需要自由和宽松，对欺诈程度要求较高；投资领域需要冒险和超前，对欺诈程度要求最高；而投机领域是法外博弈，欺诈是应有之义，不需要刑法介入。就结果而言，生活领域一石可激起千层浪，对结果的数额要求最低（诈骗罪的起刑点是 3 000 元—1 万元人民币），行为人返还财物不影响定罪；市场领域对数额要求较高（个人实施合同诈骗罪的起刑点是 2 万元人民币），行为人返还财物原则上无罪；投资领域需要惊涛拍岸，对数额要求最高（个人集资诈骗罪的起刑点是 10 万元人民币），行为人能够赔偿损失即可无罪。

（二）生活领域中诈骗罪应宽松化：爱生活爱刑法

"生活中的诈骗"是发生于日常生活中的、传统"一对一"的诈骗行为及其变体，我国《刑法》第 266 条规定的诈骗罪就属此类。

1. 刑法对生活领域进行严格保护

基本生活涉及个人的生存权、安全感与尊严性，刑法应当给予严格保护，相应的，基本生活领域中欺诈标准的要求就最低。这里，笔者采纳了罗尔斯式的正义观，罗尔斯为"作为公平的正义"确立了两个原则：对基本权利、个人平等与自由给予绝对保障，每一个人都有同等的权利；在基本权利平等之外才能够实行差异原则。简言之，基本权利绝对平等，基本权利之外的利益分配再考虑机会平等。① 以此正义观思考刑法，就应强调：对于基本生活领

---

① 参见〔美〕罗尔斯：《正义论》，何怀宏译，中国人民大学出版社 1986 年版，第 1—2 页。

域，由于涉及基本权利，欺诈标准不能因人而异，刑法实行家父主义，给予每个人同等的保护，不因智商高低而作出取舍；而在市场、投资领域，由于不涉及基本权利和生存，刑法实行守夜人模式，提高欺诈标准，实现差别对待，智者得其所需、愚者损失自负。有些国家明文规定对生活领域进行特殊保护，如《西班牙刑法典》第250条将"诈骗社会公认的基本生活用品、不动产或者其他财产"作为法定加重处罚情节。其实，即使不规定，由于基本生活领域犯罪的反伦理性（伦理其实就是与生活接近的规则）更强，当然要从重处罚。

生活领域与市场、投资领域欺诈标准的别样性，在荒谬诈术案中表现明显，如张某宣称自己是孙中山复活，以在美国埋藏了珠宝、需要路费为名骗得他人10万元人民币。对此，传统理论纷争没有注意到不同领域中欺诈标准的差别。反对定罪的学者（如雅科布斯教授）笼统地认为荒谬诈术不成立诈骗罪，"一个人必须对自己的行为负责，一个合格的社会成员基于任意相信了一个社会现实上不允许信赖的行为这一事实充其量可能成为民事纠纷的理由，无论如何，不能成为追究欺骗者刑事责任的根据。否则，就总是要把所有人都假定为不合格的社会成员，而在这种假定之下就根本不可能有正常的社会交往"①。而日本通说是有罪论，"在明知被害人特别容易被骗的场合，虽然是一般人不可能上当的手段，也能成为欺骗行为。另外，利用被害人的不安和无知也是诈骗行为"②。

这的确是一个两难选择：一概认为无罪，会使低智商者被排除在刑法保护圈之外；一律认为有罪，又会导向"有损害发生就有刑法身影"的刑法万能主义。其实，只要区分发生领域，问题就能迎刃而解：发生在市场、投资领域的荒谬诈术，如甲公司宣称有长生

---

① 冯军：《刑法问题的规范理解》，北京大学出版社2009年版，第59页。
② 〔日〕大谷实：《刑法讲义各论》（新版第二版），黎宏译，中国人民大学出版社2008年版，第238页。

药的技术而骗得乙公司投资100万元人民币，就属于民事欺诈；发生在生活领域的荒谬诈术，如丙到农村向老年人推销长生药获利10万元人民币，则构成诈骗罪。

2. 为生活领域中的诈骗罪设置低门槛

刑法在生活领域设立诈骗罪，在价值取向上是安全高于效益，很少进行经济成本与刑罚效益的考虑。在欺诈内容上，既可以是对既有事实、将来事实的欺诈，也可以是就价值进行欺诈。在欺诈程度上，只要部分事项虚假就可以认定为犯罪。在欺诈标准上，应采用受害人立场说，即便在一般人看来荒诞、不会陷入错误认识的诈术，只要受害人信以为真，就可以认定行为人成立诈骗罪。

需要指出的是，调低生活领域中诈骗罪的门槛，是与市场、投资领域横向比较而言；如果纵向比较，生活领域中诈骗罪的门槛是缓慢升高的。

(三) 市场领域中诈骗罪应收缩化：有交易有欺诈

"市场中的诈骗"是指与生产经营、商事交易有关的经济性诈骗，合同诈骗罪等多是如此。

1. 刑法应与市场领域保持适度距离

首先，在市场领域容许一些欺诈风险，是追求高效率的代价。"商事立法的基本价值目标是经济效率，它的重要性丝毫不亚于交易安全的价值目标。一个存在一定风险但是富有活力的经济社会，比起一个风险较小但是缺乏活力的经济社会来，更符合人类的福利需求。"[①] 如果一旦涉及欺诈、虚假，就由刑法介入，交易的流畅性就会大打折扣，商事主体胆战心惊地从事交易活动与市场领域追求高效率的目标相悖，因此，"在商业买卖方面，历来，尽量是

---

① 王卫国：《金融欺诈对商事立法的挑战》，载陈光中、〔加〕丹尼尔·浦瑞方廷主编：《金融欺诈的预防和控制》，中国民主法制出版社1999年版，第52页。

避免适用诈骗罪"①。

其次,刑法不是交易担保人,市场参与人应负注意义务。无商不奸,市场交易中的每个主体都希望利益最大化,难免出现夸大价值、虚假陈述等行为,如果采用基本生活领域的欺诈观念,则多数夸大行为都可以界定为诈骗罪。既然欺诈难免,刑法就必须作出立场选择:严格保护的家父主义,维护纯洁的市场环境;或者容忍轻微欺诈,逼迫交易主体自我保护。基于经济效率、刑罚成本,现代刑法只能适度放任欺诈行为,强制交易主体变成理性人,自我判断交易风险,国家不承担商人的风险成本。在普通法中,让刑法与市场交易保持适度距离是自由市场的基本导向,19世纪的法学家们希望给商人在从事交易过程中留有余地,因为"买主自行当心"的伦理观念十分有力。② 需要指出的是,随着生活标准的提高,很多市场行为逐渐演变成基本生活的组成部分,此时应当严控欺诈风险,因而,"买主自行当心"的适用范围也会逐渐缩小。

2. 市场允许一定的欺诈行为

刑法在市场领域的价值取向上要兼顾安全与效益,不需要绝对安全,适度放弃刑罚反而可以促使市场主体成熟,降低法律成本。在欺诈内容上,只能就现有事实欺诈,对将来事实、价值判断,原则上不构成欺诈。如日本判例指出:"'将来地价会上涨'这一预测性意见,一般来说,该预测能否兑现并不确定,通常人们不会因此产生错觉,所以,它不是欺骗行为。"③ 在欺诈程度上,只有部分事项虚假(半真半假),原则上不能认定为犯罪,只有主要内容虚假时才可以考虑成立犯罪。在欺诈标准上,应采取社会一般人标准,只有超出一般国民的容忍度,才可认定为欺诈,这是各国不约

---

① 〔日〕大谷实:《刑法讲义各论》(新版第二版),黎宏译,中国人民大学出版社2008年版,第239页。
② 参见张明楷:《诈骗罪与金融诈骗罪研究》,清华大学出版社2006年版,第69页。
③ 〔日〕大谷实:《刑法讲义各论》(新版第二版),黎宏译,中国人民大学出版社2008年版,第243页。

而同的判断基准。在日本,"在交易上一般所使用的讨价还价的范围内,即便多少有些夸张和歪曲事实的情况,但只要没有达到通常会使对方陷入错误的程度,就不能说是欺骗行为"①。在美国,"刑法典明确不处罚吹嘘广告,如果这个陈述不会欺骗一般人的话"②。换言之,刑法并不平等保护每个市场主体,那些不适合市场法则的人要为自己的疏忽和愚钝买单。

生活和市场是交叉的,市场中也有生活的需要,大致可以从产品性质、价格水平、需求程度几方面将两者界分。越是基本所需,越应该采用生活领域的欺诈标准;越与基本需求无关,越应该采用市场领域的欺诈标准。即使在市场领域,越是高端领域,离基本生活领域越远、交易双方判断能力越高,对欺诈的容忍度就越高。例如,将东莞的家具包装成意大利的达芬奇家具谋取暴利,这种奢侈品超出了生活基本需要,应当采用比普通市场领域更高的欺诈标准,因而,不必认定为诈骗罪及其远亲罪名——生产、销售伪劣产品罪。如果是公众的基本生活品,就应考虑采用生活领域的欺诈标准。

(四) 投资领域中诈骗罪应萎缩化:容风险有回报

"投资中的诈骗"多发生在与基本生活、生产经营无关的资本市场(如风险投资)或专业领域(如艺术品市场),是为实现财富最大化而进行的冒险性投机。

1. 在投资领域,刑法对财产权实行弱保护

首先,离生活有多远,离刑法就有多远。"生活在别处"的投资领域,是富有者实现自我价值的金钱游戏,远离了基本生活,刑

---

① 〔日〕大谷实:《刑法讲义各论》(新版第二版),黎宏译,中国人民大学出版社2008年版,第239页。
② 〔美〕约书亚·德雷斯勒:《美国刑法精解》(第四版),王秀梅译,北京大学出版社2009年版,第528页。

法无须太关注与生存、人身无关的经济冒险行为。在投资领域，风险比安全更能带来利益。投资谋求高回报，必然伴随高风险。参与者需要具备更高的心理承受能力，也就更能容忍其中的谎言与欺诈，因此，相对于其他领域，投资领域的欺诈容忍度最高。有些国家的刑法就区分了投资和生活中的欺诈，例如，《德国刑法典》对"（普通）诈骗罪"的欺诈内容没有限制，而对"投资诈骗罪"则限定了欺诈的内容——"对购进或增加份额的**决定**具有意义的**重要情况**"。如果适用生活和市场领域的欺诈标准，则北京潘家园古玩市场的经营者多已罪行累累；2.2亿元人民币假汉代玉凳的参与者都是诈骗罪的共犯。

在投资领域内部，欺诈标准也有差异。法律规制越多的投资领域，就越不容许欺诈。例如，盈亏作假的陈述，在法律严控的股票市场，可能构成诈骗；在无法律直接规制的风险投资领域，就不是诈骗。

其次，投资领域应尽量去罪化。刑法在投资领域的价值取向上追求效益而弱化安全，应当尽量后撤以让投资市场保持博弈本性。在欺诈内容上，只能限于既有事实——对部分既有事实的欺诈也难以成立诈骗；对将来事实欺诈、价值夸大，更难构成诈骗罪。在欺诈程度上，只有事项全部虚假才可以考虑认定为犯罪，例如，甲将租来的酒店宣称是自己所有的酒店、乙设立网站后雇人点击使其具有热门网站的假象，从而吸引他人风险投资，就不构成诈骗罪。① 在认定欺诈的标准上，应采纳特殊人标准，只有当欺诈程度超出该领域中从业或专业人士的容忍度时，才可认定为诈骗。

2. 金融危机阴影下的思考：既来之则安之

在投资领域，刑法应强力保护交易规则而象征性地保护财产

---

① 类似案件的"受害人"多为"政策派富翁"，其财富积累并非知识优势的产物。一夜暴富之后不退隐山林、安度晚年，反而盲目投资，以农业社会的知识结构参与信息时代的竞争，系自食其果。刑法过于保护他们，会阻碍投资领域的更新换代，不利于社会财富的良性分配。

权。对此，梁根林教授曾委婉地提醒笔者：考虑到金融危机的严重危害，弱化对投资领域的刑法保护，是否妥当？美国前总统奥巴马多次斥责金融玩家的无德，一再强调金融监管的必要性。梁根林教授的担忧，是感叹"鲥鱼多刺"的张爱玲式完美主义。金融风险之利，远大于其害。美国正是通过金融操盘，享受发展中国家的积蓄。即便有前车之鉴，发展中国家也要飞蛾扑火，发展金融产业，复制金融风险，忍受金融危机。金融危机后，玩家会克服现有风险，寻找更大利润空间，循环往复，直至像对待空难那样看淡金融危机。不是金融危机太严重，而是人类还没有习惯金融危机。如果不涉及基本生存，人类对新型危害总是先充满恐惧、后逐渐熟悉直至最终习惯。因此，法律干预金融市场，只是确保市场透明、信息公开。失败的投机者只是击鼓传花的失运者，以刑罚待之缺乏正当性。

（五）投机领域无诈骗：无罪无罚的法外江湖

人类有一种冒险的天性，冒险天性是一把双刃剑，在经济领域，用之得当，就属于投资；用之不当，就成为投机。现代社会允许在一定领域内有限度的冒险，以释放人类这种本性，如股票、期货等投资市场都是国家规制下的合法冒险。然而，超出此界限，就属于法外投机，如赌博黑市、地下彩票、高利贷钱庄等，对于这种谋求超高回报的博弈性投机行为，法律不保护，道德谴责之。

1. 投机行为缺乏合法性：无社会价值无保护必要

投机行为不直接增加社会财富且会损害实体经济，参与行为自然就缺乏合法性。这表现在：一是法律不介入法外投机领域、不保护参与者的财产。例如，法律不保护高利贷利息；不保护赌博参与者的财产，在设局诈赌中，行为人不构成诈骗罪，参赌者对被骗钱财也无返还请求权；不保护地下交易市场参与者的财产权，参与者对财产无返还请求权。二是将投机行为直接规定为犯罪。很多国家和地区把谋求高回报者的出资行为规定为犯罪,例如,根据香港特别行政区《放债人条例》第 24 条的规定,任何人以超过年息 60%的实际贷款利率贷出款项,即属犯罪;《意大利刑法典》第 644 条也将"以任何形式要求他人向自己或其他人给付或者许诺给付高利贷性质的利息或其他好处"规定为高利贷罪;《丹麦刑法典》第 282 条也规定了高利贷罪。

因此,在集资案件中,无论集资者是否构成犯罪,如果出资者谋求过高回报,就属于法外投机,应当属于违法行为乃至犯罪,对出资额也无返还请求权。然而,在我国的集资案中,司法机关不处罚出资者、承认出资者的返还请求权,而政府也会帮助弥补损失,这无视出资者投机的先天罪恶性,除社会稳定的考虑之外,是否存在为公务人员投机失败买单的情形,不得而知。

2. 法外投机具有反道德性:不公平有罪恶

"勤劳有善报、投机有恶报"是根植于人性的文化观念,任何正常人都应熟稔于心。人类社会的基本规则是对等性、相互性,这也是传统道德的核心命题,社会学家图恩瓦尔德最先提出,相互性原则是初民社会的法律基础,"当人们尝试从人类行为方式及其宗教—巫术的玄思的纠缠之间的规则抽丝剥茧的话,人们便会发现,相互性是法律的天平,单方面的给予被视为'不公平的':……如果有滥用,便是对相互性的损害"①。他将这种"给予—回报的相互性原则"视为人类公平感的基础,并视之为"所有法律的社会心理基础"②。投机者期望获得超现实主义的高回报,是对这种人类最原始公平正义观的违背。任何社会的道德观中都包含"勤劳致富、用汗水换幸福、付出与回报对等"等伦理信

---

① 〔英〕罗布尼斯拉夫·马林诺夫斯基、〔美〕索尔斯坦·塞林:《犯罪:社会与文化》,许章润、么志龙译,广西师范大学出版社 2003 年版,第 108 页。
② 同上注。

条,"世上没有免费的午餐""天上不会掉下馅饼"更是众所周知的谚语,因此,以不劳而获、一夜暴富为特征的投机行为违背社会基本公平感。在道德意义上,投机者期望获得超出正常利润、法律不予保护的暴利之心理,是一种与财产犯罪中"不法所有目的"无异的反道德性贪婪动机,不值得法律保护。同样,在我国传统观念中,追求过高回报的出资行为就是放高利贷,这是一个充满贬义色彩的词汇。

3. 投机者对被骗风险有抽象认识,属于自陷风险的承诺

首先,法外投机领域充满欺诈,参与者对受骗风险有认识,获利者就不具备"使被害人陷入错误认识"的诈骗罪要素。法律不保护投机,就是向公众宣告:此领域充满不法行为(主要是欺诈),参与者是容易实施不法行为(包括欺诈)的高危人群。投机违反基本道德,也意味着参与者对该领域充满不道德行为(包括欺诈)有充分认识。换言之,参与者进入投机领域时,既认识到了欺诈他人而自己获利,也认识到了被人欺诈而自己受损的可能性。既然参与者认识到了欺诈风险,在财产受损时,就不能说"陷入错误认识",不能成为诈骗罪的被害人。

其次,参与法外投机是被害人弃权的承诺行为。安全是投机者的敌人,参与人自愿进入投机领域就意味着承诺接受欺诈风险、放弃刑法保护,既然想侵犯他人的财产,也必然要容许他人对自己财产的剥夺,其道理犹如决斗者认识到了伤害他人的可能性也认识到了自己受伤害的可能性。在现代社会,被害人对财产权的承诺是除罪理由。我国司法解释也承认了法外投机无诈骗的立场。1995年《最高人民法院关于对设置圈套诱骗他人参赌又向索还钱财的受骗者施以暴力或暴力威胁的行为应如何定罪问题的批复》对"设诈赌博"规定:"行为人设置圈套诱骗他人参赌获取钱财,属于赌博行为,构成犯罪的,应当以赌博罪定罪处罚。"相反,学者多认为成

立诈骗罪。① 然而，对"法外赌场充满欺诈"，人人皆有抽象认识，被害人无"错误认识"；被害人自愿参赌、甘冒风险，就是承诺放弃财产权，不存在成立诈骗罪的余地。

总之，有投机无刑法，刑法不为投机行为护航。投机领域奉行愿者上钩、咎由自取的丛林法则，投机者明知违法性和反道德性而为之，就无刑法保护的必要性。"投机要追求高利，也因而承担高风险，这个价值上的取舍，刑法管得着吗？"②

4. "法外投机无诈骗"的限制性条件

"法外投机无诈骗"这一观点需要严格限制适用条件：一是投机是牟利性博弈，与此无关的就不属于投机。如甲以充当杀手为名收了乙10万元人民币后逃走，成立诈骗罪，因为乙的行为不具有牟利性。二是投机具有互动性，只有一方参与而无对方互动就无投机性质。如乙举办赌球活动，猜中一场胜负押千赢万，在大量球迷投注后甲潜逃。球迷虽有投机但没有引起甲的互动，甲自始缺乏返还奖金的行为，无投机过程，甲成立诈骗罪。三是刑法不保护财产权不等于放弃社会秩序。如地下六合彩是法外投机，参与者被骗，虽然不对组织者定诈骗罪但可以定非法经营罪。此外，认定投机时还要考虑主体能力、资金数额和暴利程度等因素。

当然，很难绝对地划分生活、市场、投资和投机领域的界限。有时要综合考虑行为对象、涉案金额、交易地点，例如，在大街上将价值1 000元人民币的玉镯宣称是可升值百倍的藏品、以8 000元价格卖给阿婆，就属于生活领域的诈骗罪；如果发生在玉器商店，则属于市场领域的民事欺诈；如果发生在古玩市场，则法律不干涉。这种刑事政策上的分类对于规范的理解具有重要价值，在未来，政策学上的具体规则应当溶入教义学之中，使定罪成为开放的

---

① 参见张明楷：《诈骗罪与金融诈骗罪研究》，清华大学出版社2006年版，第226页。
② 林东茂：《一个知识论上的刑法学思考》（增订三版），中国人民大学出版社2009年版，第169页。

过程。

四、吴英案中出资行为的归类：少数为投资、多数系投机

吴英案的出资者多是金融掮客（林卫平等人被认定为非法吸收公众存款罪）、回报率远超同类案件、个人出资额以百万、千万元人民币为单位，是有钱者的游戏，与普通国民生活无关，因此，吴英案的出资行为多数是投机，少数是投资。

(一) 出资行为归类的标准

1. 以回报率、出资额和谨慎度为标准判断出资性质

集资案中出资行为复杂多变，结合出资人身份、回报率、出资额、对经营的关心度等因素，考虑到境外高利贷的标准、中国经济发展的高速性，笔者提出以下判断出资行为性质的标准：

一是回报率与贷款利率相当、出资额以千（万）元人民币为单位、未约定风险分红的，属于生活领域的民事借贷。例如，出资者是信息及经济能力偏弱的农民，回报率较低，个人出资额较少，此种集资就涉及社会成员的基本生活，应采用低门槛的欺诈标准，有虚假因素的都可以认定为诈骗罪。但吴英案中不存在类似情形。

二是回报率低于银行贷款利率四倍、出资额以万（10 万）元人民币为单位的，属于市场领域的经济关系。如"证人周海江的证言，吴英同其说本色集团如何好，让其投点钱进去，（100 万元）一年的回报率是 30%"[①]。该利率与出资额属于商事行为，应采用较高门槛的欺诈标准，吴英仅是抽象吹嘘本色集团如何好，无法成立诈骗罪。

三是回报率超过银行贷款利率的四倍但低于 100%，或者约定

---

① 本文加引号的关于吴英案的陈述，均引自该案一、二审判决书。

不固定的风险回报，出资额以十万（百万）元人民币为单位的，属于投资行为。如"葛保国等人到东阳本色集团进行了考察，当时大家认为比较好，于是决定筹资投放本色集团，其个人投入 200 万元，约定投资期限一年，分红 100%"。这种投资行为应当采用最高的欺诈标准，出资者负有风险审查义务。若吴英虚构一个本色集团，可成立诈骗罪，但对经营情况的夸大不成立诈骗罪。

四是回报率超过 100%，出资额以百万（千万）元人民币为单位，且出资者不关心资金用途只关心回报率的，属于投机行为。如"证人林卫平的证言，约定利率每万元每天 40 元，先后向其借款 4 个多亿（元）"。出资回报率达到 146% 或者更高，出资额极大，出资人不关心资金的实际用途——"（出资人）不参加经营活动，只管资金投入分红""约定不参与经营，只管投资分红"，这不是投资者思维而是投机行为。这种放高利贷行为，不仅违反伦理道德，而且在很多国家都是犯罪行为。法律应态度坚决地漠视投机财产，在刑法上不讨论诈骗罪，在民法上取消返还请求权。

2. 集资诈骗案的处理思路：先政策学归类再教义学分析

对集资诈骗案，首先要在政策学上归类，不能操之过急地让教义学先行。总体而言，出资额越大、回报率越高、越不关心资金用途，就说明出资者的博弈性越重，就越应被归为投机行为。在归类后再进行教义学分析，投机性越重，证明被害人的过错越大，就越能弱化被告人的罪责，就越不应考虑诈骗罪。

比较一下被判处死刑的不同集资诈骗案，更可凸显吴英案中出资者的投机性。浙江省杜益敏，以月息 1.8%～10% 的高额利息为诱饵集资，利息标准远低于吴英案。以养殖蚂蚁为名的辽宁汪振东案，向养殖户承诺 35%～60% 不等的回报，诱骗蚂蚁养殖户与公司签订《蚂蚁养殖购销合同》共计 109 161 份，非法募集资金人民币 29 亿余元，平均估算，每个出资者出资 2.7 万元人民币、回报率为 47%。考虑回报率、出资额以及出资者对资金用途的关心度（签的是养殖合同而非借款合同),出资者的投机色彩不强,可以界定为含有生活色彩但属于市场领域的欺诈行为,采用较投资、投机领域更低的欺诈标准,可以认定为诈骗犯罪。而梳理吴英案会发现,个人出资额巨大,多数集资款的年息超过100%,最高达到400%,如"一般都是按季度写的,一季度分红分别为30%、60%、80%都有""以每万元每天50元、45元不等利息(即164%~182%的利息)",这些出资行为都属于投机行为,无讨论诈骗罪的余地。归类当然会有模糊地带,更多时候要综合考虑,如吴英案中,"出具900万元的借条一张,注明投资期限为三个月,投资利润为900万元,到期归还1 800万元"。这一笔集资款的回报率介于投资与投机之间,但考虑到出资额和短期谋利性,应被界定为投机行为。

(二)少数出资行为属于投资,应适用最高的欺诈标准

1. 投资领域的欺诈程度应采用专业者、特殊人标准

在少数出资行为被归类为投资行为时,才可以考虑诈骗罪。判决书认定吴英的诈骗方法是"采用虚假宣传等方法,给社会公众造成其公司有雄厚经济实力的假象"等。如果采纳生活领域的欺诈标准,当然可以认定吴英成立诈骗犯罪。然而,判断欺诈程度的基准有重大分野:判断生活中的欺诈要用市民的眼光,判断市场中的欺诈要用商人的眼光,判断投资中的欺诈要用专业的眼光,判断投机中的欺诈要用赌徒的眼光。

判断吴英案的欺诈程度,不能采用普通市民或社会一般人的标准。诸如"对出借人隐瞒巨额负债的事实""买断东义路广告位集中推出本色宣传广告,制作本色宣传册向社会公众虚假宣传""将购买的大量珠宝堆在办公室炫富"等欺诈行为,在像笔者父母一样生活在恬静乡野的淳朴国民看来,这当然是黑白分明的诈骗手段;在社会一般人看来,这也是不能容忍的欺诈;但是,既然这是与生活区隔的、有专属潜规则的投资领域,就应该按照专业者的判断标

准进行评判。吴英案的出资人都是民间金融参与者，具有很强的判断能力，"如果被欺诈者是缺乏知识和经验的人，他就比一般人更容易受骗。一般来说，当被害人是知识、经验丰富的人时，那就会减轻行为人的告知义务，不能因为行为人没有向其特别明示，就认为是采用隐瞒真相的方式实施欺诈"①。生活中的欺诈对他们难以形成实质性影响，判决书中也无林卫平等认为被骗的证言。

2. 投资领域中对将来事实的欺诈不能成立诈骗

吴英案中，存在一些对将来事实的欺诈，如"公司成立前没有进行过可行性研究，但自己认为，将公司建成连锁企业，收取加盟费，总会赢利的""并承诺公司发达后不会亏待其"等，因为这些虚构的将来事实，出资人将资金借给吴英。

虚构将来事实能否构成诈骗，德国和我国台湾学者多认为将来事实由于欠缺真实事实的对照，无所谓真假而不成立诈骗罪②；而日本学者多认为将来事实同样可以使他人陷入错误认识，可以成立诈骗罪③。两种观点没有注意到不同领域中欺诈标准的差异，都有理论盲点。德国和我国台湾学者举的例子多数是商事或投资案例，如"经理鼓吹股票、地产必升值而让投资者盲目购买"，对于商人和投资者而言，夸大宣传与虚假承诺是业内潜规则，对将来事实的欺诈不能构成诈骗罪。日本学者举的案例多是生活案例，如"谎称马上会得到朋友的援助而向他人借钱"，邻里生活要求诚实守信，讲求人格化的信任关系，欺诈的标准要相应调低，对将来事实的欺诈就可以构成诈骗罪。因而，对将来事实的欺诈要分而论之：在生活领域可以成立诈骗罪，在市场和投资领域则不宜成立诈骗罪。

---

① 〔日〕林干人：《刑法各论》，东京大学出版会1999年版，第231页，转引自刘明祥：《财产罪比较研究》，中国政法大学出版社2001年版，第215页。
② 林钰雄：《论诈欺罪之施用诈术》，载《台大法学论丛》2003年第3期。
③ 参见〔日〕大谷实：《刑法讲义各论》（新版第二版），黎宏译，中国人民大学出版社2008年版，第243页。

吴英对将来事实的虚构,如果发生在生活领域可以成立诈骗罪;但发生在市场、投资领域,则属于可容许的商事风险和投资惯例,仅据此不能认定为诈骗罪。

3. 投资领域中动机虚假不能认定为诈骗

吴英虚构了一些借款动机,如"以做石油生意等为名""以炒商铺、收购烂尾楼需要为名",这涉及动机虚假能否成立诈骗罪。在司法实践中,动机虚假的行为很难定性,通说认为只要有假的成分就不影响定罪,"为借钱而在该钱的用途上编造谎言的场合,即便在法律行为的动机上让人陷入错觉,根据情况,也会构成诈骗罪"①。对此,仍然应当考虑欺诈领域的不同性。

可以肯定,生活领域的动机具有狭窄性,只要部分事项虚假就可以认定为诈骗,"动机虚假"可以认定为诈骗罪。而投资领域中的动机具有宽泛性,不必与现实完全吻合;对动机虚假的情形要区分,该虚假动机与出资人动机是抽象偏离还是具体偏离,即该虚假动机对出资是否有决定性影响。一般而言,"具体偏离"是指出资者只对具体事项投资,如亿霖木业案中,出资者是因看好绿色林业前景而出资,如果集资款不用于林业而用于炒房,就与出资者的认识发生了具体偏离,该偏离对出资者出资起到了决定性作用,集资者可以成立犯罪。相反,"抽象偏离"指出资者是对概括性事项投资(如对某集团、某创业者投资),不针对具体事项,获资者是购买原料还是发放工资,只是在概括性投资范围内的抽象偏离,不是影响出资的决定性因素。

在吴英案中,吴英有庞大的企业运营背景,出资者是对人而非对具体事项的投资,只要用于商事运作即可,并不关心吴英的具体用途,用途上的偏离不是影响出资的决定性因素,吴英虚构动机只会导致"抽象偏离"。决定出资的主要因素不是具体用途,而是是

---

① 〔日〕大谷实:《刑法讲义各论》(新版第二版),黎宏译,中国人民大学出版社2008年版,第243页。

否用于商事活动、回报率是否够高。因而，这种"抽象偏离"的动机虚假不能成立欺诈行为。反之，如果吴英将多数资金用于个人消费，就与出资者的动机完全背离，可以认定为"具体偏离"，成立诈骗罪，然而，判决书认定的吴英消费部分只占极少比例。

(三) 多数出资行为属于投机，出资者没有"陷入错误认识"

1. 法外投机者缺乏双重错误认识，无法成立诈骗罪

四个领域中的诈骗，被害人的错误认识也有差别。在生活领域，被害人对基础事实产生了错误认识，就可以认定为陷入错误认识。然而在法外投机的场合，被害人的错误认识包括两层：一是对基础事实的错误认识；二是对预期利益、终局结果的错误认识。两者缺一不可。

能够反映不同领域错误认识之差别的情形是，被害人在半信半疑的认识状态下处分财物，能否认为"陷入错误认识"？对此有不同观点：德国传统观点对被害人的错误认识持一种宽松的理解，被害人虽然对虚构的事实将信将疑，但最终处分了财产的事实仍然说明被害人陷入了错误认识，因而符合诈骗罪的逻辑构造。[①] 然而，被害人学对此展开了批评，认为这是被害人对于概率和利益的评估结果，并非错误认识。林钰雄教授就举例说：

> 假设有人要以十万元（台币）价格卖我一幅毕加索的画，我当然有所怀疑，如果我最后买了那幅画，并不等于我认为"真实的机会高于虚伪的可能"，而是因为我对于获利的判断：纵使我评估后认为只有百分之十的几率为真，百分之九十的几率为伪，当然是"虚伪高于真实"，但是，我为什么还买了那幅画？因为那百分之十的机会，足以让我愿意花十万元尝试，如果成真，我就"发了"，我就"麻雀变凤凰"，可以

[①] 参见林钰雄：《刑法与刑诉之交错适用》，中国人民大学出版社2009年版，第297页。

退休去环游世界了！①

然而，两种观点都没有注意到投机行为需要双层的错误认识：对于此画是毕加索的画，购买者的确陷入了错误认识——"此画有10%的概率是毕加索的画"的认识与"此画100%是赝品"的事实发生了偏离，因而购买者对基础事实产生了错误认识；然而，对于预期回报性，购买者却没有陷入错误认识：以10万元新台币、10%的真实概率去换取1 000万元新台币，对这一概率的推算，购买者没有陷入错误认识。因投机领域的错误认识具有双重性，林钰雄教授所举案例缺乏双重认识错误，不构成诈骗罪。

如果不属于投机行为，就不存在双重错误认识问题，问题就比较简单。例如，情人节晚上，甲忘记给女友买礼物，在去约会的路上遇到乙向其推销金项链，甲当然表示怀疑，但稍作检查后心想让女友开心是最重要的，于是以9折价格买下，经鉴定是铜项链。在该案中，甲对基础事实产生了错误认识，但甲购买的价格不存在投机性质，无须考虑对预期结果是否有错误认识，直接可以判定甲符合"陷入错误认识"之情形。如果甲表示怀疑后稍作检查最终以1折的价格购买了多条项链，则应当认定甲的行为属于投机行为。甲虽然对于基础事实（100%为假）产生了错误认识（20%为真），但对预期利益（200元人民币损失可能换来2 000元人民币利益）并无错误认识，因而甲不属于"陷入错误认识"，乙不成立诈骗罪。

在投机行为中，出资者对基础事实或预期利益任一内容认识正确，都不属于"陷入错误认识"；选择了高回报就对高风险有认识，因此，投机领域基本不可能成立诈骗。如日本曾发生的等比数级推销会案，它是一种财物分配组织，利用后来入会会员的汇款，使先入会的会员获得大大超出其自身出资金额的财物。日本学界认为，明知这种毁灭性的逻辑而加入的，诈骗罪成立的条件必须

---

① 参见林钰雄：《刑事法理论与实践》，中国人民大学出版社2008年版，第118页。

是被害人被骗陷入错误，但该案不能满足这个条件，所以以诈骗罪立案十分困难。①

2. 吴英案中出资者缺乏双重错误认识

在吴英案中，出资者对基础事实（吴英公司运营、资金使用情况）可能存在错误认识，但对于预期利益并无错误认识。对于年息高达100%～400%的利益回报性，作为金融掮客、具有良好判断能力的出资者，能够认识到这是一场冒险博弈，只不过这种冒险的回报率实在太高，值得一试。我们不难推断出资者对投机风险的明确认识，"其（叶义生）第一次试探性地借给吴英200万元，吴英很讲信用，按约归还了本金和利息，之后就陆续借钱给吴英"。为了降低投机的风险性，出资人才会"试探性"和"陆续"借钱，这表明行为人将信将疑的态度、对预期利益的博弈心理，即便出资者对基础事实产生了错误认识，但对于预期利益并无错误认识（出资者认识到了回报的利益高于失败后的成本，属于值得冒险的投机）。反之，如果约定的利息不属于投机性质，只要对基础事实存在错误认识，就属于"陷入错误认识"。

五、集资诈骗罪的应然解释：二次限缩与规范判断

（一）集资诈骗罪与诈骗罪的貌合神离

就诈骗罪而言，"五阶段诈骗构造"形成于古典理论时期、以"一对一"为犯罪模型，其适用对象主要是我国《刑法》第266条的普通诈骗罪；而合同诈骗罪、金融诈骗罪等从普通诈骗罪分离出来，就是因为它们具有不同特点，而且，随着时间推移它们与普通诈骗罪之间的分野日益加大。由于金融诈骗罪更多具有投资、投机

---

① 参见〔日〕京藤哲久：《欺瞒交易与刑事责任》，载〔日〕西原春夫主编：《日本刑事法的重要问题》（第二卷），金光旭、冯军、张凌译，法律出版社、成文堂2000年版，第47—48页。

色彩，因而，集资诈骗罪的"诈骗方法"应当进行二次缩限解释。与其他金融犯罪相比，集资诈骗罪是"行为人—被害人互动性"最强的罪名、被害人的过错性最强，常是被害人追求法外回报的投机与行为人的贪欲共同铸就了损害后果。因而，对集资中的欺诈方法，可容忍度相对更高，对集资诈骗罪的"诈骗方法"就应作出比诈骗罪更缩限的解释。司法解释也承认了这点，《解释》规定："'诈骗方法'是指行为人采取虚构集资用途，以虚假的证明文件和高回报率为诱饵，骗取集资款的手段。""诈骗方法＝虚构集资用途＋以虚假的证明文件和高回报率为诱饵"，三个并列条件明显缩小了"诈骗方法"的外延，无论这一解释是否准确，它在价值取向上都是正确的。

然而，通说未看到集资领域"诈骗方法"的特殊性，将传统诈骗罪中的诈骗方法套用在集资诈骗罪上，认为：

> 就集资诈骗罪而言，只要某种行为足以使对方陷入"行为人属合法募集资金""行为人属正当募集资金""行为人的集资获得了有权机关的批准""出资后会有回报"等认识错误，足以使对方"出资"，那么，这种行为就属于集资诈骗罪中的"诈骗方法"。至于行为人是就事实进行欺骗，还是就价值进行欺骗，均不影响欺骗行为的性质。①

用早期静态工业社会的诈骗罪教义学理论套用信息时代的金融风险，实乃削足适履，这种对金融领域实行零容忍的思路存在两个问题：一是过于追求安全价值而忽视金融市场更需要的效益价值。在金融领域中，风险与利益是一个硬币的两面，"在严格管制的环境下，尽管有可能减少不法行为的得逞率，但与此同时也减少了合法交易的成功率，并且增加了它们的成本。过分僵硬的规定由于缺乏广泛的社会认同，往往导致普遍的违规行为和违法不究现象，从

---

① 张明楷：《诈骗罪与金融诈骗罪研究》，清华大学出版社2006年版，第492页。

而给金融欺诈者以更大的可乘之机"①。完全不允许虚假和风险的金融市场也就失去了利益空间。二是会把民间借贷中的欺诈行为等同于"诈骗方法",如果这样理解,可以对浙江省有民间融资行为的企业进行地毯式定罪。不能用生活的标准要求商界,不可用清教徒式的信条要求企业家。民间融资之所以可能维系,正是因为集资者给出高于正常标准的投资回报,在集资时,任何人都充满幻想、放大盈利预期、缩小亏损预测,经营本身就是风险行为,或多或少都会伴随事实虚假或者价值欺诈,但这一风险已经被高回报抵消了。

(二) 集资诈骗罪中的"诈骗方法"是规范要素

"诈骗"本质上是一个文化的产物和伦理的概念。大陆法系教义学把"诈骗"理解为标准恒定的描述性要素,而没有注意到"诈骗"其实是一个规范性要素。犯罪构成要素可以分为描述性因素和规范性因素:描述性因素是指那些简单地以人们的经验为基础来判断的因素,如妇女;而规范性因素是指必须根据某个特定的标准进行价值判断的因素,如淫秽。②财产犯罪的罪状有重大差别:盗窃罪、抢劫罪等罪状由描述性要素组成,可以进行形式、客观判断;而诈骗罪的罪状属于规范性要素,只能进行实质、个别判断。抢劫、盗窃基本与伦理无关③,而在判断"诈骗方法"时,必须考虑社会背景、伦理观念、时空差异等要素。

---

① 王卫国:《金融欺诈对商事立法的挑战》,载陈光中、〔加〕丹尼尔·浦瑞方廷主编:《金融欺诈的预防和控制》,中国民主法制出版社 1999 年版,第 52—53 页。

② 参见〔意〕杜里奥·帕多瓦尼:《意大利刑法学原理》,陈忠林译,法律出版社 1998 年版,第 102 页。

③ 这并不是说,盗窃罪、抢劫罪的认定就不需要考虑伦理因素,但是,在构成要件符合性阶段,对什么是盗窃、抢劫行为,只能进行客观、形式判断,伦理因素只能在违法性阶段考虑;对什么是诈骗行为,首先就得进行实质判断,即在构成要件符合性阶段就已经开始进行伦理判断了。

1. 规范性要素需要依赖民意明确外延：民众就是法官

规范性要素必须考虑社会基本观念，换言之，认定吴英成立诈骗罪时必须考虑合理民意。以诈骗罪干预金融市场，定罪的前提必须存在社会共识，"不论怎样，必须明确的是，以经济犯罪处罚经济脱轨行为，其危害程度的标准需要社会达成共识"①。在这一点上，不同于传统财产罪案，吴英案的罪刑选择必须考虑大众判断。有学者认为，吴英案应当由法官独立判断，不能形成舆论审判的局面，"让舆论的归舆论，司法的归司法"②。这没有注意到，吴英案涉及罪名中的"诈骗方法"是刑法上的规范性要素，必须以国民观念、社会价值为判断基础。

司法与民意的关系有两种类型：如果涉及的罪名（如聚众淫乱罪、诽谤罪）存在规范性要素，无法从法条中寻找答案，淫乱、诽谤的含义是随社会发展不断波动的，"诈骗"更是受时代背景制约的概念，最大的谎言可能是最美的情话；对此，法官不仅在定罪时要考虑社会共识，判决之后也需要历经全民讨论才可结束终审判决。对规范罪状实行全民公决、舆论审判，是确保罪名准确适用的前提。相反，如果罪名全是描述性要素，如盗窃罪、杀人罪，则要强调法官独立判决，舆论的作用只在防止司法腐败，而非协助解释罪状。因此，与普通刑案不同，民意对吴英案的干涉是正当的，法官必须根据民意来理解诈骗方法。

2. 规范判断要考虑时空差异：浙商无诈骗

规范性要素具有强烈的时空色彩，例如，在有的国家习以为常的男女接吻、搂抱，在其他国家可以被认定为淫荡举动。对于诈骗罪评价的可变性，法国学者索雷尔曾指出：

> 在一个商业繁荣，每个人都善于捍卫个人利益的富足社会

---

① 〔日〕神山敏雄：《经济犯罪及其法律对策》，载〔日〕西原春夫主编：《日本刑事法的重要问题》（第二卷），金光旭、冯军、张凌译，法律出版社、成文堂2000年版，第4页。

② 吴丹红：《不要让舆论决定吴英生死》，载《环球时报》2012年2月18日，第8版。

里，正如在美国一样，诈骗罪产生的后果与它在经济僵化的社会里产生的后果有天壤之别。事实上，这种小罪不会给经济造成多大的混乱，况且，它的持续时间也不可能长久。这就是美国人容忍政客与金融家肆意任为，却毫无怨言的原因所在。……这种新的产业制度在发达资本主义国家里导致了一种对诈骗罪的宽容与放纵。在古老的家庭经济、非投机经济仍然盛行的国家里，人们对残暴罪行与欺诈行为的评价标准完全不同于美国、英国以及法国。①

首先，在空间上，在市场发育成熟、诚信度高的经济体中，"诈骗方法"的门槛较低；而在市场尚处初级阶段、诚信尚在培育的经济体中，刑法应该给市场留下足够发展空间、保持必要的谦抑性。我国台湾学者就发现了德国与台湾地区在认定诈骗上的因地而异："德国法院认为将中古车的里程计数器调低情形，属于施用诈术行为，果真依照这种标准，台湾（地区）中古市场的车商，恐怕无人得以幸免？"② 刑法应当保持价值的中立性、干预的有限性，不可"天真地"用刑法加速市场的成熟化、诚信化。

处理浙江省集资案时，必须考虑区域特点。根据中国人民银行研究局张健华的推算，我国民间融资额大约在 2.5 万亿元人民币左右③；而学者估计浙江省民间融资规模在 1 万亿元～2 万亿元人民币之间④。在一个把集资当成日常投资行为的区域，人们已经习惯了在风险中获益，对一些存在虚假行为的集资行为，浙人多可以理性的眼光看待投资输赢，没有表现出多少激愤。而浙江省集资的回报率远高于其他省份，也是出资者基于高风险高回报的经济选

---

① 〔法〕乔治·索雷尔：《论暴力》，乐启良译，上海人民出版社2005年版，第159—161页。
② 林钰雄：《刑法与刑诉之交错适用》，中国人民大学出版社2009年版，第283页。
③ 参见张健华：《民间融资状况分析》，载《金融纵横》2009年第5期。
④ 参见章苒、裘立华、余靖静：《浙江吴英集资案社会舆论与法律裁定背离关注》，载环球网（http://www.china.huanqiu.com/article/9CaKrnJuTkR），访问日期：2012年2月6日。

择,高风险已经化解在高利率中。在浙江省,"诈骗方法"应当采取更紧缩的解释:其他省份可以用生活、市场领域的欺诈标准对待集资行为;而浙江省应用投资、投机领域的欺诈标准来看待集资案件。如此看来,浙江领域的集资案件都应该按照无罪或者轻罪(非法吸收公众存款罪)处理。

至少,浙江省近几年判处死刑的集资案件,都是出资者的投机与集资者的冒险共同致损,虽然伴有生活意义上的欺诈,但双方对风险都有清晰判断,无法成立投资、投机领域的诈骗犯罪。即使那些"跑路"的老板,也并非获得资金后立即携款潜逃;破产后逃跑与欠钱不还的逻辑是相同的,刑法应当坚守"行为与罪过同在"的公理,只要获得资金时没有非法占有目的,就不能认定为诈骗罪。在很多国家,类似逃债行为都被规定为不同于诈骗罪的罪名,如《西班牙刑法典》在第六章"欺诈罪"之后的第七章规定了"不履行债务罪",《意大利刑法典》在"诈骗罪"之外单独规定"欺诈性支付不能",并设立了更低的法定刑。

其次,在时间上,在发达省份,无数次经过股市跌宕、楼市悲欢之后,民间的风险意识、判断能力已经今非昔比。集资诈骗罪始发于20世纪90年代初期的几个惊天大案,如沈太福集资诈骗10多亿元人民币,邓斌非法集资32亿元人民币。经过这些案件的洗礼,国民逐渐认识到了集资领域的风险性。集资利率越来越高也部分说明了出资者对风险有了更多认识,希望通过更高回报化解风险,当年沈太福集资诈骗案中的年利率才24%,而今天沿海地区的年利率动辄超过100%。就诈骗罪而言,国民的认识能力与错误认识概率是呈反比的,在国民风险认识能力提高的同时,我们应当相应地缩限"诈骗方法"的外延。

3. 规范判断要考虑涉案数额和利益程度:注意义务合理分配

当事人对于重大交易负有更多的谨慎义务,既是生活常识,也是"利益与责任同在"的法律要求。我国台湾地区有学者指出,

"在某些具有风险性的交易，例如有经验的台北市市民，到延平北路购买中古机车或到万华'贼仔市'购买中古脚踏车时，可能会比到高岛屋或 SOGO 百货消费时谨慎许多；购买高价劳力士表或纯金项链的顾客，对于'真伪'问题通常会有比较高度的警觉心；至于古董收藏家，对于动辄百万价格的古董是否为赝品，当然更是战战兢兢"①。大致可以说，生活中个人无注意义务；市场中双方平分注意义务；投资中出资者负主要注意义务；而投机者要负全部注意义务。如果吴英案中出资额是以千（万）元人民币计、回报率在社会认可范围之内，出资者就无特别注意义务，认定吴英诈骗罪尚有余地。然而，吴英案中的出资额以千万元人民币计，回报率多超过100%，对此种投资或投机行为，出资者应承担更多注意义务，这相应地减弱了吴英的注意义务，即减轻了吴英的罪责。

4. 规范判断要考虑法定刑轻重：刑罚越重罪状越窄

传统刑法教义学实现罪刑分家制，主要是根据罪状表述、此罪与彼罪关系解释罪名，很少从法定刑的角度对罪名进行调整。而笔者一直赞同"罪刑互动论"，罪状解释必须根据法定刑进行调整。无视法定刑解释罪状，常会出现政策导向失误，例如，在刑法未对盗窃罪废除死刑前，应当尽量将盗窃行为解释为其他罪名，而不是相反把"公然盗窃"这种亦可解释为抢夺罪的行为解释为盗窃罪，这在废除死刑的价值取向上是短视的。

笔者认为，对于法定刑过轻的罪名，对罪状应当进行扩张解释；对于法定刑过重的罪名，对罪状应当进行限缩解释。在《刑法修正案（八）》（以下简称《刑八》）废除其他金融诈骗罪死刑的背景下，集资诈骗罪仍设有死刑显然有违经济犯罪取消死刑的世界潮流，这时，就应当对集资诈骗罪进行限缩解释。在此，刑法学者应当有自己的逻辑立场：因为《刑八》没有废除集资诈骗罪的死

---

① 林钰雄：《刑法与刑诉之交错适用》，中国人民大学出版社 2009 年版，第 288 页。

刑，学者应该弥补立法缺陷，对该罪进行缩限解释，使非法集资更少适用死刑，使对吴英判处死刑的正当性更低；而不能认为，因为《刑八》对集资诈骗罪保留了死刑，所以应当对非法集资进行更严厉的打击，更多地适用死刑。

六、诈骗何以致死：危害评价与政策选择

（一）诈骗罪危害性的现代评判：罪行低调、刑罚过重

传统刑法学多从财产数额、发案概率等角度判断不同罪名的危害性，很少能够以刑事一体化的眼光，从立法正当性、执法必要性、构成要件差别等角度理性区别不同罪名的危害性。对于诈骗罪的危害性，历来缺少合理评价，诈骗罪成为重罪是社会的悲哀，对诈骗罪严刑以待说明：该共同体泛道德化现象严重、依赖熟人信任感维系社会关系、自由开放的商业精神先天不足、国家对干预经济领域保持了浓厚兴趣，甚至也反映出该社会信息开放程度低、隐秘色彩强。

1. 纵向比较：诈骗罪激发的复仇欲淡薄

国民对罪行的复仇欲影响立法者选择是既有事实，然而，诈骗罪背后的复仇欲最少。

首先，诈骗罪的反社会性、反进化性较弱。从发案率及损失来看，诈骗罪发生的概率、造成的损失可能高于抢劫罪，但是，文明社会对盗窃罪、抢劫罪等财产犯罪充满敌视，欲手刃罪犯而后快；而对诈骗罪整体上表现的只是温和的愤怒。究其原因，社会已经从体力竞争发展到了智力竞争的时代，美国学者阿尔温·托夫勒认为人类有三种力量：暴力、智力和知识。这也是人类竞争手段变迁的三个阶段，在早期社会，生活在丛林法则之下的人类需要以体力、暴力征服自然，证明本体魄强健的暴力罪行往往受到宽恕，在很多部落中，杀（异族）人曾被视为英雄之举。而现代社会是脑力比拼时

代,体力、暴力已经没有征服自然的社会价值了,暴力犯罪受到彻底否定性评价;人类需要靠智慧推动社会进步,智力罪行也因之常显示出可爱性、亲和性的一面。"诈欺,本质上是'斗智'的游戏;诈欺罪所欲保护者,一言蔽之,就是在斗智角力中财产受损的失败者。"① 这虽不至于要鼓励诈骗,但至少诈骗行为并非野蛮、血腥犯罪乃是共识。大体上可以说,盗窃、抢劫等是与人类进化过程相悖的罪行,秘密、暴力取财与人类增加财富的方向背道而驰;而诈骗犯所使用的"智力"方法,与现代人类以智商增加财富的趋势是相一致的。

其次,诈骗罪激起的复仇欲很小。从受害人角度看,诈骗罪的受害人与其说是心怀仇恨还不如说是心有不甘,很难对行为人高调复仇。在群体的潜意识评价中,受骗者已被列为智谋欠缺者(行为人与受害人信息严重不对等除外)。茶余饭后我们听闻的受骗者多是老幼妇孺,显然,如果法学教授、机关领导被人骗财,想必羞于启齿也无法公开。如果总统候选人被爆料曾被骗过钱财,想必也将失去当选机会。受人欺骗已是主流竞争方式下落败的"耻辱"行为,受害人怎愿再通过复仇强调自己的弱智呢?② 从社会公众角度看,民众很难现实地仇恨诈骗犯,虽然会同情受害者,但更愿意以看客身份评头论足。诈骗犯没有多数罪犯所具有的人身危险性,在旁人眼中,自己不会成为诈骗罪的潜在受害人,因此,民众对诈骗罪很难表达出强烈复仇欲,这在很多国家都有体现,"(法国)旧司法制度对欺诈的惩罚更加残酷,1725 年 8 月 5 日的公告就判处一位行骗的银行家以死刑;我们根本无法理解与时下习俗截然不同的事情!现在我们倾向把这种罪行的发生归咎于受害者的粗心大意,对它们施以残酷的惩罚倒是少见;相反,只要施行小小的惩

---

① 林钰雄:《刑法与刑诉之交错适用》,中国人民大学出版社 2009 年版,第 284 页。
② 笔者的论述不是规范学上的,也不涉及具体案例和个人,更多着眼于整体考量,反对者也就不必寻找特例反驳此观点。

罚，我们就会感到满足"①。

大致可以说，越是重视智力、重视创新的社会，诈骗罪受到的否定性评价就越少，其危害性就越轻；随着脑力竞争日益成为社会发展动力，诈骗罪的法定刑只能日益下降。

2. 横向对比：诈骗罪的危害接近于侵占罪而低于盗窃罪

首先，从财产犯罪的历史来看，诈骗罪不是最古老的犯罪，却可能是最先消失的罪名。从产生的角度看，早期社会的刑事法典中都多有盗窃罪而无诈骗罪的规定，"在中国刑法史中，最古老的罪名当属奸淫、盗窃和杀人"②。中外刑法对诈骗罪的规定，只是晚近的事情。与盗窃罪稳定甚至不断升高的危害性不同，诈骗罪的危害随着信息日益公开、便捷而不断弱化。现代社会信息不断透明、资料日益开放的发展过程，就是一个诈骗罪的危害性不断减弱的过程。诈骗罪之所以需要国家介入，主要源于传统社会信息闭塞、受害人缺乏判断条件，需要公权力对不对等的双方进行倾斜性干预。而一旦信息完全对称，再失衡的交易也无讨论诈骗罪的余地。那些成本极低、价格奇高的奢侈品、纪念品，在乡间老人眼里无异于骗人钱财，但因买卖双方信息能力对等，无须法律干涉。技术进步能够最大程度地抹平个人间信息不对称的鸿沟，未来如果信息高度开放，每个人都可以便捷地获得所需信息，则诈骗罪也就逐渐失去了存在的条件，甚至有可能"寿终正寝"。从发展趋势来看，人类很难看到盗窃罪消亡的曙光，但是民众应能够隐约察觉到信息技术对诈骗罪的消解。

其次，在刑事政策上，不能严厉打击诈骗罪。在财产犯罪中，"两抢一盗"历来是国家打击重点，而诈骗罪从来未被划入"严打"范围。在犯罪率上升的年代，国家应当缩小诈骗罪的犯罪圈、压缩刑罚投入，这既有限制刑法介入交易领域的考虑，也有刑

---

① 〔法〕乔治·索雷尔：《论暴力》，乐启良译，上海人民出版社2005年版，第159页。
② 宁汉林、魏克家：《中国刑法简史》，中国检察出版社1999年版，第9页。

事司法资源合理分配的要求。严厉打击诈骗罪容易引发司法投机主义,与其他财产犯罪相比,破获诈骗罪显然是小成本、低风险的经济选择。如果犯罪激增、司法资源短缺,国家应当减少对诈骗罪的投入而将更多资源用于"两抢一盗"等罪名。

再次,诈骗罪对社会秩序缺乏震荡性危害。任何犯罪都有社会危害性乃基本公理,但与其他常见财产犯罪相比,诈骗罪危害的秩序性色彩较弱。一方面,诈骗罪是可控性较强的自损犯罪,对社会波及性很小。如学者所言,"诈欺罪本质上属于'自损行为',而(被害人)处分财产的要素,同时构成其与本质上为'他损行为'的盗窃罪之界限"[1]。诈骗罪从来都未对社会的基本秩序构成威胁,如果取消盗窃罪、抢劫罪,财产制度必然荡然无存,人类基本生活将无法维系;然而,取消诈骗罪虽然会增加社会的交易成本,但不会引发社会秩序大乱。另一方面,诈骗罪是平和型犯罪,违法性更轻。在危害性、行为方式上,诈骗罪与侵占罪具有相似性。盗窃罪、抢劫罪等对抗型财产犯罪的特征是"形式上的非法占有、实质上的不法所有",而诈骗罪、侵占罪等平和型财产犯罪的特征是"形式上的合法占有、实质上的不法所有"。由于诈骗罪具有表面上、客观上的合法占有形式,因而其客观违法性较盗窃罪更弱,在违法性阶段就应当作出弱化性评价。

最后,诈骗罪的法定刑应当低于盗窃罪。在财产犯罪中,盗窃罪与诈骗罪具有可比性(不涉及暴力、发案率高、具有不法所有目的)。与盗窃罪相比,诈骗罪的危害性更小,法定刑应更低。在目力所及的范围内,没有发现诈骗罪的法定刑比盗窃罪重的情况,倒是有些国家的诈骗罪处罚比盗窃罪轻,如《意大利刑法典》规定诈骗罪的法定最高刑是 5 年,而盗窃罪是 6 年。我国对这两个罪名适用标准的变迁体现了这一点,盗窃罪定罪的门槛越来越低,数额标

---

[1] 林钰雄:《刑法与刑诉之交错适用》,中国人民大学出版社 2009 年版,第 263 页。

准不断降低甚至无须数额标准；诈骗罪"数额较大"的标准从"2 000元～4 000元人民币"提高到"3 000元～1万元人民币"。只是，在盗窃罪法定刑调低的同时，由于无期徒刑不是焦点问题，立法者忽视了相应调低诈骗罪的法定刑。在下一次《刑法》修改时，只有保证诈骗罪的起刑数额高于盗窃罪、法定最高刑低于盗窃罪，才能够体现出罪刑相适应的基本要求。

总之，虽然诈骗罪的损害越来越严重，但因容忍度越来越高，可罚性却越来越轻。

（二）集资诈骗罪法定刑的基准调试：轻于诈骗罪

在明确了诈骗罪的危害性渐弱、可罚性较低之后，本文还要证明，集资诈骗罪是比普通诈骗罪更轻的犯罪，不应当设立死刑。

1. 集资诈骗罪的死刑缺乏立法正当性：弱谴责重刑罚

首先，集资诈骗罪被注入了法定犯因素，冲淡了集资诈骗罪的可谴责性。集资诈骗罪从诈骗罪分离出来的结果是，诈骗罪仍属传统犯罪、自然犯，而集资诈骗罪则变成了经济犯罪、法定犯。"诈骗罪是自然犯，而集资诈骗罪已不再是一种自然犯，而是兼有自然犯和行政犯双重属性的混合形式。"① 集资诈骗罪的罪状是"以非法占有为目的，使用诈骗方法**非法集资**"，这一罪状的核心是"非法集资"，这是一种特有的"以自然犯为前提的法定犯"立法模式。认定集资诈骗罪，首先要根据《商业银行法》判断其行为的行政违法性——"未经国务院银行业监督管理机构批准"。与诈骗罪直接可以根据行为来判断是否成立犯罪不同，仅根据行为本身，尚不能认定成立集资诈骗罪，这就是一种法定犯的立法构造。

其次，对于同样危害的犯罪，法定犯的可罚性更轻。从刑法常识上讲，自然犯是一种"本来的恶"，而法定犯是一种"禁止的

---

① 陈旭：《民间融资的罪与罚——记光华法学院第五期刑法前沿论坛》，载浙江大学光华法学院网（http://www.ghls.zju.edu.cn/ghlsen/13700/list.htm），访问日期：2012年2月19日。

恶"，两者不可同日而语。从构成要件层面讲，法定犯的构成要件存在短板，它把生活意义上的中性行为作为构成要件行为（注意：不是构成要素），如"集资"作为中性行为（银行等可以合法而为之）却成为构成要件行为的一部分，导致构成要件行为在生活伦理层面受到的否定性评价较弱，因而其谴责性较弱；而自然犯的构成要件行为（如杀人）在生活伦理层面就彻底受到否定评价。

最后，生活、市场、投资等不同领域的诈骗，所受到的谴责性是有差别的。对于生活领域的诈骗，由于涉及个人尊严和生存，相对而言，民众不会反对国家谴责行为人，"诈骗"一词因之也带有否定性感情色彩。对于市场和投资领域的诈骗，如果不是直接成为被害人，国民的痛恨感则弱化很多。对于投机领域的欺骗，人们更习惯于泰然处之。从这个意义上讲，把金融诈骗罪修改为感情色彩较弱的金融欺诈罪，更为妥当。吴英案中，多数网民反对死刑，就是因为投资领域，尤其是法外投机中的欺诈行为，应受的谴责性远低于生活中的诈骗。

2. 集资诈骗罪的死刑缺乏道德正当性：出资皆有错

如果按照目前《诈骗案件解释》对集资诈骗罪的界定——行为人采取虚构集资用途，以虚假的证明文件和高回报率为诱饵，骗取集资款，可以断言，相较于多数诈骗罪，集资诈骗罪中的受害人都具有更大的过错性，"以高回报率为诱饵"说明被害人具有投机取巧、不劳而获的心理，这种心理不仅违反了"利益与风险同在"的市场基本法则，也违反了"付出与回报对等"的人类基本伦理。

需要指出的是，弱势地位、悲惨结局不能否认出资者的过错性。有学者认为集资诈骗罪的受害人过错性较低，因而相对于其他金融诈骗罪，集资诈骗罪的法定刑应当最重，"集资诈骗罪的受害者通常为普通民众，而票据诈骗罪、金融凭证诈骗罪、信用证诈骗罪的受害者大多为专业人士（如金融机构工作人员）。从被害人的过错程度来考察，票据诈骗罪、金融凭证诈骗罪、信用证诈骗罪的受害者的过错程度较高，集资诈骗罪的受害者的过错程度较低"①。《刑八》的立法者也是依据这种认识而保留了集资诈骗罪的死刑。这是把"生活中的弱势者"和"法律上的过错者"混同，刑法不能"仇富怜贫"，应当依据行为而不是社会地位、生活境况判断过错性。受制于商事法追求高效率的原则，金融从业人员对于票据等金融工具往往只能进行形式审查或见票即付，犯罪发生的责任应更多地归责于行为人，受害人的过错性很小。

对于弱势群体（农民、妇孺）参与集资的过错性，要区别对待：如果没有投机性，就可以否定其过错性；如果出资具有投机性，就应肯定其贪得无厌、一夜暴富心理的重大过错。很多贫穷者将毕生积蓄投入高回报的集资，令人感伤。虽然社会制度对贫穷群体的日常凄惨境况责无旁贷，但在具体集资案件中，若存在投机心理，我们只能"哀其不幸，怒其不争"，甚至可以说，正是这种投机心理导致其积贫积弱。其实，贫穷者参与集资是基于机会成本的算计：与富有者相比，底层弱势者更渴望财富、更愿意投机，赌博的预期利益更大、机会成本更低，一旦博弈成功，就可以"朝为田舍郎，暮登天子堂"。总之，参与高回报率的集资是应受道德谴责、受害人存在重大过错的投机行为，对集资诈骗罪设立死刑缺乏道德正当性。

3. 集资诈骗罪设立死刑缺乏制度正当性：刑法不为商事混乱救市

重罚带有法定犯色彩的集资诈骗罪，要更多地考虑行政法规的欠缺以及社会环境的影响。在犯罪发生机制上，"法定犯罪更有可能受到外部控制的影响，而自然犯罪更有可能受到内部控制的影响"②。就此而言，集资诈骗罪是一种结构性、制度性犯罪。对于经

---

① 张明楷：《诈骗罪与金融诈骗罪研究》，清华大学出版社2006年版，第480页。
② 〔英〕布莱克本：《犯罪行为心理学》，吴宗宪、刘邦惠等译，中国轻工业出版社2000年版，第90—91页。

济犯罪，行为人的责任与制度环境休戚相关，如果经济环境整体恶劣，就不能把越轨责任全部归罪于冒险者。如学者所言："我国的经济和市场就像是在沼泽地上举办的狂欢节，既充满了兴奋和刺激，也布满了深深的陷阱，让人跃跃欲试而又心有余悸。面对种种无奇不有、光怪陆离、混乱无序的经济现象，地方政府束手无策，众多企业无所适从，广大投资者望而却步。"①从集资者的角度讲，集资诈骗罪的发生与金融垄断体制有关，卖方市场的银行垄断使经营者"逼良为娼"，民间集资的发生存在必然性，犯罪原因中有相当多的制度因素，对集资者适用死刑在前提上缺乏正当性。从出资者的角度看，民众非理智地参与集资与投资渠道狭窄密切相关，资本有逐利的天性，在通货膨胀、楼市限购、股市低迷、行业垄断的背景下，缺乏释放空间的游资会自动涌向民间融资市场。刑法的后盾性、刑罚的副作用，决定了死刑不能充当市场的灭火器，以重刑净化市场，不仅是刑法懒惰的表现，更是把体制缺陷转嫁给集资者。

4. 集资诈骗罪为何留有死刑：被绑架的立法选择

1997年《刑法》对集资诈骗罪设立死刑的主要原因是：20世纪八九十年代几个大案中天文般的数字刺激了立法者的神经；集资威胁了国家坐庄的银行垄断，银行基本模式就是存钱放贷，而民间集资在源头上切断了银行资金的来源，影响了银行利益；非法集资容易形成一个富可敌国、以经济为纽带的法外集团。然而随着经济发展、社会开放，这些非人身因素都不足以维系死刑的存在。在笔者看来，在《刑八》废除金融诈骗罪死刑的潮流之中，集资诈骗罪仍然"宁死不屈"的原因是，集资诈骗罪波及范围广，经常引发群体事件，影响社会稳定。然而，这是立法取向被群体无理行为要挟的结果，不应用死刑化解赔偿诉求。

---

① 吴国平：《建设法治金融的理性思考》，载《金融与保险》2001年第8期。

对于非法集资，我们要反思，为什么私人间的争端会引发群体事件、影响社会稳定？这要追问：明知有风险，出资者为何仍然敢于投机、敢把千万资金借给素不相识的人？原因有三：一是靠亲友关系形成集资，如果不求高回报，出资者值得同情，这种亲友间的财产犯罪，本应受到刑法上的宽恕（亲属相盗、相骗难为罪）；然而，如果夹杂着高回报性，出资者同样是投机行为。二是依靠公职人员的保护伞与黑社会确保资金安全，如公职人员间接参与形成示范效应，普通出资者依附公权力确保资金安全；或者依靠黑社会确保出资安全。这需要在民间资本市场"打黑反腐"，而非对集资者严刑以待。如果刑罚过早或过多打击集资者，会正中操盘者的下怀、落入"国家为腐败者或黑社会护航"的荒诞逻辑。三是相信政府救市，在多数情形下，出资者相信政府能够袒护自己的投机行为，为自己的冒险行为担当后盾，因而疯狂出资。前两个原因并非常态，本文重点关注第三个原因。

没有倚仗公权力的集资能够形成天文数额，多是因参与人数众多，出资者相信政府最后能够成为"人民大众"的救星，在集资垮台时为损失买单，本金可以安全收回。出资者通过维权、群体事件等，把自己的过错强制转嫁给政府。此时，如果国家无视出资者的过错性、不刺破其"被害者的面纱"、不强调风险自负的市场精神、不令其通过民事诉讼自救，而一味行政干预或刑事追诉，以财政弥补出资者损失，会不断强化"集资失败国家买单"的集体意识，出现"集资者受罚越严厉、出资者参与越踊跃、非法集资越繁荣"的吊诡现象。这是变相肯定"投机有理、不劳可获"的反市场精神，违背"风险与利益对等分配"的市场法则和伦理基础。这种"强化集资者罪责、剔除出资者过错"的刑事政策最终只能是加重国家责任，要求国家在市场领域以教父的形象履行保姆职责，会使市场在刑罚的监控下畸形发展，竞争法则被干预主义打破。以刑罚措施严密保护狡猾而贪婪的"被害人"，有助纣为虐、鼓励集资行为之倾向；相反，对于不涉及人身权利的民间融资市场，刑法实行一定程度的无为而治，才能敦促行政管理的健全，才可培育成熟的市场体制。股票市场也有欺诈、也会崩盘，但股价狂泻并不会影响社会稳定，因为面对投机，国家置身事外，风险自负的市场精神已经形成。显然，因为群体事件而对集资诈骗罪保留死刑，是未读懂出资者的内心世界——严惩只是口号，保本才是目的。①

(三) 集资诈骗罪危害性的评价应当区域化

根据罪名所在章节，集资诈骗罪的主要危害是"破坏社会主义市场经济秩序"，侵犯的主要法益是金融秩序，与自然犯不同，经济犯罪中的"经济秩序、金融稳定"充满地域色彩，如果吴英案发生在边远省份，出资者是底层群体，影响了社会稳定，以集资诈骗判处死刑，尚有政策合理性。然而，以吴英案稳定金融秩序是国家政策与地方知识的错位。

首先，经济犯罪的政策选择必须地方化。我国集资诈骗罪有十几年的历史，而浙江省民间融资已经有几百年的历史。浙江省素有民间融资习惯，坊间投资意识发达、抗风险能力强大、自我修复力强，"敢投机、愿冒险，成败天注定"的浙商精神薪火相传，已经历史性地形成了一个无涉政治、不愿稳定、无须法律的资本江湖。这就是哈耶克所言的自生自发的金融秩序，它充满风险与陷阱，但也充满生机与创新，如果放在西方发达金融市场的背景中，它也许泯然众人矣；但是，在计划经济体制下，它代表民间社会对经济自由的渴望，代表冲破重重束缚自谋生路的努力。如果不纠缠于一案一事的败落，用黄仁宇式的大历史眼光审视浙江省民间资本市场，可以断言，浙江省民间金融市场有资格也有能力对国家宏观调控说"不"，不能用农业社会的求稳心态看待后工业社会的

---

① 吴英案之后，2015 年《刑法修正案（九）》废除了集资诈骗罪的死刑，这也印证了笔者的观点。

民间资本市场，不能用罗玉凤的心态打量马云的世界。外人眼中的风险，是浙商脑中的商机；外人眼中的混乱，是浙商目中的竞争；外人眼中的稳定，是浙商心中的败局。让这样一种有自有运行规律和历史传承的经济体制延续下去，是政策制定者的历史责任。

其次，经济犯罪的危害评价必须本地化。与其他省份动辄出现因底层出资者聚众维权不同，浙江省虽然巨额集资案频发，但普通国民的生活未受波及。吴英案中涉及的资金多是与社会基本生活无关的游资，并未引发社会震荡，受害人甚至不愿意进行债权登记，也未见群体事件。在民间融资盛行、地下钱庄历史悠久的浙江省，金融秩序从不稳定，但也从未因集资而崩溃。7亿多元人民币的涉案资金在其他省份令人咋舌，而在浙江省甚至无法成为阶段性领跑者。浙江省的集资额常以亿元人民币为计算单位，如杭州市瞿高飞借款金额达22亿多元人民币，丽水市银泰房地产季文华父子集资55亿元人民币，宁波市天一证券吸收存款38亿元人民币，温州市立人集团的借贷数额达到45亿元人民币。即便单纯考虑涉案总额，以7亿元人民币作为适用死刑的门槛，显然未考虑商业氛围超前、习惯了大场面的"浙江省地方性知识"。

总之，以包括吴英案在内的浙江省集资案，作为国家整顿金融秩序的切入点，是对象选择错误。

七、结语：惜香怜玉、精细司法

以吴英案为契机维护金融市场的稳定是正当的考量，但适用死刑时应当排除这一考量。稳定不是商人的天性，贪婪才是商人的权利，看客从来不会要求拳手温文儒雅地亮相拳台。将市场之乱归责于谋利者是管理者常用的托词，让经营者肩负经济平稳之重任，显系角色倒错。况且，在国家干预强力且细致的金融市场中，民间力量即便倾其所有，也难撼动垄断者的掌控地位。市场经济下，国之正事，在于扩张私欲、确立规则，把利己性引向兼顾利他性，而不是简单地推行成王败寇法则。如果在真相尚疑、信念迷茫时抉择艰难，请牢记历史的叮嘱：拿人的生命去巩固政策的正确，最终都需逆向思考。

在法的外面眺望吴英案，无论价值选择还是情感判断，在法治社会，最终要经过法律过滤。不同于许霆案和药家鑫案式的简单粗暴，吴英案的案情杂乱，它夹杂着挥霍、投资、经营，每一项都很难一刀切地界定，对集资款的处置，是经营还是挥霍，决定了吴英是否有非法占有目的。然而在中国商界中，经营与挥霍的界限细如发丝。吴英的高消费，是一人对酒当歌，还是中国式场面的应酬？若是后者，在权力与经济互渗的当下，究竟是谁之过错？同理，购买跑车可否界定为经商条件，购买珠宝可否认定为投资保值？每一笔集资款的处置，都需要结合使用目的、经营环境细细梳理。因之，本文与其说是案例分析，毋宁说是为精细司法提供的理念前奏。写下诗化的结语，期冀唯美的结局。

第九章
恶意注册账号案：黑产者的刑事责任

案情：恶意账号在网络空间引发大量违法犯罪

批量恶意注册网络账号包括以下情形：

（1）在12306网站上恶意注册账号用于抢票。从2011年铁路部门开通12306网站之后，便有一些"黄牛"通过抢票软件在互联网上抢票囤票。"黄牛"会通过专门的用户注册网站，自动生成有效的身份证号，甚至通过一些网站和黑客买卖身份证信息。然后利用这些有效的身份证信息，在12306网站注册，再利用这些账号大量囤积一些紧俏线路的火车票。这造成了三个危害：一是正常用户被迫高价从"黄牛"处购票；二是身份证信息被"黄牛"注册过的用户无法在网上购票；三是迫使12306网站进行三次大规模的系统修改或升级。①

（2）在微博上恶意注册账号用于刷粉。根据新浪微博官方账号"微博管理员"的公告，相当一部分企业在进行微博营销时，一直盯着粉丝量增长，产生了大量刷粉需求。一些刷粉公司就批量恶意注册账号，以人民币50元/万粉、300元/10万粉不等的价格帮助企业刷粉、增加粉丝量。新浪微博从2015年1月21日开展"全站垃圾粉丝清理计划"，对通过机器批量

---

① 参见池海波：《火车票代售点暂停核验身份证》，载《北京青年报》2015年11月13日，第9版。

注册、发布垃圾评论、钓鱼网站、虚假活动、参与刷榜等行为的账号进行封杀冻结。截至2015年5月8日,已清理垃圾关系111.3亿组,被清理账号覆盖橙V、蓝V、普通用户共50.6万个。这些账号多数来源于从事刷粉等灰色业务的营销公司。各类刷粉公司不但破坏了微博营销的正常秩序,更是对用户造成巨大骚扰。①

(3)在淘宝网等电商平台上恶意注册账号用于"炒信"、刷单等。在电商平台上,有些不法分子需要大量查不到真实身份的账号进行非法牟利或者攻击。例如,进行虚假交易,对卖家进行"炒信",提高卖家的信用等级;进行恶意差评,降低卖家的信用等级;进行网络攻击、欺诈、售假,发布违禁信息,实施网络赌博等违法犯罪行为。这催生了恶意注册行为,形成了庞大的产业链。据业内人士估计,这些黑、灰产业的从业人员达几十万人,规模超千亿元人民币。②某著名电商平台平均每天识别并拦截的恶意注册账号达50万个,高峰期单天识别和拦截近270万个。③

(4)其他情形。如据办理滴滴打车软件刷单案的检察官介绍,在滴滴打车、优步(Uber)、饿了么、美团外卖等O2O(Online to Offline,离线商务模式)行业都普遍存在恶意注册账号用于刷单的现象。④

争点:恶意注册是否属于破坏网络经营的行为

互联网违法犯罪的主要源头,是使用虚假个人信息恶意注

---

① 参见《新浪微博封杀数千营销大号,幕后公司疯狂反扑》,载搜狐网(http://www.sohu.com/a/16336296_114885),访问日期:2015年10月30日。
② 参见万学忠、王春:《互联网恶意注册和虚假认证泛滥,超千亿黑灰产业链亟待依法剪除》,载《法制日报》2015年8月28日,第9版。
③ 参见李明:《谁动了我的奶酪——如何治理互联网上的"恶意注册账户"行为》,载最高人民法院中国应用法学研究所编:《"破坏网络交易秩序刑事司法问题"会议论文集》,第12页。
④ 参见高健、韩志泰:《首例"滴滴打车刷单"案告破》,载《北京日报》2015年10月10日,第7版。

册账号。在网络世界从事交易、接受服务,都需要一个身份——账号。对于正常的网络活动,一个或几个账号足以满足网民的需要,但是,一些不法分子需要大量账号用于非法牟利,如抢票、诈骗或者刷单、"炒信"等。这一需求催生了批量恶意注册行为,把原本免费注册的账号变成了牟利的灰黑产业。如何处理批量恶意注册,是互联网时代的法律难题。以破坏生产经营罪处理批量恶意注册,需要解决以下理论难题:一是对破坏生产经营罪的"其他方法"进行扩张解释,"其他方法"可否与"毁坏机器设备、残害耕畜"不同进而包括"欺骗行为"?二是重新界定破坏生产经营罪中"破坏"的外延。恶意注册是干扰经营秩序和妨害业务的行为,是否属于"破坏"?三是要用互联网思维解释"经营","生产经营"可否解释为"生产+经营"?

提要:破坏生产经营罪≈妨害业务罪

在网站与电商平台上批量恶意注册账号,是诈骗等违法犯罪行为的预备行为,但因互联网时空的阻隔,难以认定意思联络,无法按照共同犯罪处理。批量恶意注册,妨害了网站和电商的业务,但我国《刑法》没有规定妨害业务罪。在信息时代,应当对破坏生产经营罪进行客观解释和扩张解释:破坏生产经营罪中的"破坏",应当解释为干扰、影响,与"妨害"是同义词;尤其不能把破坏理解为有形损害,破坏不等于毁坏,妨害也是一种破坏;生产经营不仅包括生产活动,还包括组织管理活动,生产经营可以包括业务。因此,破坏生产经营罪可以包容妨害业务罪,进而打击恶意注册行为。破坏生产经营罪的"其他方法",可以涵盖妨害业务罪的行为方式——诡计和威力。

据《法制日报》记者调查,无论是阿里巴巴、京东等电商平台还是腾讯、新浪、网易等社交、游戏平台,甚至是新出现的优步等打车软件,相关垃圾账号都有人在网上专门注册并倒卖。一个垃圾账号从人民币几角钱到几元钱不等,批量起售,数量惊人。[①] 这些恶意注册的账号,都不是为了正常使用而由个人验证注册的,多是注册网站借助机器和软件,使用虚假信息批量注册,再卖给他人用于非法活动。如何打击恶意注册,是传统刑法遇到的网络新难题。

一、入罪必要性:打击恶意注册=控制网络犯罪

(一) 批量恶意注册的概念和流程

批量恶意注册网络账号(以下简称"恶意注册"),是指以不正当使用为目的,违反国家规定和平台注册规则,使用虚假个人信息,以手动方式大量注册,或者通过软件程序自动批量注册,超过正常用途的数量创设网络账户的行为。根据实践情况,"批量"可以限定为在一个平台或网站上注册账号超过 1 000 个。

恶意注册的基本流程是:手机验证码平台购进大量非实名甚至未激活的手机 SIM 卡后,通过"猫池"(一种可以插入大量手机卡、模拟手机接收短信的设备)接收手机验证码,并雇佣大量闲散人员人工输入网站图片验证码,规避各网站为了确保实名而进行的防控措施,批量注册账号。

(二) 恶意注册危害性严重,需要刑法介入

据不完全统计,目前约有 12 000 个互联网平台受到恶意注册的

---

① 参见万学忠、王春:《互联网恶意注册和虚假认证泛滥,超千亿黑灰产业链亟待依法剪除》,载《法制日报》2015 年 8 月 28 日,第 9 版。

困扰,每天恶意注册的总量达到上亿。① 即便不考虑恶意注册的后续危害问题,大量虚假账号存在也会危及互联网经济和秩序。

首先,恶意注册的大量账号形成了互联网泡沫,增加了经济风险。需要指出的是,不同网站对恶意注册可能有不同态度,著名网站和平台要求禁止恶意注册,因为恶意注册的账号影响网站正常运营;但一些小型网站放任恶意注册账号的存在,因为账号数量代表网站人气,网站借此可以获得市场份额、取得风险投资,如北京市海淀区人民检察院韩志泰检察官所言:"因为O2O行业竞争激烈,不少公司采取补贴用户的经营模式,以获取市场份额,这给刷单行为提供了前提条件,一些人通过注册账户等方式很容易获得交易补贴。"② 但是,法律不能纵容这种"以虚假账号吸引风险投资"的欺诈型商业模式,这样的互联网经济是建立在沙滩上的海市蜃楼,虚假账号越多、泡沫越大,引发像金融危机一样的经济风险之概率就越高。

其次,大量恶意注册账号存在本身,已经破坏了互联网秩序。互联网秩序与日常生活秩序不同,在美国学者瑞斯曼看来,在现实世界中,目光、动作、神情等身体语言都会形成道德压力,形成微观法律体系,有效调整着国家法律鞭长莫及的日常生活,"许多动物仅凭着视觉或嗅觉已能够适应环境,但人类则在面对面时经由观看而取得许多讯息。……通过眼神的交换,可以让注视的一方与被注视的目标在不造成明显尴尬的情况下,调整彼此的关系"③。这种"看脸"识别身份的机制,形成了互相监督和约束的社会秩序。

但是,在互联网领域,没有目光压力和身份约束,只能靠"账

---

① 参见李明:《谁动了我的奶酪——如何治理互联网上的"恶意注册账户"行为》,载最高人民法院中国应用法学研究所编:《"破坏网络交易秩序刑事司法问题"会议论文集》,第12页。
② 黄晓宇:《司机刷单套取滴滴3万元被批捕,刷单成普遍现象》,载《北京晨报》2015年10月10日,第6版。
③ 〔美〕迈克尔·瑞斯曼:《看不见的法律》,高忠义、杨婉苓译,法律出版社2007年版,第34、36页。

号信息可溯及个人"这一机制形成道德压力,确保网络秩序。可是,恶意注册的账号没有身份信息,无法追溯至个人,使用者没有道德感,旁观者没有安全感。没有实名制约束的虚假身份账号,类似于商场里突然涌进一群蒙面的不速之客,即使他们没有实施其他违法行为,但蒙面人的存在,已经破坏了社会秩序。这种没有任何约束的"鬼影"账号对互联网秩序构成了重大威胁,若不及时治理,将形成"劣币驱逐良币"的后果,使消费者对网络交易望而却步,互联网经济将毁于一旦。

最后,打击虚假网络账号是治理网络乱象最有效的方式。恶意注册的账号使用了虚假身份,是网络犯罪之源。真实身份的账号,一般不会用于犯罪,即使用于犯罪,也极易查处,不会失控而影响网络安全。在网络世界,没有账号,是典型的工具不能犯。所以,确保网络安全,最经济和简捷的手段,就是管住网络账号。正是基于此,一些发达国家出台规定,强化账号的身份真实度,如美国 2011 年推出的《网络空间可信身份国家战略》,旨在建立一个以用户为中心的身份生态认证系统,使个人、组织都能够在信任状态下进行在线业务,保证业务双方的身份认可。[①] 我国网络犯罪持续增加,多数都使用了恶意注册的虚假账号,因此,打击批量恶意注册,是治理网络犯罪的迫切要求。

二、恶意注册的法律定性:从共犯到独立定罪

(一) 恶意注册属于预备帮助行为但难以成立共犯

1. 恶意注册者具有违法性认识和帮助犯的意思

首先,恶意注册者对注册行为的非法性有认识。批量恶意注册

---

① See *National Strategy for Trusted Identities in Cyberspace*: *Why We Need It*. The White House, April, 2011.

者，不可能使用自己的手机，都需要大量购买非实名制手机卡，以接收验证码。购买、使用非实名制的手机，本身就是非法行为。我国法规要求手机实名制，普通公众对此均有认识，因而，注册者能够认识到购买、使用非实名制手机卡进行恶意注册，是一种非法行为，即对行为的违法性有认识。

其次，恶意注册者对账号会被用于非法活动有认识，具有帮助犯的意思。目前网站和平台都实行免费注册模式，如果为了正当使用，免费注册即可，恶意注册的大量账号就没有交易价值，无法形成产业链。对恶意注册的账号会用于非法行为，注册者是心知肚明的，如曾在国内一家知名注册平台工作的杭州小伙李磊（化名）说："普通人只要一个账号就够了，注册十个一百个有什么用？注册这么多，都是用来刷单、诈骗、卖假货，想的就是干完一票就扔。"① 正是因为恶意注册的账号掩盖了真实身份，可以隐秘地用于违法犯罪活动，因具有犯罪工具的性质而有了交易价值。

恶意注册者明知行为的违法性和危害性，且放任这种结果发生，已经具备作为故意犯罪处理的主观要素。

2. 多数恶意注册者无法按照共犯处理

恶意注册是后续违法犯罪的预备和帮助行为，如果行为人自己大量注册账号后直接用于非法活动，可以根据使用行为的违法性质，直接认定为诈骗罪、销售伪劣产品罪等罪名，先前的恶意注册属于"准备工具、制造条件"的预备行为而被吸收，不存在治理漏洞。

但是，实践中的基本模式是，行为人恶意注册账号是为了出售，注册与使用行为完全分离。在互联网上，行为人不可能像生活中那样见面、商谈后形成共同故意，卖账号的不知道买家是谁，因互联网的时空阻隔无法证明意思联络；对于账号出售后被用于何种

---

① 王春：《打码验证猫池养卡产供销一体化》，载《法制日报》2015年9月4日，第5版。

行为，恶意注册者并不明知；类似于，办假证者并不关心使用者是用于诈骗、考试作弊还是开房。因此，无法认定注册账号者和使用账号者的共同故意，对恶意注册者难以按照预备犯、帮助犯处罚，其主观方面也不是《刑法》第287条之二"帮助信息网络犯罪活动罪"中"明知他人利用信息网络实施犯罪"中的"明知"。

（二）恶意注册是以欺骗手段妨害业务的行为

1. 国外妨害业务罪的定罪门槛低

很多国家都规定了妨害业务罪或类似罪名，如《日本刑法典》第233条规定："散布虚伪的传闻或者使用诡计，毁损他人信用或者妨害他人业务的，处三年以下惩役或者五十万元以下罚金。"第234条规定："以威力妨害他人业务的，依照前条的规定处断。"随着计算机的广泛运用，1987年《日本刑法典》又增设了"以破坏电子计算机等手段妨害业务罪"，第234条之二规定："损坏供他人业务上使用的电子计算机或供其使用的电磁记录，或者向供他人业务上使用的电子计算机中输入虚伪信息或者不正当指令，或者以其他方法使电子计算机不能按照使用目的运行或者违反使用目的运行，妨害他人业务的，处五年以下惩役或者一百万元以下罚金。"

恶意注册会增加网站经营成本，干扰平台的正常运营，但无法认定损失数额，难以按照传统财产犯罪处理。但认为恶意注册未经许可、妨碍了他人的经营自由，则没有困难。因为，妨害业务罪的定罪门槛较低，只要求行为侵犯了业务自由即可，如日本学者认为，"把业务妨害罪仅仅理解为财产罪是不正确的。特别是使用威力妨害业务时，明显地具有作为针对自由的犯罪的性质"[①]。因而，如果我国刑法中有妨碍业务罪，就可以有效处理恶意注册、虚假交易、恶意差评等互联网违法犯罪行为。

---

① 〔日〕大塚仁：《刑法概说（各论）》（第三版），冯军译，中国人民大学出版社2003年版，第158页。

2. 恶意注册妨害了网站或平台的经营和业务

如果不考虑后续违法行为,批量恶意注册行为本身,属于妨害网站或平台的经营和业务的行为。

首先,批量恶意注册会使网站的业务和经营陷于混乱。以12306网站抢票案为例,"黄牛党"大量恶意注册账号后,网站被迫不断升级,主要方式是不断改进验证码模式,拦截抢票软件。起初,12306网站采用数字验证码,很快就被抢票软件破解;随后,启用彩色动态图片验证码来拦截各路智能抢票软件,不久又被破解;无奈,2015年11月10日12306网站再次升级系统,采用了网民眼中的奇葩验证码,并使用双向验证。这些系统升级,不仅增加了网站运营成本,还导致注册用户身份证属于"待核验"的,只能前往火车站的售票大厅进行核验了。① 无疑,每次改造升级期间,网上购票业务都受到了严重影响,部分用户甚至无法办理该项业务。

其次,即便恶意注册没有迫使网站或平台升级改造,也同样妨害了业务和经营。管理、识别账号,保证账号正常使用,是网站和平台的业务内容。而恶意注册的账号和正当账号一样,享受着网站的服务,占用了服务器资源,妨害了网站和平台对账号的管理业务。

恶意注册形成了大量垃圾账号,产生的冗余数据加大了网站和平台的运营成本。冗余数据占据服务器空间、享受系统维护服务,妨害了网站的正常业务。2007年美国一项调查发现,某联邦机构有4.4万名用户却有70万个账号,而维护多个账号增加了服务成本。② 一个恶意注册的账号会增加多少成本尚无实证研究,但可

---

① 参见池海波:《火车票代售点暂停核验身份证》,载《北京青年报》2015年11月13日,第9版。

② See *The National Strategy for Trusted Identities in Cyberspace: Why We Need It*. The White House, April. 2011.

以参考国外类似数据,2004 年,针对一个 500 人小公司的调查发现,管理账号密码的成本,一年花费约 11 万美元,平均一个用户一年的成本是 220 美元。① 正因为账号数量会增加运营成本,因此,2011 年美国出台了《网络空间可信身份国家战略》,旨在增加账号可信度、减少账号数量、提高经济效益。当然,根据规模经济的效益原理,网站用户越多,单个账号的维护成本越低,但无论怎样,管理恶意注册的大量账号,是网站和平台不小的负担,必然影响到正常业务。

(三) 以破坏生产经营罪处理恶意注册的难点及克服

我国刑法中并没有规定妨害业务罪,这也是司法实践中对恶意注册处理不力的重要原因。笔者认为,法条要活在当下,"法官把法塑造成什么样子,法就是什么样"②。如果对破坏生产经营罪进行与时俱进的客观解释,就可以涵盖妨害业务罪的内容。《刑法》第 276 条"破坏生产经营罪"规定:"由于泄愤报复或者其他个人目的,毁坏机器设备、残害耕畜或者以其他方法破坏生产经营的,处三年以下有期徒刑、拘役或者管制;情节严重的,处三年以上七年以下有期徒刑。""机器""耕畜"都是充满农业社会气息的表述,与信息社会相去甚远,恶意注册这种危害互联网行为,显然未在立法者脑中出现过。法官必须用互联网思维解释 1997 年《刑法》中的破坏生产经营罪。

以破坏生产经营罪处理批量恶意注册,需要解决以下理论难题:

一是对破坏生产经营罪的"其他方法"进行扩张解释。破坏生

---

① See RSA."Are Passwords Really Free? A Closer Look at the Hidden Costs of Password Security", RSA Working Paper CLHC WP 204, 2004.
② 〔美〕朱迪丝·N. 施克莱:《守法主义:法、道德和政治审判》,彭亚楠译,中国政法大学出版社 2005 年版,第 82 页。

产经营罪的罪状行为是"毁坏机器设备、残害耕畜或者以其他方法",恶意注册明显不属于"毁坏机器设备、残害耕畜",能否属于"其他方法"就成为定罪的关键。通说对此持否认态度:"'其他方法'应是与毁坏机器设备、残害耕畜相类似的毁坏财物的方法,而不是泛指任何方法。换言之,本罪实际上是以毁坏财物的方法破坏他人的生产经营。"① 这一思路的理论基础是同类解释,即在同一个法条中,"其他方法"必须与前面的列举行为保持同质、同类的性质。

但是,同类解释不仅要向前看,更应该向后看;破坏生产经营罪的"其他方法"可以与"毁坏机器设备、残害耕畜"不同,包括"欺骗行为"。

二是重新界定破坏生产经营罪中"破坏"的外延。如前所述,通说把破坏生产经营罪理解为故意毁坏财物罪的特殊条款,把"破坏"等同于故意毁坏财物罪中的"毁坏","破坏"就是"毁坏生产工具、生产资料"。而恶意注册很难归类为"毁坏",无法按照破坏生产经营罪论处。

但是,《刑法》中的"破坏",在外延上比"毁坏"宽泛得多;把"破坏"解释为"毁坏",是不当缩小了破坏生产经营罪的处罚范围。"破坏"包括物理毁坏,也包括干扰秩序,亦包括妨害业务。恶意注册是干扰经营秩序和妨害业务的行为,属于"破坏"。

三是要用互联网思维解释"经营"。破坏生产经营罪是从1979年《刑法》中的破坏集体生产罪演变而来的,后者主要是针对第一产业的犯罪,而1997年《刑法》在"生产"后增加了"经营"一项。如果把"生产经营"理解成"生产性经营",则类似于微博的一些社交网站,不属于第一产业,没有生产性质,那么,在这些网站上恶意注册就不可能构成破坏生产经营罪。

---

① 张明楷:《刑法学》(第四版),法律出版社2011年版,第911页。

但是,"生产经营"应当理解为"生产+经营",同时,在互联网时代,"经营"的核心是组织、管理和运营,而不是生产、营利。这样,"经营"就可以涵盖"业务"的范围。

三、破坏生产经营罪中的"其他方法"包括欺骗手段

恶意注册是否属于破坏生产经营罪,还要看恶意注册是否属于"其他方法"。破坏生产经营罪的罪状行为之一——"毁坏机器设备、残害耕畜",属于对物的暴力;那么,"其他方法"是否一定要与对物的暴力相类似,只能是毁坏生产资料的行为呢?有学者持肯定意见,"《刑法》第276条显然是指行为方式与行为对象的同类:一方面,行为必须表现为毁坏、残害等物理性的毁损行为;另一方面,行为所毁损的对象必须是机器设备、耕畜等生产工具、生产资料"[①]。笔者认为,这是把破坏生产经营罪理解成了"破坏生产资料罪",既不符合罪名应有含义,也是对同类解释的误读。

(一)同类解释应当注重"其他"后面的表述

通说认为同类解释规则是向前看。如有学者认为,对于刑法分则的条文在列举具体要素之后使用"等""其他"用语时,同类解释规则应当是使其他行为与之前列举的要素具有相当性,包括行为方式、对象、手段强制性、危险性质、法益侵害性质同类。[②] 要求"其他方法"与"之前列举"的行为方式——"毁坏机器设备、残害耕畜"——相类似,这是对同类解释的误读。笔者认为,刑法首先是对国民宣告的行为规范,对"其他"进行同类解释时,不应只参考"其他"前面的表述,更应关注"其他"后面的表述——结

[①] 张明楷:《妨害业务行为的刑法规制》,载《法学杂志》2014年第7期。
[②] 参见张明楷:《刑法分则的解释原理(上)》(第二版),中国人民大学出版社2011版,第60页。

尾的定性描述、法定刑设置。

　　首先，立法者表述法条的对象首先是国民，刑法条文开头列举是为了给国民直观印象，结尾表述才是总结定性。在语言学上，人类语言如果先采用了列举法——这是刑法条文的基本表述方式，是为了让听众、读者先有直观印象，而不是定性；结尾的表述才是定性，亦是最重要的部分。"向前看"的同类解释观本末倒置地理解语法结构，例如，《刑法》第298条破坏集会、游行、示威罪所规定的"扰乱、冲击或者以其他方法破坏依法举行的集会、游行、示威，造成公共秩序混乱的"，立法者先例举"扰乱、冲击"两种常见方式，是为了让国民对该罪先有个直观感受，而不是据此限定"其他方法"的范围；之后的"破坏……造成公共秩序混乱的"才是定性表述，"其他方法"必须以后面的结语作为解释基础。这样，散布"警察开枪打死多人"的言论，虽然与"扰乱、冲击"相去甚远，但同样致使公共场所秩序混乱，属于"其他方法"的表现。

　　其次，如果同类解释只"向前看"，会产生很多困惑。例如，《刑法》第219条侵犯商业秘密罪所规定的"以盗窃、利诱、胁迫或者其他不正当手段获取权利人的商业秘密的"，如果要求"其他"与"盗窃、利诱、胁迫"相一致，则无法得出任何结论。因为盗窃、利诱、胁迫是三个性质截然相反的行为方式（偷、骗、抢），不能给解释"其他"提供任何参考价值。相反，这里的"其他"必须考虑之后的表述——"不正当手段获取"，这样就可以明确：任何不正当"获取"都是"其他"的行为方式。立法者规定"盗窃、利诱、胁迫"，只是列举了三种最常见的获取手段让国民直观了解法律，而不是限定获取的方式。

　　同理，《刑法》第237条强制猥亵罪所规定的"以暴力、胁迫或者其他方法强制猥亵他人"，如果解释"其他方法"时向前看参照"暴力、胁迫"，只能认为，"其他方法"必须以暴力为后盾。事实上，决定"其他方法"内容的是后面的"强制"一词，只要被害人无法、不知反抗的，如趁被害人醉酒的揩油性猥亵、医生假借检查为名的欺骗性猥亵，虽然没有暴力基础，但都是猥亵的"其他方法"。

因此，决定破坏生产经营罪中"其他方法"外延的，不是前面的"毁坏机器设备、残害耕畜"，而是"其他方法"之后的"破坏"，只要是对生产经营的破坏行为，就是"其他方法"，不一定是对物的暴力。

最后，我国刑法肯定了"欺骗"属于"破坏"的一种方式。《刑法》第256条破坏选举罪规定了"以暴力、威胁、欺骗、贿赂、伪造选举文件、虚报选举票数等手段破坏选举或者妨害选民和代表自由行使选举权和被选举权"。根据该法条，欺骗、伪造、虚报等方法属于"破坏"的方式之一，据此，把"欺骗方法"解释为破坏生产经营的一种方式，符合刑法的文理解释。

(二) 破坏生产经营罪中的"其他方法"包括诡计和威力

在日本，妨害业务罪的主要手段是诡计、威力，如果能够把这两种行为解释为破坏生产经营罪中的"其他方法"，就可以处理包括恶意注册在内的大量妨害网站经营的行为。即使把同类解释理解为向前看，也可以认为，诡计等欺骗方法，与暴力属于同类行为，"其他方法"可以包括欺骗。

1. 刑法中的同类解释，与语言学不同

语言学上的同类解释是形式主义，即词义相似，可以互相替换使用；但是，刑法中的同类解释是目的主义，即不关心词义相似而关注是否能够对法益造成相同损害。不能用语言学的"同类替代"来解读刑法的同类解释，如在语言学上，暴力、胁迫、欺骗这三种强奸手段，含义截然不同，不是同类和同义词，无法互相替代；但是在刑法上，这三种行为具有相似性，都是违背妇女意志的强奸罪的手段行为。

2. 欺骗与暴力、胁迫属于同类行为

首先，在刑法上，欺骗与暴力属于同类行为。一方面，《刑法》第 236 条强奸罪规定"以暴力、胁迫或者其他手段强奸妇女的"，"其他手段"自然要遵循同类解释规则。可以肯定，游医假借治病通精之由与病人发生性关系、孪生弟弟冒充哥哥与嫂子发生性关系，都是违背妇女意志的强奸。游医与弟弟，没有采用暴力、胁迫，而是欺骗。换言之，"其他手段"包括"欺骗"，因此，欺骗与暴力属于同类行为。另一方面，国外立法例也肯定了"欺骗手段"与"对物的暴力"是同类行为。如《意大利刑法典》第 513 条规定："采用对物的暴力或者欺诈手段妨碍或者干扰工业或者贸易活动的，如果行为不构成更为严重的犯罪，经被害人告诉，处以 2 年以下有期徒刑和 20 万至 200 万里拉罚金。"

如果"欺骗"属于强奸罪中的"其他手段"并与"暴力"相并列，符合同类解释规则；那么，把破坏生产经营罪中的"其他方法"解释为包括"欺骗"并与对物的暴力相并列，同样符合同类解释规则。

其次，破坏生产经营罪中的欺骗，也可以是虚假程度更低的欺骗。破坏生产经营罪中的"暴力"只是对物的暴力（对机器和耕畜），属于低程度的暴力；相应地，破坏生产经营罪中的欺骗，也可以是低程度的欺骗。经营领域的欺骗花样更多，破坏生产经营罪又是轻罪，入罪门槛应当降低，如《日本刑法典》中妨害业务罪的行为方式非常宽泛，对欺骗的认定标准很低，"所谓（妨害业务罪）使用诡计，是欺骗、诱惑他人，或利用他人的错误和无知。不一定要对他人进行动员，只要是使用足以导致他人做出错误判断或者影响其业务正常的手段、方法就够了。本罪中的欺骗，在其意义上，比诈骗罪的欺骗的范围要广"[1]。因而，在解释论上，破坏生产

---

[1] 〔日〕大谷实：《刑法讲义各论》（新版第二版），黎宏译，中国人民大学出版社 2008 年版，第 132 页。

经营罪"其他方法"中的"欺骗"的外延更宽,无须对应诈骗罪中的欺骗,而可以参照民法上的欺诈,进而可以涵盖日本刑法中的"诡计"。

3. 破坏生产经营罪中的"其他方法"也包括威力

"毁坏机器设备、残害耕畜"是对物之暴力,在我国刑法中,暴力与胁迫可以相提并论,因此,"其他方法"也包括胁迫。破坏生产经营罪中的暴力属于低程度的对物暴力,相应地,该罪中的胁迫也可以是低程度的胁迫。

日本刑法中的妨害业务罪中的"威力",要么属于暴力,要么属于胁迫。当然,日本学者界定的"威力"范围更宽,"威力,除了使用暴行、胁迫之外,还包括利用社会地位或经济上的优势所形成的权势的场合"①。实际上,利用优势或权势,都是胁迫的一种表现,我国《刑法》许多条款中的"胁迫"都是利用了权势或优势,如"以盗窃、利诱、**胁迫**或者其他不正当手段获取权利人的商业秘密的""利用职权、从属关系,以**胁迫**手段奸淫现役军人的妻子的"。因此,只需要对"胁迫"稍作扩张解释即可包容威力。

总之,破坏生产经营罪中的"其他方法",可以涵盖妨害业务罪的行为方式——诡计和威力。

(三)恶意注册使用的"黑卡"手机是"使用诡计"和"输入虚伪信息"

恶意注册必然要采用欺骗手段、使用虚假信息,符合破坏生产经营罪"其他方法"中的"欺骗方法"。

1. 恶意注册需要采取诡计和欺骗行为

首先,恶意注册使用的非实名制手机卡是欺骗手段。2013年7月16日,工业和信息化部公布了《电话用户真实身份信息登记规

---

① 〔日〕大谷实:《刑法讲义各论》(新版第二版),黎宏译,中国人民大学出版社2008年版,第133页。

定》，要求移动电话都实行用户实名登记制。注册账号时，需要用手机接收验证码，这一过程有专门的网站配合实施，例如，在12306网站注册的时候，需要进行手机短信验证，而购买很多个手机号的做法也不现实，于是，爱码、淘码等手机短信验证码平台成了"黄牛"的"帮凶"。① 这些验证码平台从各种途径收集非实名制手机卡或者第三人作废的手机卡，如从黑市上收购已经停机但三个月内尚能够收到短信（不能发短信）的手机卡，帮助他人注册。违反国家规定，使用非实名制手机卡，就是欺骗行为。

其次，违反注册规则输入虚假信息也是欺骗手段。电子商务平台实行"后台实名、前台自愿"的原则，注册账号主要依赖手机卡实名制保证后台实名制。而恶意注册，就是使用虚假信息、规避真实身份（实名手机号码）被记录。

以淘宝网为例，《淘宝平台服务协议》要求注册者的信息应当真实合法，要求如下：

3.3 注册信息管理

3.3.1 真实合法

1. 信息真实

在使用淘宝平台服务时，您应当按淘宝平台页面的提示准确完整地提供您的信息（包括您的姓名及电子邮件地址、联系电话、联系地址等），以便淘宝或其他用户与您联系。您了解并同意，您有义务保持您提供信息的真实性及有效性。

网站的注册规则要求实名手机号码、信息真实合法，而恶意注册者点击同意淘宝注册规则后却违背这一要求，在网站上使用虚假信息，是欺骗手段。

---

① 参见刘伟娟：《12306网站注册推手机双向验证》，载《现代快报》2015年11月11日，第F13版。

2. 恶意注册必然要输入虚伪的信息

《日本刑法典》"以破坏电子计算机等手段妨害业务罪"规定了"向供他人业务上使用的电子计算机中输入虚伪信息或者不正当指令"。恶意注册同时也符合"向供他人业务上使用的电子计算机中输入虚伪信息或者不正当指令"的规定，因为恶意注册时输入的手机号码，不是注册者的实名制手机号，属于虚伪信息。

例如，根据淘宝网的注册流程，网页上会显示"请输入你的手机号码"的弹框，"你的"显然是指注册者的手机号。而恶意注册者输入的收购的"黑卡"手机号，既不是注册者的实名制手机卡的卡号，也不是他人正在使用中的实名制手机卡的卡号，属于"输入虚伪信息"。这一行为既是日本刑法的妨害业务行为，也是破坏生产经营罪"其他方法"中的"欺骗方法"。

总之，恶意注册者使用了非实名制手机号或虚假身份，属于采用欺骗手段妨害业务的行为。

四、破坏生产经营罪中的"破坏"等于"妨害"

恶意注册能否构成破坏生产经营罪，还需要解释"破坏"的含义。如果把"破坏"理解为毁坏的程度——使生产经营瘫痪或崩溃，那么，恶意注册很难构成破坏生产经营罪。因为，只有热门网站和平台的账号（如淘宝网、12306网站和新浪微博等）才有恶意注册的价值——交易并获利，这些大网站和平台往往财大气粗，会提前增加服务器的空间、防范恶意注册引发混乱，虚假账号不会明显影响到其他账号的正常运行。因而，多数热门网站和平台不会因恶意注册而出现系统瘫痪或崩溃的情形。如何理解"破坏"的性质和程度，是能否对恶意注册定罪的关键之一。

（一）刑法中的"破坏"没有固定含义

首先，"破坏"的含义变动不居。根据《现代汉语词典》，"破坏"的含义是：损坏、损害、变革、违反等。我国刑法中大量出现的"破坏"一词，大致上可以归为几类：一是物理损坏（如破坏交通工具），二是扰乱活动（如破坏游行），三是改变状态（如破坏监管秩序），四是改变关系（如破坏军婚），五是无实质意义的强调（如破坏国家统一）。显然，破坏是一个多义词，不能简单定义。

国外也是如此。英国的瓦尔特（Walters）法官在适用"损害财产罪"的法条时指出，不同的事物因不同的方式而受损，"要为'损害'规定一个很常见，但同时又很简洁且绝对的规则是很困难的。你必须在很大程度上根据每个案件的具体情况、该条款的性质以及它被影响或被对待的方式来决定。……为了构成'损害'而没有必要将这类确定的或实际的损害认定为该财产没有使用价值了，或保留着它的正常功能"①。

可见，刑法中"破坏"含义广泛、弹性极大，不必把"破坏生产经营"理解为必须达到使生产经营停顿、无法正常进行的程度。

其次，"破坏"不等于整体崩溃，局部改变也是破坏。例如，《刑法》第293条寻衅滋事罪所规定的"有下列寻衅滋事行为之一，破坏社会秩序的"，根据《最高人民法院、最高人民检察院关于办理寻衅滋事刑事案件适用法律若干问题的解释》的规定，"致一人以上轻伤或者二人以上轻微伤的"就符合该罪"随意殴打他人"的法定行为方式。如此看来，"破坏社会秩序"的标准很低，针对一个人的侵犯，也可能"破坏"了社会秩序。

《刑法》第293条寻衅滋事罪第2款还规定："纠集他人多次实施前款行为，严重破坏社会秩序的……。"显然，该条第1款所讲的"破坏社会秩序"属于"轻微破坏社会秩序"，立法者在此肯

---

① 〔英〕J. C. 史密斯、B. 霍根：《英国刑法》，李贵方等译，法律出版社2000年版，第795页。

定："破坏"等于"轻微破坏"；至少可以说，刑法中的"破坏"不是"严重破坏"，更不是完全毁坏。

在此意义上，改变、影响就是一种"破坏"，即只要局部社会秩序发生了一点点变化，就可以认定"破坏社会秩序"。

最后，没有任何改变，也可以构成"破坏"。在很多刑法条文中，"破坏"只是一个虚词，没有实质意义，无须在定罪时考量。如《刑法》第103条第2款煽动分裂国家罪规定："煽动分裂国家、破坏国家统一的……"在一般情况下，发表煽动分裂国家的言论，在客观上不会使国家分裂，甚至对国家统一也没有任何影响，即该罪中的"破坏"既不是客观的改变，也不是客观的影响，而是一种无客观意义的表述。实际上，该罪中的"破坏"是一个主观要素，应当理解为"意图破坏国家统一的"。

综上所述，"破坏"是被立法者完全破坏了的一个术语，其上限为对事物的物理毁灭（如破坏交通工具），中间含义则是对事物的任何改变（如破坏社会秩序），下限则是没有客观意义（如破坏国家统一）。因此，在理论上，对"破坏"（生产经营）进行任何解释，都于法有据。

（二）在互联网领域干扰、影响就是"破坏"

虽然把"破坏"（生产经营）进行任何解释，都符合刑法立场，但是，笔者有义务对"破坏生产经营"作出明确解释。

首先，"破坏生产经营"应该按照秩序型犯罪进行解释。在刑法中，"破坏"的对象大概包括三类：一是实物，如破坏火车、汽车；二是活动，如破坏选举；三是秩序，如破坏公共秩序。如果"生产经营"属于实物，可以把毁坏作为解释"破坏"的基准，但明显不是。

在词义上，"生产经营"兼具有活动和秩序的性质，"破坏生产经营"就应当以破坏活动和秩序犯罪为解释基准。作为破坏活动的犯罪，破坏集会、游行、示威罪中的破坏行为，《刑法》规定为"扰乱、冲击"；而"破坏社会秩序"，如前所述，就是改变、影响。因此，"破坏"（生产经营）就是扰乱、影响或者改变。

其次，在互联网领域，"破坏生产经营"应当界定为"干扰、影响生产经营"。这是参照破坏计算机信息系统罪的立法表述——"对计算机信息系统功能进行删除、修改、增加、干扰……"，换言之，在计算机领域，"干扰"也是"破坏"的行为方式。

如何界定"干扰、影响"的具体标准？笔者认为，应以企业是否需要作出应对作为判断基础。如果企业无须理会恶意注册的账号，则应当认定"生产经营"没有被干扰、影响，也就是没有被破坏；反之，如果企业需要理会、处理恶意注册的账号，应当认定为"生产经营"受到了干扰、影响，也就是已经被"破坏"。

（三）"破坏"生产经营就是"妨害"生产经营

在互联网违法犯罪日益增多时，法官对恶意差评、买空后退货等妨害业务行为，不敢适用破坏生产经营罪，就是因为"破坏"太重、"妨害"太轻，两者相差太远。笔者认为，破坏生产经营罪中的"破坏"，应当解释为干扰、影响，与"妨害"是同义词。尤其不能把破坏理解为有形损害，如在英国刑法中，"一件东西虽实际并未被打破或变形但也可能受到损害。在别人的土地上倒垃圾，即使对垃圾下的土地没有造成任何有形的破坏，也可能造成对土地的损害，因为地主在适用土地之前可能花钱让人将这堆垃圾移走"[①]。因此，把破坏生产经营罪理解为妨害生产经营罪，完全在词语含义的射程范围之内。

我国立法亦认可"破坏"与"妨害"的同义性。如《刑法》第256条破坏选举罪规定了"以暴力、威胁、欺骗、贿赂、伪造选

[①] 〔英〕J. C. 史密斯、B. 霍根：《英国刑法》，李贵方等译，法律出版社2000年版，第794页。

举文件、虚报选举票数等手段破坏选举或者**妨害**选民和代表自由行使选举权和被选举权"。据此,"妨害选民和代表自由行使选举权和被选举权"也构成破坏选举罪,可见"妨害"等于"破坏"。因此,把破坏生产经营罪解释为妨害生产经营罪,符合立法者的用词规律。

五、破坏生产经营罪中的"生产经营"可以包容"业务"

主流观点认为,破坏生产经营罪与妨害业务罪的行为对象不同,"生产经营"无法涵盖"业务","日本刑法规定的妨害业务罪和我国的破坏生产经营罪有所不同。妨害业务罪中的业务,既包括经济活动,也包括文化活动,甚至包括宗教活动、慈善活动等"①。这是对"经营"的过时理解。我国刑法虽然没有规定妨害业务罪,但通过客观解释,"生产经营"可以涵盖"业务"的内容。

(一)"经营"包括非营利性业务

1."经营"就是组织管理活动,可以涵盖业务

1997年《刑法》规定的破坏生产经营罪,不同于1979《刑法》规定的破坏集体生产罪。立法者在"生产"后面增加了"经营",使该罪的保护范围指数级扩张。生产和经营是独立的两个社会活动,"生产"的范围较窄,无法涵盖非生产性"业务";而"经营"的外延极广,完全可以涵盖"业务"的内容。

按照《现代汉语词典》,"经营"是"筹划并管理;泛指计划和组织"。换言之,组织、管理和筹划工作都是经营,从这个意义上讲,慈善事业也是一种管理工作,虽不属于"生产"但属于"经营"。认为"经营"无法包括妨害业务罪中的文化、宗教、慈

---

① 柏浪涛:《破坏生产经营罪问题辨析》,载《中国刑事法杂志》2010年第3期。

善活动,是把"经营"理解为了营利性经济活动。但是,在汉语中,经营经常与经济、商业无关,如人们经常说"经营爱情、婚姻"。因而,文化、宗教、慈善活动,也是一种组织管理意义上的经营活动,受到破坏生产经营罪的保护。

2. 互联网时代的"经营"未必是经济活动

认为"经营"不能涵盖"业务"的主要原因是把经营当作经济性营业,需要营利性。如有学者认为:"生产经营就是人们通过劳动以追求利润的过程。"① 这是一种工业时代的经营观,在互联网时代,经营模式和理念已经发生了重大改变,经营不再需要营利性、经济性。

在互联网时代,人类行为的谋利本质没有改变,"天下熙熙,皆为利来;天下攘攘,皆为利往",但谋利的内容发生了重大变化。在传统商业模式中,利等于钱。但是,互联网改变了游戏规则,对某一项业务,企业长期亏钱经营、不求盈利,如打车软件或者支付宝,往往倒贴消费者以积攒人气、培养消费习惯。在互联网时代,"利"不仅包括"钱",还包括影响力、市场占有率、社会认可度等,未来更重要的是大数据——获取消费者的信息就是某项经营的目的。例如,收费的电子邮箱是经营行为,永远免费的电子邮箱,也是经营行为。需要支付月租的账号,是企业的经营行为;永远免费的账号(如 QQ)、注册赠送代金券的账号也是经营行为。报社收费订阅报纸,是经营行为;微信公众号免费订阅甚至送红包求关注,也是经营行为,报纸和公众号起着同样的功能,但经营的模式和理念,截然不同。

在传统商业社会,免费赠品是"羊毛出在羊身上",最终是由消费者买单;但是,在互联网时代,出现了"羊毛出在猪身上"的怪相,如滴滴曾宣布每周一为乘客买单两次,而相应成本并没有转

---

① 莫志强:《论破坏生产经营罪》,载《社科与经济信息》2001 年第 8 期。

嫁给消费者。这些经营模式导致"经营"的经济性越来越弱,甚至可以完全没有营利色彩。刑法应当考虑社会发展趋势,合时宜地把非经济性的文化、慈善业务,都解释为"经营"。

(二)"经营"比"业务"更符合刑法需要

首先,"经营"可以排除不应当受到刑法保护的"业务"内容。"经营"是发生在市场领域或市民社会的行为,是受私法调整的领域,不同于受公法调整的国家权力。因此,"经营"的范围可以把公务排除在外,使破坏生产经营罪与妨害公务罪从根本上划清界限。而妨害业务罪中的"业务",难以与公务区分,"妨害执行公务罪,是从国家的统治作用的角度来把握犯罪的,而妨害业务罪是从个人的社会活动的自由的角度来把握犯罪的,因此,妨害公务的行为,构成妨害执行公务罪的同时,和妨害业务罪之间,是观念竞合"[1]。然而使用经营一词,就不会发生竞合与混淆。

其次,可以把"业务"无法包括的内容纳入刑法评价。从字面含义看,"业务"具有职业性和长期性色彩,"业务必须是反复、持续的事物(继续性要件),因此,团体的成立仪式之类的,举行一次活动就结束的行为不包括在内"[2]。但是,"经营"活动无须考虑持续性、职业性等条件,一次性的活动也可能是经营。例如,某广场举办"千禧年狂欢嘉年华",某市组织球队夺冠庆祝晚会(游行),这种一次性的活动,肯定不是业务,但这些活动有承办单位,投入了资金、人力或物力,是一种经营活动。破坏这些活动,可以构成破坏生产经营罪。

同时,与日本的妨害业务罪只限于三种固定方式相比,我国的

---

[1] 〔日〕大谷实:《刑法讲义各论》(新版第二版),黎宏译,中国人民大学出版社2008年版,第131页。
[2] 〔日〕大谷实:《刑法讲义各论》(新版第二版),黎宏译,中国人民大学出版社2008年版,第130页。

破坏生产经营罪有"其他方法"的兜底规定,解释范围更具弹性,保护法益更加严密,更利于应对我国落后的农业、庞大的工业和先进的互联网产业并存的多元经济模式。

六、结语:法律可以穿越时代

在司法实践中,破坏生产经营罪成为"奄奄一息"的罪名,法官不敢把一个写有"耕畜"的条文,牵引到互联网领域。没有见过互联网的立法者,是否会同意贯穿本文的能动司法主义?波斯纳倡导的"想象性重构"给出了肯定答案:"即使在比司法部门更为等级化更为同质的系统中,解释也是创造性的,而不是机械的。这种努力是要搞清情势的意义,而不只是弄清文本或其他交流的意义。当法官遭遇的制定法不明智时,就如同下级军官遭遇命令不明确时一样,法官必须调动自己的一切想象和移情的能力,他要努力将自己置于创制该制定法的并请求予以解释的立法者的位置上。他们不能只研究字面含义,他们必须努力理解立法者当年所面临的问题。"[①] 人类要用前人的工具,让今天的生活更美好;法官要用前人的制度,让今日的生活更有秩序。司法者有责任与时俱进地对诞生于农业时代、充满刀耕火种色彩的破坏生产经营罪进行客观解释,既打击小农生产中的妨害业务行为,也打击电商时代的妨害业务行为。用工业时代的刑法理论判断,发生在中国的很多新型网络犯罪都是无罪的。但是,刑法理论必须往前看,以这些新型案例为起点,推动工业时代的刑法向互联网时代的刑法转型,中国定能领导世界刑法的发展趋势。如果恪守工业时代的德日刑法理论,既解决不了中国独有的新型网络犯罪问题,也会葬送中国刑法学创新的历史机遇。

[①] 〔美〕理查德·A. 波斯纳:《法理学问题》,苏力译,中国政法大学出版社 2002 年版,第 343—344 页。

后记
仰望法门

按照惯例,后记应该写一点生活化的东西,那就写一点自己的学术之路吧。

1. 意外的安排

学习法律对我来说是"意外事件"。小时候,有两件事是我最接近法律的时刻。

第一件事是自学开锁技巧。一次,我家的一把铁锁锁上了,但钥匙丢了,我拿来研究半天,用铁钉和螺丝刀把它拆开了。看明白锁芯的机械原理之后,我找来一把废钥匙,用铁锉改造它后打开了锁芯,一把废锁就这样焕发了生机。妈妈知道后,叮嘱我不要对外人讲,否则哪家丢了东西我就会是嫌疑人了,于是这个秘密也就藏了几十年。

在法律上,这个行为接近于"准备工具、制造条件"的犯罪预备,只不过我没有犯罪目的。其实,一把锁不是只有一把钥匙,同样,一个案例也不是只有一个答案。考生应当用现有犯罪构成理论分析案例,但学术不应只有一个模板,学者更需要跳出现有框架另辟蹊径。

第二件事是一起失火案。有段时间,我热衷于拆卸电器,把收音机拆了又装上。有一天,我突发奇想,电池用完了就要买新的,要和妈妈要钱,而电费不用我付。如果把电线直接连到收音机上,不就省钱了吗?某个下午,我反复实验,突然看到手中出现一道火花,接着我家的电线着火了。我吓傻了,一动不动,我姐大叫"拉闸",妈妈赶紧拉下了电闸。

这次实验只要再出一点偏差,就可能是:我被电死,房子着火。还好,上帝给我留下了一扇窗户。最意外的是,妈妈没有打我,甚至连责骂都没有。对于孩子的错误,是否惩罚,不应看其行为,而应看动机。

升入中学后,我对物理特别感兴趣,以往生活中产生的物理困惑迎刃而解。解答与质量、速度有关的题目时,我会想象出一个虚拟空间,而试卷中的铁球就会在这个空间里自由摆动,这种物理直觉就是我的解题线索。高光时刻是拿到了全国物理竞赛三等奖,虽然这在浙江大学理科学生眼里并不起眼,但在一个农村学校,这已足够赢得同学们的羡慕。农村孩子常通过体力、拳头获得群体地位,而我可以靠成绩、知识赢得尊重。小时候我就明白,文化是征服世界的力量,以德服人才能止戈息武。

本以为只有理科生才有空间幻想,后来我读了金庸的武侠小说,发现了文学的奥秘,就是想象出一个虚幻时空。明知是假的,读者仍然充满爱恨情仇。

法学也需要想象。分析案例时,我也会幻想自己置身于犯罪情景。例如,在分析吴英案时,我会想象资本与权力博弈的场景,而我就是一个棋子。在想象的空间中写作,文字不再是冰冷的学理考究,而是会哭会笑的情感符号。学物理需要抽象直觉,而学法律也需要直觉正义,很多时候都要"跟着感觉走",直觉往往是发现答案的钥匙。

当然,法律与物理有所不同,物理讲求逻辑推理,是纯客观评价。虽然法学理论也强调逻辑性与客观性,但这与物理学是不同的概念。法学理论主要是经验逻辑、客观评价(不同于"纯粹客观性"),核心还是价值判断,很多学说的基底还是朴素正义。

决定文章高度的，不是逻辑而是情感。这种情感，不是心灵鸡汤和口号正义，而是"修身、齐家、治国、平天下"的理想，以及"侠之大者，为国为民"的情怀。

高考志愿，我们的时代是先填后考，我对"志愿"两字没什么概念，初选时填了一所医科大学。虽然我喜欢物理，但觉得悬壶济世比操作机械更有职业魅力。毕竟，爱好和职业是不同的，就像很多女孩最后没有嫁给自己喜欢的人一样。我教的很多学生特别喜欢刑法，但最后考研选了民商法。

通过开锁案、失火案，我发现自己的动手能力很强，至少在男人当中，我拿绣花针的水准应该是一流的，想来拿手术刀也不会太差。填完志愿后，我和睡在下铺的兄弟阿福聊天，阿福报的是经济学，志在让伟大祖国变得繁荣昌盛。我们聊了一通"经世治国，卖才情于社稷；躬身行道，付青春于黎民"的道理，然后我想起了孙中山、鲁迅弃医从文的故事，觉得"救济苍生的不是医药而是法律"，于是跑去找老师，把最终志愿改成了法律。后来阿福没有考上经济学院，去了一所理工大学读机械工程，毕业后开办了一家灯具公司。我一直想，中年微胖的阿福看着万家灯火时，会不会还有当年"用我的光明照亮国家未来"那般的凌云壮志。

人世间的很多故事都是意外，错过了就忘记了，遇见了就喜欢了。

那个夏天之前，我还不清楚理想的含义，那个夏天之后，我的理想必须是法律，因为，法律可以拯救人类。真的，杀手和侠客之间，就差一个理想。其实，医学和法律是相通的。医学影响他人的生死，法律决定别人的命运。学医与学法，都要悲天悯人、敬畏生命。上医治未病，高明的法律人是事前设计制度防止冲突。分析任何案例，我都喜欢在最终结论之外，思考如何设计制度，尽可能减少悲剧发生。

2. 一路上有你

那个夏天，我坐了50个小时的火车来到西南政法大学。巴山夜雨，十年一梦。读过很多书，见过很多事，遇到很多人。

那时的大学生活有些无聊，但也很纯粹，没有手机，没有网吧，歌乐山山麓也不是喧闹都市，我把多数课余时间都花在图书馆里，20世纪90年代的法学专著不多，各种著作我都会拿来读一读，似懂非懂但也颇有意趣。当时经常用高中思维来读书，认真做笔记，这些笔记到现在还保留在书房里。每每看到这些发黄的笔记，我都会想起那段晨钟暮鼓的山中修法岁月。

我喜欢刑法是因为它和拯救人类有点关系，既然有了理想，就应该让它丰满一些。本科生期间，我上了很多刑法课程，朱建华教授、李永升教授、李健教授、孙渝教授等师长带我走进刑法世界。研究生期间，高绍先教授、朱启昌教授、李培泽教授、张绍彦教授、何泽宏教授，以及已故的邱兴隆教授，都让我的专业视野更上一层楼。当然，在硕士和博士阶段我听导师陈忠林教授的课最多，这些课程在方法论上改变了我的思考方式。陈老师有一套闭环的系统刑法理论，短时间内很难理清头绪，但听得多了，才明白陈老师所构建的是以人性为基础、从责任能力入手、以罪过为核心的刑法体系，这种自成体系的人本主义刑法观，深深影响了我对刑法的理解。最难忘的是，我们几个博士生，陈华杰、杜鹏、马荣春、唐稷尧、张武举，年龄差别大，背景迥异，在课堂上交流观点，火花四溅——在今天，这种课堂叫"头脑风暴"。

博士毕业后，承蒙陈兴良教授的厚爱，我去了北京大学法学院作博士后研究。从本科起，我一直在研读陈老师的《刑法哲学》等著作，他是学生们心中的学术男神。陈老师温文尔雅，是典型的江南学者，总是鼓励我提出不同观点。陈老师包容大气的学术精神一直激励我前行。对快播案的评析，就是一次在西湖边与陈老师边散步边求教之后完成的文章；对三鹿奶粉案的评析也是在《刑事法评论》上首发，陈老师后来还给此文颁发了一个创刊 20 周年三等奖，让我想起了当年拿物理奖的成就感。

在北京大学做博士后的多数时间，我跟随梁根林教授在北京大学深圳研究生院进行教学研究。梁老师是我们的领导，但对我们这些年轻气盛的博士后关爱有加，"兼容并蓄"的北大精神，在梁老师身上体现得淋漓尽致。这本书里的一些案例，如许霆案、吴英案的评析，都是梁老师给我布置的任务，每次他都能切中要害给我启发。而且，梁老师对我一些"刺耳"的学术语言，总持放任和宽容的态度。

这本书的问世，还要感谢北京大学出版社的杨玉洁老师。在 2019 年浙江大学之江校区的一次学术会议上，杨老师和我聊了很多学术出版规划方面的问题，在学术出版凋零的今天，她对新学术、新问题充满了热情。当我把书稿发给她的时候，她回复了详细的修改建议，让我无比惊讶——她更像一个研究者而非出版者。

这些案例分析的主要内容，曾在《华东政法大学学报》《中外法学》《西南政法大学学报》《中国刑事法杂志》《刑事法评论》《中国法律评论》《预防青少年犯罪研究》等刊物上发表，这些刊物的主编或编辑对我的论文都或多或少提出了宝贵的修改意见，正是他们推动着学术的前进。在本次出版时，我对一些细节稍微进行了删改。

学"法"如阅人，于法，始于条文，终于人性；对人，始于才华，终于人品。

有的人难忘，不是因为见到了他的人，而是记住了他的话。

还有很多应当感谢的人，我都铭记于心。

3. 学术是一种信仰

依我之见，学法律有三个层次：注释法条，阐述法理，思考人类。

注释法条，多数法学博士已经驾轻就熟。法理可以让法条有不同色彩，从技术角度，法条解释可以达到"你想要什么结论，我就解释出什么结论"的程度。我也很多次尝试过左右互搏，对许霆案，我也可以做到按需解释成盗窃罪、侵占罪或者无罪。而最难的是如何在人类的宏大历史中思考刑法——案例的结论，不仅关乎罪犯的命运，更事关人类的未来。我喜欢跳出法条来思考案例，因为法律的深度不在法理而在哲理。医生决定着病人的生死，法官掌握着嫌犯的命运，而学者引领着人类的未来。

在我看来，做学术有三个目的：为生活，为兴趣，为信仰。

我年少时贫困，求学时潦倒，但我从未悲伤，因为穷人更知道正义的重要，人类的历史，就是正义不断下沉到底层的过程。生活从来都是学术的副产品，昨天那个孩子为了兴趣敢摸电门，今天这个男人更应该为了信仰而翻山越岭。张爱玲说过："你问我爱你值不值得，其实你应该知道爱就是不问值得不值得。"同样，你问我喜欢学术值不值得，其实你应该知道，喜欢就是不问值得不值得。

如果再给我一次选择，我还会对那个十八岁的少年说：捧起法典，从此，你的一滴泪就是人间的一片海。

法律，应该是人类的信仰。为信仰而战，方可不负此生。

图书在版编目(CIP)数据

极限正义：刑案之道 / 高艳东著. —北京：北京大学出版社，2021.3
ISBN 978-7-301-31985-7

Ⅰ.①极… Ⅱ.①高… Ⅲ.①刑法—案例—中国 Ⅳ.①D924.05

中国版本图书馆 CIP 数据核字(2021)第 022938 号

书　　　名	极限正义：刑案之道 JIXIAN ZHENGYI：XING AN ZHI DAO
著作责任者	高艳东　著
责 任 编 辑	杨玉洁　靳振国
标 准 书 号	ISBN 978-7-301-31985-7
出 版 发 行	北京大学出版社
地　　　址	北京市海淀区成府路 205 号　100871
网　　　址	http://www.pup.cn　http://www.yandayuanzhao.com
电 子 信 箱	yandayuanzhao@163.com
新 浪 微 博	@北京大学出版社　@北大出版社燕大元照法律图书
电　　　话	邮购部 010-62752015　发行部 010-62750672 编辑部 010-62117788
印 　刷 　者	涿州市星河印刷有限公司
经 　销 　者	新华书店
	880 毫米×1230 毫米　A5　10.125 印张　258 千字 2021 年 3 月第 1 版　2021 年 4 月第 2 次印刷
定　　　价	59.00 元

未经许可，不得以任何方式复制或抄袭本书之部分或全部内容。
版权所有，侵权必究
举报电话：010-62752024　电子信箱：fd@pup.pku.edu.cn
图书如有印装质量问题，请与出版部联系，电话：010-62756370